# Boîte à outils pour des politiques et la gouvernance de l'eau

## CONVERGER VERS LA RECOMMANDATION DU CONSEIL DE L'OCDE SUR L'EAU

OCDE
DES POLITIQUES MEILLEURES
POUR UNE VIE MEILLEURE

Ce document, ainsi que les données et cartes qu'il peut comprendre, sont sans préjudice du statut de tout territoire, de la souveraineté s'exerçant sur ce dernier, du tracé des frontières et limites internationales, et du nom de tout territoire, ville ou région.

Les données statistiques concernant Israël sont fournies par et sous la responsabilité des autorités israéliennes compétentes. L'utilisation de ces données par l'OCDE est sans préjudice du statut des hauteurs du Golan, de Jérusalem-Est et des colonies de peuplement israéliennes en Cisjordanie aux termes du droit international.

Note de la Turquie
Les informations figurant dans ce document qui font référence à « Chypre » concernent la partie méridionale de l'Ile. Il n'y a pas d'autorité unique représentant à la fois les Chypriotes turcs et grecs sur l'Ile. La Turquie reconnaît la République Turque de Chypre Nord (RTCN). Jusqu'à ce qu'une solution durable et équitable soit trouvée dans le cadre des Nations Unies, la Turquie maintiendra sa position sur la « question chypriote ».

Note de tous les États de l'Union européenne membres de l'OCDE et de l'Union européenne
La République de Chypre est reconnue par tous les membres des Nations Unies sauf la Turquie. Les informations figurant dans ce document concernent la zone sous le contrôle effectif du gouvernement de la République de Chypre.

**Merci de citer cet ouvrage comme suit :**
OCDE (2021), *Boîte à outils pour des politiques et la gouvernance de l'eau : Converger vers la Recommandation du Conseil de l'OCDE sur l'eau*, Éditions OCDE, Paris, *https://doi.org/10.1787/e867acbb-fr*.

ISBN 978-92-64-94233-2 (imprimé)
ISBN 978-92-64-73808-9 (pdf)

**Crédits photo :** Cover © Olga Nikonova.

Les corrigenda des publications sont disponibles sur : *www.oecd.org/about/publishing/corrigenda.htm*.

# Préface

Les travaux de l'OCDE sur l'eau ont débuté au milieu des années 1960 et portaient principalement sur les menaces environnementales et les technologies permettant d'assurer leur évaluation et leur suivi. Au cours des 50 dernières années, l'OCDE a continué à fournir aux pays des analyses étayées et des recommandations d'action fondées sur des données empiriques, faisant de l'eau un élément déterminant de la croissance durable et élargissant la portée et l'ampleur de ses travaux en y incluant les questions suivantes : quantité et qualité de l'eau, accès à l'eau et aux services d'assainissement, risques et catastrophes liés à l'eau (notamment l'adaptation au changement climatique), gouvernance et financement de l'eau.

Lorsque j'ai été nommé Secrétaire général de l'OCDE en 2006, je me suis efforcé d'accorder à l'eau une importance encore plus grande – au sein de l'Organisation et au niveau mondial –, en la présentant comme une problématique stratégique et transversale. L'objectif était de lui donner une envergure non plus sectorielle mais pluridisciplinaire et d'en faire un moteur de la croissance durable et inclusive.

Cet objectif est entré en résonance avec l'adoption en 2015 par la communauté internationale, dans le cadre de l'Agenda 2030, de l'Objectif de développement durable n° 6 (ODD 6) sur l'eau propre et l'assainissement, qui confortait l'approche fondamentale de l'OCDE au regard de l'économie de l'eau. La situation actuelle – marquée par une pandémie qui aura des conséquences durables sur la santé de nos populations ainsi que sur les systèmes sociaux et économiques – nous rappelle avec brutalité la valeur qu'a l'accès à une eau saine pour la survie des êtres humains.

En 2016, les pays membres de l'OCDE ont adopté à l'unanimité la Recommandation du Conseil sur l'eau, un instrument juridique auquel la pratique reconnaît une force morale importante dans la mesure où il représente la volonté politique des Adhérents. Cette Recommandation constitue une norme internationale concise et cohérente qui donne des orientations pratiques de haut niveau sur la gestion des ressources en eau et la fourniture de services de l'eau.

Conçue pour faciliter la mise en œuvre de ladite Recommandation, la présente Boîte à outils est une compilation des bonnes pratiques, des politiques et des dispositifs de gouvernance instaurés par les pays adhérents. Je suis persuadé qu'elle peut aider les différents niveaux de l'administration publique dans leurs efforts pour atteindre les objectifs et les engagements liés à l'eau, parvenir à l'ODD 6 et mettre en application d'autres programmes mondiaux tels que la Résolution de l'Assemblée générale des Nations Unies sur les droits de l'homme à l'eau potable et à l'assainissement, l'Accord de Paris, le Cadre d'action de Sendai et le Nouveau Programme pour les villes.

J'invite par ailleurs les pays non membres de l'OCDE à adhérer à la Recommandation du Conseil sur l'eau et à enrichir la Boîte à outils de leurs expériences. L'OCDE est à leur disposition pour accompagner leur transition vers des politiques et une gouvernance de l'eau qui soient adaptées aux défis de demain et contribuent à une vie meilleure.

Angel Gurría

Secrétaire général de l'OCDE

# Avant-propos

Depuis 50 ans, l'OCDE fournit aux autorités publiques des orientations pratiques sur la gestion de l'eau qui s'appuient sur des analyses approfondies des défis liés à cette ressource, l'examen des mesures et des dispositifs de gouvernance adoptés par les pouvoirs publics, ainsi qu'une consultation régulière au sein des organes de l'Organisation et d'autres instances.

La Recommandation du Conseil de l'OCDE sur l'eau est un instrument juridique qui traduit, en les actualisant, les principaux messages provenant de cette expérience unique des politiques et de la gouvernance de l'eau. Elle a été élaborée conjointement, dans le cadre du Programme horizontal sur l'eau de l'OCDE, par les Directions de l'environnement, des affaires financières et des entreprises, de la gouvernance publique, du commerce et de l'agriculture, en collaboration avec le Centre pour l'entrepreneuriat, les PME, les régions et les villes. Ce travail collaboratif reflète le caractère transversal des questions et des politiques de l'eau, ainsi que la nécessité de procéder à des arbitrages et d'améliorer la cohérence et la coordination entre les domaines d'action et les groupes d'acteurs.

La Recommandation fournit aux pays une approche stratégique dont l'objet est d'élaborer un système cohérent de gestion de l'eau qui favorise une croissance et un développement durables. Elle donne des orientations pratiques de haut niveau relatives à la gestion des ressources en eau et la fourniture de services de l'eau. Le texte est structuré en plusieurs grandes sections : Politiques de l'eau ; Gestion quantitative de l'eau ; Amélioration de la qualité de l'eau ; Gestion des risques et des catastrophes liés à l'eau ; Efficacité de la gouvernance de l'eau ; Mise en place de financements, d'investissements et d'une tarification durables pour l'eau et les services de l'eau.

Cette Recommandation est reconnue comme une source d'inspiration pour les administrations – nationales et infranationales –, la société civile et le secteur privé. Depuis son adoption, des bonnes pratiques pouvant faciliter sa mise en œuvre sont recueillies par l'OCDE et compilées dans la présente Boîte à outils. Celle-ci a pour but d'inspirer et d'aider les pays qui ont adhéré à la Recommandation – ou envisagent de le faire – ou qui ont l'intention de se conformer à cette norme.

Le Secrétariat de l'OCDE est prêt à travailler avec les pays qui souhaitent adhérer à la Recommandation. L'adhésion à cette norme peut être l'occasion pour les pouvoirs publics d'engager d'ambitieuses réformes. Elle peut aussi être le signe d'une volonté politique d'adopter des bonnes pratiques internationales favorisant la réalisation d'objectifs ambitieux en matière de politique de l'eau.

Les mises à jour de la Boîte à outils et des conseils concernant l'adhésion à la Recommandation sont disponibles sur une page dédiée du site de l'OCDE (www.oecd.org/water).

# Remerciements

L'élaboration de la Boîte à outils est le fruit d'un processus de consultation horizontale approfondi et inclusif, afin que toutes les instances compétentes de l'OCDE puissent contribuer. Elle a eu lieu avec la participation active et sous la supervision du Comité des politiques d'environnement (EPOC), du Comité de l'agriculture (COAG), du Comité des politiques de développement régional (CPDR) et de son Initiative pour la gouvernance de l'eau (WGI), du Comité de la politique de la réglementation (CPR) et de son Réseau des régulateurs économiques (NER), du Comité de la gouvernance publique (CGP) et du Comité d'aide au développement (CAD), ainsi que des parties prenantes concernées telles que Business at OECD, la Commission syndicale consultative auprès de l'OCDE (TUAC) et des organisations non gouvernementales de protection de l'environnement (par l'intermédiaire du Bureau européen de l'environnement). Les délégués de ces instances sont sincèrement remerciés.

Les délégations permanentes auprès de l'OCDE se sont réunies au sein du groupe de liaison informel sur l'eau pour discuter des principales étapes du processus et pour coordonner les interactions du Secrétariat avec les experts des pays adhérents.

Le processus a été piloté par un groupe de travail inter-directions, dont faisait partie le Secrétariat des Comités impliqués dans la conception de la Boîte à outils. Toutes deux de la Direction de l'environnement, Catherine Gamper a coordonné l'ensemble du processus et Mikaela Rambali, l'auteur principal, a joué un rôle très important dans la prise en compte des commentaires transmis par les délégués. La Boîte à outils a été élaborée conjointement par une équipe horizontale de l'OCDE composée de : Celine Kauffmann, Martha Baxter et Anna Pietikainen (réglementations économiques), Jack Radish et Charles Baubion (catastrophes et risques y afférents) de la Direction de la gouvernance publique ; Guillaume Gruère et Makiko Shigemitsu (agriculture) de la Direction du commerce et de l'agriculture ; Aziza Akhmouch et Oriana Romano (gouvernance) du Centre pour l'entrepreneuriat, les PME, les régions et les villes ; Mamiko Yokoi-Arai et Leigh Wolfrom (affaires financières) de la Direction des affaires financières et des entreprises. La section VI sur l'efficacité de la gouvernance de l'eau s'inspire pour une grande part du rapport de 2018 intitulé « Implementing the OECD Principles on Water Governance ».

Xavier Leflaive a coordonné le processus, fort de sa participation à la négociation de la Recommandation en 2016. Céline Folsché a prodigué des conseils constructifs en matière juridique. Brooke Demchuk a été impliqué dans la réalisation de l'enquête. Ines Reale a parfaitement administré le processus. Anthony Cox, Directeur adjoint, Amy Plantin et Simon Buckle, Chefs de division à la Direction de l'environnement de l'OCDE, ont peaufiné les étapes finales du processus.

Le Secrétariat adresse sa reconnaissance à la République de Corée pour son soutien financier

# Table des matières

## Tableaux



## Graphiques

## Encadrés

**Suivez les publications de l'OCDE sur :**

http://twitter.com/OECD_Pubs

http://www.facebook.com/OECDPublications

http://www.linkedin.com/groups/OECD-Publications-4645871

http://www.youtube.com/oecdilibrary

http://www.oecd.org/oecddirect/

# Acronymes

| | |
|---|---|
| NCP | Nouveau contaminant préoccupant |
| AI | Intelligence artificielle |
| ATR | Avantage technologique relatif |
| CAD | Comité d'aide au développement |
| CGP | Comité de la gouvernance publique |
| COAG | Comité de l'agriculture |
| CPDR | Comité des politiques de développement régional |
| CPR | Comité de la politique de la règlementation |
| CQMT | Charge quotidienne maximale totale |
| DBO | Demande biochimique en oxygène |
| EES | Évaluation environnementale stratégique |
| EIE | Étude d'impact environnemental |
| EPOC | Comité des politiques d'environnement |
| E-PRTR | Registre européen des rejets et transferts de polluants |
| ERSAR | Entidade reguladora dos serviços de aguas e resíduos (Portugal) |
| FHNR | Forum de haut niveau sur le risque |
| GTMAE | Groupe de travail mixte sur l'agriculture et l'environnement |
| ODD | Objectif de développement durable |
| OFWAT | Water Services Regulation Authority (Royaume-Uni) |
| PGDH | Plan de gestion de district hydrographique |
| REP | Responsabilité élargie des producteurs |
| SFN | Solutions fondées sur la nature |
| SIG | Système d'information géographique |
| TIC | Technologies de l'information et de la communication |
| TPT | Tarif progressif par tranches |
| TUAC | Trade Union Advisory Committee |
| UE | Union Européenne |
| US | États-Unis |
| WGI | Initiative pour la gouvernance de l'eau |

# Synthèse

En 2020, la crise du COVID-19 a rappelé avec brutalité combien l'accès à une eau saine est essentiel à la santé et à la subsistance des êtres humains, et donc indispensable pour assurer un développement durable et inclusif. Dans un monde où 2.1 milliards de personnes n'ont pas accès à une eau saine et plus de 4.4 milliards ne disposent pas de services d'assainissement, les engagements pris à l'échelle internationale dans le domaine de l'eau ne sont pas prêts d'être respectés, en particulier l'Objectif de développement durable sur l'eau propre et l'assainissement et la Résolution de l'Assemblée générale des Nations Unies sur les droits de l'homme à l'eau potable et à l'assainissement. Le changement climatique ne fait qu'exacerber les difficultés. Compte tenu du caractère intersectoriel et stratégique de l'eau, l'incapacité à respecter les engagements pris dans ce domaine a des conséquences sur la mise en application d'autres programmes mondiaux comme l'Agenda 2030, l'Accord de Paris, le Cadre d'action de Sendai et le Nouveau Programme pour les villes.

La Recommandation du Conseil de l'OCDE sur l'eau constitue une norme internationale concise et cohérente qui donne des orientations pratiques de haut niveau sur la gestion des ressources en eau et la fourniture de services de l'eau. En plus d'énoncer des principes généraux transversaux, elle traite des sujets suivants : gestion quantitative de l'eau ; amélioration de la qualité de l'eau ; gestion des risques et des catastrophes liés à l'eau ; efficacité de la gouvernance de l'eau ; mise en place de financements, d'investissements et d'une tarification durables pour l'eau et les services de l'eau.

Depuis son adoption par l'ensemble des membres de l'OCDE en décembre 2016, la Recommandation est reconnue et prisée comme étant une source d'inspiration pour les pays qui y ont adhéré. Elle a aidé plusieurs Adhérents et non-Adhérents à repenser leur gestion de l'eau de façon plus stratégique et holistique, afin de rendre les politiques et les mécanismes de financement plus cohérents d'un domaine d'action à un autre. Elle est également une référence pour d'autres groupes d'acteurs, comme la société civile et le secteur privé.

La Recommandation fournit un cadre d'analyse des évolutions axées sur la demande, propres à chaque pays, destinées à renforcer les cadres réglementaires et institutionnels de la gestion de l'eau. Par exemple, elle est la clé de voûte de dialogues récents sur les politiques de l'eau en Argentine, au Brésil, en Corée, en Géorgie, au Kazakhstan, en République de Moldova et au Pérou. Dans chacun de ces pays, les sections de la Recommandation ont été utilisées pour évaluer les résultats des politiques de l'eau par rapport aux bonnes pratiques et pour mettre en œuvre les conseils personnalisés visant à apporter des améliorations qui cadrent avec l'ambition et la substance de la norme.

La présente Boîte à outils vise à faciliter la mise en œuvre de la Recommandation. Elle décrit un large éventail d'initiatives et de pratiques en place dans les Adhérents, qui s'accordent avec l'ambition et la substance de la Recommandation et qui fournissent des exemples concrets de la façon dont elle peut être mise en œuvre.

La Boîte à outils met en évidence les points sur lesquels les Adhérents se sont considérablement rapprochés de l'objectif visé par la Recommandation. Ainsi, les Adhérents se sont généralement dotés d'instruments de planification de l'utilisation de l'eau à long terme, qui tiennent compte des différents facteurs, souvent incertains, qui influent sur l'évolution de la demande d'eau, de la disponibilité de l'eau et de l'exposition aux risques liés à l'eau. Tous les Adhérents ont pris des mesures en faveur d'une utilisation efficiente de l'eau et les régimes d'allocation de l'eau ont été profondément réformés de manière à pouvoir faire face aux défis futurs. Tous les Adhérents ont également beaucoup investi dans le maintien ou l'amélioration de la qualité de l'eau, en tenant compte des différents usages de l'eau et des nouvelles préoccupations. Le constat est que les bonnes pratiques d'identification, d'évaluation et de réduction de l'exposition aux risques liés à l'eau sont largement appliquées, plusieurs Adhérents appréhendant même le partage et la gestion de ces risques à l'échelle de toute la société. Par ailleurs, la plupart des Adhérents ont mis en application les Principes de l'OCDE sur la gouvernance de l'eau (qui sont repris textuellement dans la section VI de la Recommandation) afin d'améliorer les cadres institutionnels et réglementaires à différentes échelles et pour différents secteurs et parties prenantes. Enfin, la Boîte à outils décrit des pratiques d'élaboration d'instruments d'action économique destinés à favoriser l'efficience et l'équité de l'utilisation de l'eau, et l'adoption d'autres mécanismes de financement destinés à répondre aux besoins d'investissement.

La Boîte à outils présente en outre les grandes difficultés auxquelles se heurtent les Adhérents pour progresser dans la mise en œuvre de la Recommandation, par exemple pour engager efficacement et régulièrement les parties prenantes à participer aux processus de planification de la gestion de l'eau. De plus, bien que la gestion concomitante de la qualité et de la quantité de l'eau soit reconnue comme utile et efficace, les bonnes pratiques en la matière (par exemple, des solutions fondées sur la nature) sont rarement appliquées. Dans le même temps, l'utilisation rationnelle de l'eau est entravée par des incitations génératrices de distorsions qui poussent à la consommation (par exemple, pour l'agriculture), y compris dans les zones de stress hydrique. Les capacités pour surveiller les concentrations de nombreux polluants sont en outre insuffisantes, et les investissements dans l'amélioration de la qualité de l'eau sont limités. Par ailleurs, les risques côtiers ne sont pas aussi bien évalués et suivis que les autres risques liés à l'eau, alors qu'ils sont susceptibles de causer des dommages bien plus considérables. Enfin, des progrès sont encore possibles en ce qui concerne l'amélioration des modalités d'élaboration et d'application des instruments d'action économique dans le respect du principe pollueur-payeur et du principe bénéficiaire-payeur, ainsi que la généralisation des mécanismes de financement prometteurs pour répondre aux besoins d'investissement (en particulier, les modèles ayant fait leurs preuves et les approches innovantes telles que le financement mixte).

Afin de faciliter les améliorations requises dans certains domaines, la Boîte à outils propose l'examen de trois séries de questions pour aider les Adhérents à faire coïncider leurs politiques avec l'ambition de la Recommandation. La première série concerne la gestion des défis liés à l'eau qui vont en s'accroissant du fait du changement climatique, le risque de la survenue concomitante de plusieurs crises (par exemple, des inondations et une pandémie) et le lien entre l'eau et la santé. La deuxième a trait à l'augmentation des besoins d'investissement prévus pour remédier à ces nouveaux défis, à l'heure où les finances publiques subissent des pressions croissantes. Enfin, la troisième est liée au rôle important des données et de l'information, un domaine dans lequel il serait utile de fournir aux Adhérents des orientations concrètes sur la façon dont les nouvelles sources de données, les nouveaux outils d'analyse et l'intelligence artificielle peuvent accompagner les actions, les politiques et la gouvernance dans le domaine de l'eau. Ces questions fournissent matière à réflexion pour des travaux ultérieurs qui viseraient à mettre au point des bonnes pratiques cadrant avec l'ambition de la Recommandation.

La Boîte à outils a vocation à être un document évolutif. Elle sera complétée par les accomplissements des Adhérents et s'enrichira de l'expérience des pays qui adhéreront prochainement à la Recommandation. Elle offre par conséquent des possibilités d'échange et de renforcement des capacités, et est donc susceptible d'accélérer l'adoption de politiques, de dispositifs et de pratiques contribuant à la sécurité de l'eau et à une croissance durable.

# 1 Introduction

Ce chapitre introductif présente la Recommandation du Conseil de l'OCDE sur l'eau, sa finalité et la portée de son action. Il décrit également l'objectif de la Boîte à outils y afférente et ses principales composantes.

La Boîte à outils pour les politiques et la gouvernance de l'eau (ci-après « la Boîte à outils ») regroupe les politiques, les dispositifs de gouvernance et les instruments qui facilitent la conception et la mise en œuvre de pratiques de gestion de l'eau conformes à la Recommandation du Conseil de l'OCDE sur l'eau (OCDE, 2016[1]). Son but est d'inspirer et d'aider les pays qui ont adhéré à la Recommandation – ou envisagent de le faire – ou ont l'intention de se conformer aux normes de l'OCDE.

La Recommandation du Conseil de l'OCDE sur l'eau [OECD/LEGAL/0434] (ci-après « la Recommandation ») a été adoptée en décembre 2016, à l'issue d'un processus consultatif de deux années. Cette consultation a mobilisé des représentants des ministères chargés de l'agriculture, de l'aide au développement, de l'environnement, de la gouvernance publique, du développement régional et de la politique réglementaire, ainsi que les parties prenantes concernées (entreprises, syndicats et organisations de défense de l'environnement) et l'Initiative de l'OCDE sur la gouvernance de l'eau.

La Recommandation constitue une norme internationale concise et cohérente qui donne des orientations pratiques de haut niveau sur une série de questions intéressant la gestion des ressources en eau et la fourniture de services de l'eau : assurer une gestion quantitative de l'eau, améliorer la qualité de l'eau, gérer les risques et les catastrophes liés à l'eau, assurer une gouvernance efficace de l'eau, et assurer des financements, des investissements et une tarification durables pour les services de l'eau. L'Encadré 1.1 décrit plus en détail la finalité et la portée de la Recommandation. Cette dernière est disponible en anglais et en français (les langues officielles de l'OCDE), ainsi qu'en espagnol et en portugais.

À ce jour, tous les membres de l'OCDE adhèrent à la Recommandation. Cabo Verde est le premier pays non membre de l'OCDE à y adhérer. Plusieurs demandes d'adhésion sont en cours.

La Boîte à outils fournit, pour chaque section de la Recommandation, des instruments et des exemples de bonnes pratiques. Elle a été conçue dans le cadre du processus de compte rendu du Conseil de l'OCDE (désigné « le Conseil » dans les chapitres suivants). Depuis l'adoption de la Recommandation, l'OCDE a mis en place des enceintes d'échanges sur les politiques, les pratiques et le retour d'expérience. Les instruments et les bonnes pratiques regroupés dans la Boîte à outils sont le fruit de ces échanges. La Boîte à outils rend compte d'un large éventail d'initiatives et de pratiques en place dans les Adhérents, qui cadrent avec l'ambition et la substance de la Recommandation.

Sa structure reproduit celle de la Recommandation, en abordant les politiques de l'eau (section II), la gestion quantitative de l'eau (section III), l'amélioration de la qualité de l'eau (section IV), la gestion des risques et des catastrophes liés à l'eau (section V), l'efficacité de la gouvernance de l'eau (section VI), ainsi que les financements, les investissements et la tarification durables pour l'eau et les services de l'eau (sections VII et VIII).

### Encadré 1.1. Finalité et portée de la Recommandation de l'OCDE sur l'eau

La gestion efficace et efficiente des ressources en eau et des services de l'eau demeure un défi majeur pour les pays du monde entier, et les pressions qui s'exercent sur les ressources en eau continuent de s'accentuer. Le fait que l'eau fasse l'objet d'un des Objectifs de développement durable (l'ODD n° 6) et occupe une place importante dans plusieurs autres témoigne de l'importance que lui accorde la communauté mondiale.

La Recommandation a pour finalité de fournir aux Adhérents une approche stratégique dont l'objet est d'élaborer un système cohérent de gestion de l'eau qui favorise une croissance et un développement durables. Elle donne des orientations pratiques de haut niveau relatives à la gestion des ressources en eau et la fourniture de services de l'eau.

Elle traduit, en les actualisant, les principaux messages de ces Recommandations antérieures et des travaux de l'OCDE sur l'eau, notamment les Principes de l'OCDE sur la gouvernance de l'eau, adoptés en 2015, dont s'inspire sa section 6.

La Recommandation est divisée en sept sections fondamentales :

- Politiques de l'eau (section II)
- Gestion quantitative de l'eau (section III)
- Amélioration de la qualité de l'eau (section IV)
- Gestion des risques et des catastrophes liés à l'eau (section V)
- Efficacité de la gouvernance de l'eau (section VI)
- Des financements, des investissements et une tarification durables pour l'eau et les services de l'eau (sections VII et VIII)

Source : https://legalinstruments.oecd.org/fr/instruments/OECD-LEGAL-0434

## Références

OCDE (2019), *Pharmaceutical Residues in Freshwater: Hazards and Policy Responses*, Études de l'OCDE sur l'eau, Éditions OCDE, Paris, https://dx.doi.org/10.1787/c936f42d-en. [3]

OCDE (2016), *Instrument juridique de l'OCDE : Recommandation du Conseil sur l'eau*, https://legalinstruments.oecd.org/fr/instruments/OECD-LEGAL-0434. [1]

OCDE, FAO, IIASA (2020), *Towards a G20 Action Plan on Water Background note to the G20 Saudi Presidency*. [2]

# 2 Généralités sur les politiques de l'eau

Ce chapitre examine comment les Adhérents adaptent les politiques de l'eau à la situation locale. Il fournit des exemples de la planification de la gestion de l'eau à long terme, notamment des examens réguliers et des mises à jour des plans ainsi que de la consultation des parties prenantes. Il montre aussi comment les Adhérents gèrent les interactions entre la gestion des eaux souterraines et de surface. Il décrit les actions mises en œuvre pour gérer conjointement la quantité et la qualité des ressources en eau, ainsi que pour s'attaquer aux pratiques, aux tendances et aux évolutions influant sur la disponibilité et la demande d'eau et sur les risques liés à l'eau. Enfin, ce chapitre aborde la question de la mise au point et la diffusion d'innovations.

La première section de la Recommandation énonce un ensemble de recommandations générales et transversales sur les politiques de l'eau que les Adhérents doivent concevoir et mettre en œuvre :

## 2.1. Adapter les politiques de l'eau à la situation locale

La première partie de la Recommandation appelle les Adhérents à concevoir et mettre en œuvre des politiques de l'eau « adaptées à la situation locale ». Cela nécessite de prendre en compte les particularités géographiques, culturelles et politiques des lieux aux échelles qui conviennent. Il est possible de le faire de deux manières, exposées ci-dessous. La question est abordée à nouveau au chapitre 6 sur la gouvernance de l'eau.

La première manière est d'ajuster la gestion de l'eau aux conditions locales. Il est alors essentiel d'assurer une coordination verticale entre les différentes échelles. Un grand nombre de pays veillent à mettre en place des institutions dans cette optique. À titre d'exemple, la **France** a créé en 1964 six agences de bassin hydrographique sur son territoire métropolitain afin de mieux comprendre les difficultés locales en matière de gestion de l'eau et de veiller à ce que les frontières administratives suivent une logique hydrographique. Dans l'**Union européenne**, la directive-cadre sur l'eau a encouragé l'intégration et la centralisation de toutes les activités de gestion de l'eau au niveau des districts hydrographiques (Union européenne, 2000[1]). Certains pays privilégient l'aire de captage comme échelle géographique appropriée pour la gestion de l'eau (Autriche, Allemagne). Ce principe de décentralisation a été mis en œuvre à travers l'obligation d'élaborer des plans de gestion des bassins hydrographiques transrégionaux et transfrontaliers. Le chapitre 6 (sur la gouvernance) fournit des illustrations de la façon d'assurer une coordination verticale.

La seconde manière consiste à adapter les instruments d'action publique (tels que les redevances de prélèvement) aux conditions locales. Par exemple, les redevances de prélèvement sont souvent différenciées par zones hydrographiques, dans le but d'envoyer un signal adéquat sur la valeur de l'eau et de tenir compte de l'équité. Au **Canada**, ces redevances sont ainsi définies au niveau des provinces (voir le chapitre 8 pour plus de détails). De même, les redevances ont parfois besoin d'être différenciées sur le plan géographique pour prendre convenablement en compte différents paramètres environnementaux (OCDE, 2017[2]). Au **Portugal**, la taxe sur les ressources en eau instaurée en 2008 varie selon les secteurs et les régions et est actualisée régulièrement. En **Europe**, la directive relative au traitement des eaux urbaines résiduaires fixe des normes plus exigeantes pour le traitement des eaux résiduaires dans les zones sensibles, c'est-à-dire où la capacité de dilution est faible ou bien où l'eau est employée à des usages récréatifs (Union européenne, 1991[3]).

Les conditions locales fluctuent dans le temps. En **Australie**, des droits échangeables donnent accès à un certain pourcentage de l'eau disponible dans un « pool de consommation » (consumptive pool) et les allocations d'eau changent en fonction de la disponibilité saisonnière des ressources en eau dans le pool de consommation (OCDE, 2019[4]) (voir la section 4 pour plus de détails).

## 2.2. Planification de la gestion de l'eau à long terme

La deuxième partie de la Recommandation sur l'eau appelle les Adhérents à concevoir et mettre en œuvre des politiques de l'eau « qui reposent sur des plans de gestion de l'eau à long terme, établis de préférence au niveau des bassins versants ou des aquifères et, le cas échéant, dans un cadre transfrontalier. De tels plans devraient favoriser une gestion combinée des eaux souterraines et de surface, et faire l'objet d'examens réguliers et de mises à jour ». L'enquête de suivi 2019 de l'OCDE montre que la quasi-totalité des 27 répondants ont un plan national de gestion de l'eau en place. Dans les pays fédéraux, les plans peuvent être définis à l'échelon infranational lorsque la gestion de l'eau ne représente pas un enjeu national.

La directive-cadre sur l'eau de l'**UE**, qui engage à protéger sur le long terme les ressources en eau disponibles, impose à ses États membres d'évaluer les changements à long terme des conditions naturelles (Union européenne, 2000[1]). La Commission européenne prévoyait que le premier projet officiel de plan de gestion de district hydrographique (PGDH) soit présenté avant la fin 2008. À ce jour, tous les États membres ont adopté leurs PGDH et la quasi-totalité d'entre eux ont communiqué à la Commission européenne leurs deuxièmes PGDH pour la période 2015-2021 au titre de la directive-cadre sur l'eau. Le contenu des PGDH est disponible dans le système européen d'information sur l'eau WISE[1] : les cartes comprennent les districts hydrographiques et leurs sous-unités, les masses d'eau superficielle (catégorie de masse d'eau, état ou potentiel écologique et état chimique), les masses d'eau souterraine (type d'aquifère, état quantitatif et état chimique) et les sites de surveillance.

L'incertitude est une caractéristique essentielle de la planification à long terme. L'enquête de suivi 2019 de l'OCDE montre que, sur les 26 Adhérents ayant répondu, 22 prennent en compte des facteurs d'incertitude pour planifier la disponibilité et la demande d'eau futures (Graphique 2.1).

### Graphique 2.1. Prise en compte des incertitudes relatives à la disponibilité et à la demande d'eau futures dans les plans de gestion nationaux

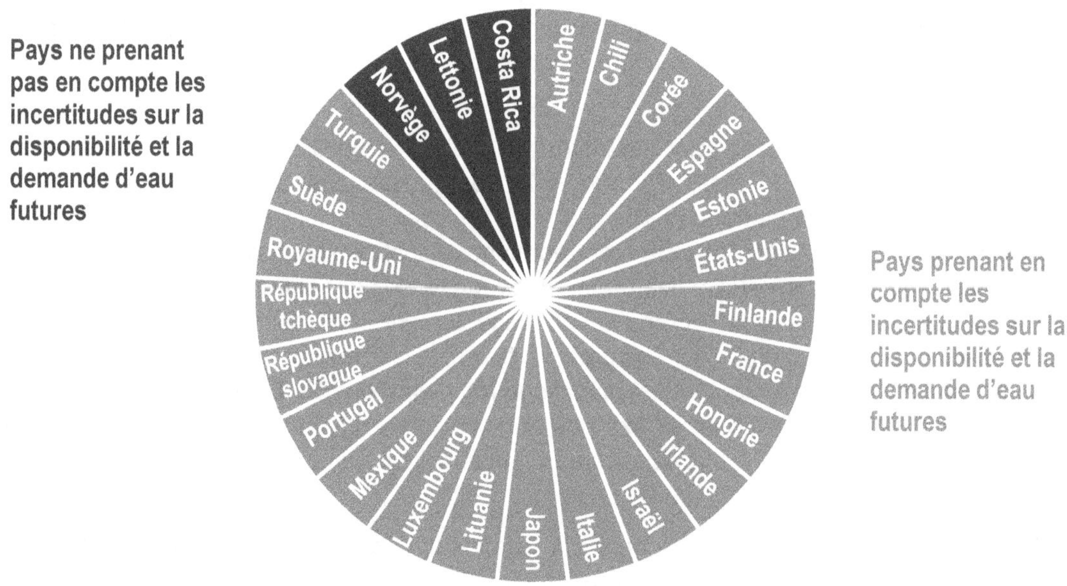


Note : Réponses à la question « Le plan national de gestion de l'eau prend-il en compte les incertitudes relatives à la disponibilité et à la demande d'eau futures ? ».
Source : Enquête de 2019 relative à la mise en œuvre de la Recommandation du Conseil de l'OCDE sur l'eau ; 27 réponses reçues dont 26 de la part d'Adhérents.

Parmi les Adhérents intégrant des facteurs d'incertitude dans leur planification, près de 70 % prennent en compte différents scénarios climatiques et de demande d'eau, et 70 % également intègrent des risques liés à l'eau (Graphique 2.2). L'enquête 2019 de l'OCDE sur l'évolution de l'action publique dans les domaines de l'agriculture et de l'eau a montré néanmoins que, parmi les Adhérents qui fixent des objectifs quantifiés dans la planification nationale de l'utilisation des ressources en eau pour le secteur agricole, seuls 41 % tiennent compte du changement climatique. Des études complémentaires sont nécessaires pour évaluer la manière dont les pays élaborent et intègrent des scénarios relatifs au changement climatique et aux disponibilités en eau futures dans leurs instruments de planification. L'évolution régionale et locale des précipitations est en effet incertaine, différents modèles climatiques prévoyant des sens d'évolution divergents pour certaines régions.

Graphique 2.2. Types d'incertitudes prises en compte dans la planification de la gestion de l'eau

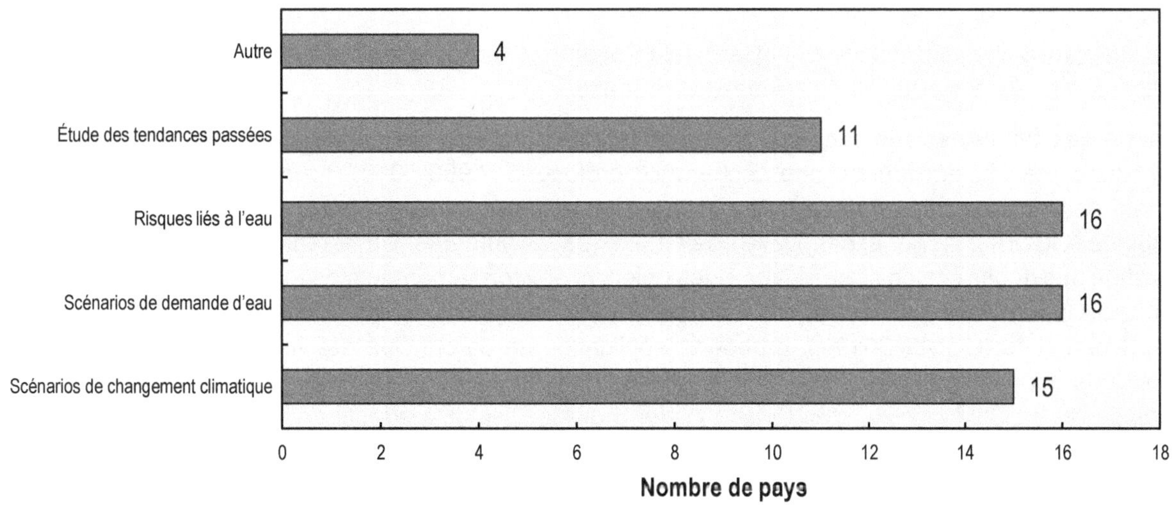


Note : Réponses à la question : « Le plan national de gestion de l'eau prend-il en compte les incertitudes relatives à la disponibilité et à la demande d'eau futures ? ». Des réponses multiples étaient admises.
Source : Enquête de 2019 relative à la mise en œuvre de la Recommandation du Conseil de l'OCDE sur l'eau ; 27 réponses reçues dont 26 de la part d'Adhérents.

La **Turquie** a travaillé à améliorer sa modélisation du climat futur au moyen de scénarios reposant sur des températures planétaires moyennes à élevées (RCP4.5 et RCP8.5). Elle utilise trois modèles climatiques mondiaux découpés en mailles de 20 km, ce qui permet de repérer les évolutions locales. La Turquie tient compte également des hausses des températures et des variabilités dans les niveaux de précipitation, à un horizon allant jusqu'à la fin du XXIe siècle (OCDE, 2019[5]). En **France**, les agences de bassin ont établi des plans stratégiques afin de s'adapter au changement climatique, qui constitue une priorité de la période de programmation en cours. Au **Chili**, certains plans de gestion des cours d'eau – ceux élaborés pour les fleuves Maule et Maipo, par exemple, tiennent compte des impacts du changement climatique. Des mesures ont été prises pour intégrer une modélisation des eaux superficielles et souterraines dans les prochains plans de gestion des cours d'eau (OCDE, 2019[6]). L'**Espagne** tient compte des incertitudes relatives aux conditions hydriques à long terme en améliorant ses modèles climatiques et en actualisant en conséquence sa cartographie des masses d'eau. Les modèles intègrent une longue série chronologique de données historiques et établissent des projections ambitieuses des disponibilités en eau[2] (OCDE, 2019[6]).

Le plan Delta des **Pays-Bas** vise à garantir aux générations actuelles et futures d'être à l'abri de l'eau et de disposer de quantités suffisantes d'eau douce au cours des prochains siècles. Il adopte une approche adaptative de la gestion des deltas, en prenant des mesures à court terme qui amélioreront la capacité du pays à s'adapter aux changements à long terme et à résister à des situations extrêmes. Le plan bénéficie du soutien d'un fonds Delta spécifique, qui fournit les ressources financières nécessaires à sa mise en œuvre (OCDE, 2014[7]).

Des études complémentaires sont nécessaires pour évaluer si les plans de gestion des bassins hydrographiques intègrent l'évolution de paramètres influant sur les disponibilités en eau et l'utilisation de la ressource ainsi que l'exposition à des risques liés à l'eau (voir aussi le chapitre 3), si ces plans sont en phase avec ceux établis dans d'autres domaines (par exemple l'occupation des sols et l'aménagement urbain, le développement agricole, l'approvisionnement énergétique), s'ils sont appuyés par des stratégies financières solides, et s'ils commandent les décisions prises en matière de gestion de l'eau et d'investissement.

## 2.3. Interactions entre la gestion des eaux souterraines et de surface

Parallèlement à une planification à long terme, la Recommandation appelle les Adhérents à favoriser « une gestion combinée des eaux souterraines et de surface ».

C'est ce que fait l'**Australie** avec son initiative nationale de réforme de l'eau (National Water Initiative, NWI) qui a été adoptée durant une sécheresse prolongée (1996-2010). La NWI prend acte des liens existant entre les eaux de surface et les eaux souterraines et appelle à gérer ces systèmes de manière combinée (OCDE, 2018[8]). Elle rappelle également que les autorités compétentes doivent veiller à ce que la gestion des débits écologiques locaux et les objectifs environnementaux locaux (par exemple en matière de qualité de l'eau, d'habitats et de lutte contre les ravageurs) soient cohérents entre cours d'eau complémentaires (OCDE, 2019[4]). La bonne application de ce principe est visible au niveau local. Aux **États-Unis** par exemple, l'une des administrations chargées de gérer les ressources et les infrastructures hydrauliques en Californie, le Arvin Edison Water Storage District, a adopté ce type de gestion combinée. Elle stocke de l'eau dans le sous-sol durant les années pluvieuses et la repompe en surface pendant les saisons sèches, ce qui procure aux usagers des avantages mesurables (OCDE, 2015[9]).

## 2.4. Examens et mises à jour

Le Conseil recommande également que les plans de gestion de l'eau à long terme fassent l'objet « d'examens réguliers et de mises à jour ». Cette idée est illustrée aussi dans les Principes de l'OCDE sur la gouvernance de l'eau (chapitre 6), qui appellent à suivre et évaluer régulièrement les politiques de l'eau. La section qui suit présente des exemples au niveau national, qui sont applicables également à tous les niveaux de la gouvernance.

L'immense majorité des répondants, à savoir 92 % de ceux ayant répondu « oui » à la question sur l'existence d'un plan national de gestion de l'eau dans l'enquête de suivi 2019 de l'OCDE, doivent rendre compte de la mise en œuvre du plan ou de l'équivalent (pour les pays ayant des plans à un échelon infranational). Sur les répondants tenus à une obligation de ce type, 72 % ont des objectifs quantitatifs fixés pour suivre la mise en œuvre du plan (Graphique 2.3). L'**UE** impose à ses États membres de procéder à un suivi et une évaluation de la mise en œuvre de leurs plans de gestion des districts hydrographiques, qui sont actualisés tous les six ans. En plus de le faire pour ses 25 plans de gestion de district hydrographique, l'**Espagne** publie un rapport annuel dans le cadre de cet exercice de communication de rapport. Certains pays, dont la **France**, rendent aussi compte d'objectifs qualitatifs.

Graphique 2.3. Communication de rapports sur la mise en œuvre des plans nationaux de gestion de l'eau

Y a-t-il une obligation de rendre compte de la mise en œuvre du plan ?

Le plan comporte-t-il des objectifs quantitatifs fixés pour suivre sa mise en œuvre ?

Note : Réponses aux questions : « Y a-t-il une obligation de rendre compte de la mise en œuvre du plan ? » et « Le plan comporte-t-il des objectifs quantitatifs fixés pour suivre sa mise en œuvre ? ».
Source : Enquête de 2019 relative à la mise en œuvre de la Recommandation du Conseil de l'OCDE sur l'eau ; 25 réponses reçues dont 24 de la part d'Adhérents.

## 2.5. Consultation des parties prenantes

Enfin, en ce qui concerne la planification de la gestion de l'eau à long terme et la gestion combinée des eaux, la Recommandation indique à propos des politiques de l'eau qu'« il serait utile de les soumettre à la consultation des parties prenantes ». Cette phrase fait écho au principe 10 de la section 6 de la Recommandation, qui encourage la participation des parties prenantes à la gestion de l'eau d'une manière générale.

Il existe de plus en plus d'exemples de lois, règlements, lignes directrices et normes qui établissent un cadre formel à la participation des parties prenantes afin d'encourager la communication d'informations, la coopération, la consultation ou la sensibilisation en matière de procédures et de règles opérationnelles. Ainsi, en vertu de l'article 14 de la directive-cadre sur l'eau de l'**UE**, des consultations avec le public doivent être organisées durant les différentes étapes d'élaboration des plans de gestion de district hydrographique. En **Allemagne**, l'État du Baden-Würtemberg a impliqué les principales parties prenantes dans l'établissement d'un plan de gestion de l'eau au moyen de plus de 70 événements locaux.

Des obstacles demeurent néanmoins dans la pratique, notamment le phénomène de lassitude que les consultations peuvent susciter, dû souvent au manque de clarté sur la manière d'utiliser les contributions des parties prenantes dans le processus décisionnel et la mise en œuvre. Les autres difficultés identifiées sont notamment le manque de temps, de personnel et de financements, le fait que les cadres juridiques soient peu propices, la surreprésentation de certaines catégories de personnes dans les consultations, le niveau de capacités insuffisant, le manque d'intérêt et de sensibilisation du public, l'asymétrie de l'information, la fragmentation des structures institutionnelles, et la complexité des problèmes (OCDE, 2015[10]).

## 2.6. Gestion conjointe de la quantité et de la qualité des ressources en eau

Le Conseil recommande que les Adhérents conçoivent et mettent en œuvre des politiques de l'eau qui « encouragent à gérer à la fois les volumes et la qualité de l'eau et prêtent attention aux caractéristiques hydromorphologiques et à la variabilité des masses d'eau dans le temps, dans la mesure où ces aspects ont des répercussions sur la quantité et la qualité de l'eau, les catastrophes liées à l'eau et les écosystèmes aquatiques ».

L'enquête de suivi 2019 de l'OCDE montre que les pays ont adopté des plans nationaux de gestion de l'eau intégrant de nombreux aspects différents, afin d'assurer une coordination entre les mesures prises dans le domaine de l'eau (Graphique 2.4). Ils couvrent habituellement la quantité et la qualité des ressources en eau, l'exposition aux risques liés à l'eau, l'accès aux services d'eau et d'assainissement ainsi que les investissements dans des infrastructures.

### Graphique 2.4. Aspects couverts dans les plans nationaux de gestion de l'eau

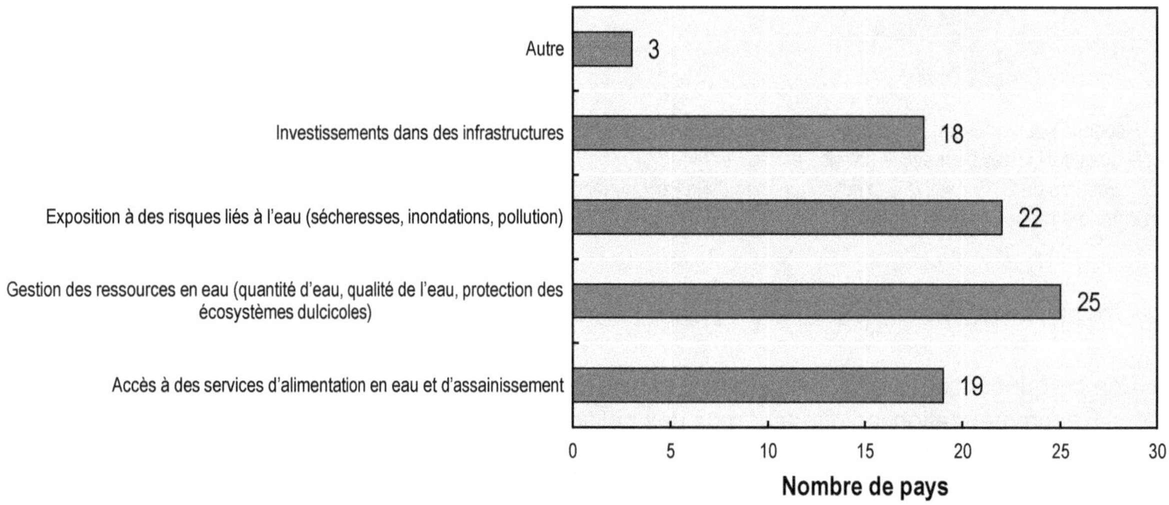


Note : Réponses à la question : « Parmi les sujets suivants, lesquels sont couverts dans le plan national de gestion de l'eau de votre pays ? », « Autre » comprend : l'irrigation, les financements pour l'eau, la R-D, l'industrie de l'eau, la coopération internationale ; l'eau potable ; l'analyse des pressions et de l'impact exercés par les différents usagers sur les ressources en eau. Des réponses multiples étaient admises.
Source : Enquête de 2019 relative à la mise en œuvre de la Recommandation du Conseil de l'OCDE sur l'eau ; 25 réponses reçues dont 24 de la part d'Adhérents.

Dans la directive-cadre sur l'eau de l'**UE**, la gestion conjointe de la quantité et de la qualité des ressources en eau est encouragée par le biais des plans de gestion de district hydrographique. Ces plans indiquent de manière détaillée la manière dont les objectifs fixés pour le district hydrographique (sur l'état écologique, l'état quantitatif, l'état chimique et les aires protégées) seront atteints. L'état écologique est fondé sur des éléments de qualité biologique et des éléments de qualité physico-chimique et hydromorphologique (Union européenne, 2000[1]). En **Israël**, la qualité et la quantité d'eau sont intrinsèquement liées dans la gestion des ressources hydriques : l'eau de mer dessalée y est une source essentielle d'alimentation en eau et les eaux usées épurées sont très utilisées pour l'irrigation, afin de réduire les besoins de prélèvement d'eau douce des aquifères et des masses d'eau de surface. La coordination est assurée par le Conseil du service des eaux, créé en 2007, qui prend toutes les décisions et définit les politiques du Services des eaux israélien.

Les solutions fondées sur la nature (SFN) offrent des possibilités prometteuses pour gérer la ressource sur le plan tant quantitatif que qualitatif. Par exemple, l'initiative Upstream Thinking de gestion des captages au **Royaume-Uni** a permis de restaurer plus de 2 000 hectares de terres sensibles dans la région de l'Exmoor entre 2010 et 2015 afin d'améliorer les tourbières et la biodiversité, et de réduire la charge solide et le risque d'inondation en aval. Elle doit bénéficier à 15 installations d'épuration des eaux qui fournissent 72 % de la quantité d'eau distribuée chaque jour aux clients de la région (OCDE, 2017[11]). L'utilisation des solutions fondées sur la nature est encouragée en Europe, notamment via le programme-cadre Horizon 2020 pour la recherche et l'innovation qui a alloué quelque 185 millions EUR à des programmes de recherche et des projets pilotes entre 2014 et 2020 (Parlement européen, 2017[12]).

Des comités interinstitutionnels peuvent aider à gérer divers enjeux en rapport avec l'eau et garantir la cohérence entre les mesures prises par les différentes autorités nationales chargées de l'eau et des autres domaines de l'action publique. En **Irlande**, le Water Policy Advisory Committee (comité consultatif sur la politique de l'eau) assure la coordination entre la directive-cadre sur l'eau de l'UE et les autres directives, notamment la directive Inondations et la directive-cadre pour le milieu marin. Au **Costa Rica**, il existe des comités sur l'hydrologie et la météorologie, les eaux souterraines, les eaux de surface et les eaux usées. Certains pays ont réuni les attributions en matière d'eau et d'environnement, par exemple certains États du **Brésil**. En **Corée**, la loi sur l'organisation de l'État adoptée en juin 2018 rassemble au sein du ministère de l'Environnement la grande majorité des missions de gestion de la quantité et de la qualité des ressources en eau (OCDE, 2018[13]) (Encadré 2.1). Le chapitre 6 présente d'autres arrangements favorisant la cohérence des politiques politiques en ce qui concerne la gestion de l'eau.

### Encadré 2.1. Une réforme nationale pour remédier aux déficiences de la gestion nationale de l'eau sur le plan institutionnel et financier en Corée

Pour remédier aux déficiences de ses politiques nationales de gestion de l'eau sur le plan institutionnel et financier, la Corée a adopté une réforme visant à mettre en place une gestion intégrée de l'eau. En 2018, la loi sur l'organisation de l'État a été amendée pour transférer au ministère de l'Environnement les compétences en matière de préservation, utilisation et développement des ressources en eau qui étaient auparavant dévolues au ministère du Territoire, des Infrastructures et des Transports. À cette occasion, 188 fonctionnaires de ce dernier ministère, avec un budget supérieur à 500 millions USD affecté à la gestion quantitative de l'eau, et 5 878 employés de la compagnie des eaux K-water (d'une valorisation d'environ 9 milliards USD) ont été transférés au ministère de l'Environnement. Ont également été intégrées à celui-ci les autorités chargées de superviser la quantité et la qualité des eaux souterraines ainsi que la gestion des ouvrages hydrauliques locaux et multirégionaux.

De plus, la loi-cadre sur la gestion de l'eau a été adoptée en 2018 pour la première fois dans l'histoire de la Corée. Elle pose les fondements juridiques d'une gestion intégrée de l'eau englobant les aspects quantitatifs et qualitatifs de la ressource. Cette loi-cadre en vigueur depuis juin 2019 énonce 12 principes fondamentaux de la gestion de l'eau, notamment le caractère public de l'eau, un cycle de l'eau rationnel, la gestion par bassin, la gestion intégrée de l'eau, la gestion de la demande d'eau, la prise en compte du changement climatique, et la participation multipartite parallèlement au plan-directeur national pour la gestion de l'eau et aux plans détaillés de gestion de l'eau par bassin.

À la suite de l'adoption de la loi-cadre sur la gestion de l'eau, la commission présidentielle sur l'eau et 4 commissions de bassin ont été créées. Placée sous l'autorité du Bureau de la Présidence, la commission présidentielle sur l'eau est présidée par le Premier ministre, et un expert civil nommé par le Président. Une majorité de membres de la commission doivent être des personnalités civiles non membres de droit, et un ratio hommes-femmes approprié doit être respecté.

Le plan-directeur national pour la gestion de l'eau applicable à la prochaine décennie, qui représente la première initiative de coordination des stratégies de gestion de l'eau entre administrations de l'histoire du pays, et les plans détaillés de gestion de l'eau par bassin, devraient être achevés d'ici juin 2021 et juin 2022, respectivement. Ces plans devront être ajustés en fonction des résultats d'une évaluation qui sera réalisée tous les 5 ans, et leur mise en œuvre fera l'objet d'un suivi annuel. Les commissions présidentielles de gestion de l'eau et de bassin seront chargées d'examiner et coordonner plusieurs lois et plans définis par les ministères et les administrations locales du pays afin d'assurer la cohérence et l'efficacité des politiques.

Source : (République de Corée, 2019[14]) (République de Corée, 2020[15])

## 2.7. Réponse aux pratiques, tendances et évolutions influant sur la disponibilité et la demande d'eau et sur les risques liés à l'eau

En dehors de la gestion conjointe de la quantité et de la qualité des ressources en eau, le Conseil recommande que les Adhérents « s'attaquent aux pratiques, aux tendances et aux évolutions qui influent sur la disponibilité et la demande d'eau et sur l'exposition et la vulnérabilité aux risques liés à l'eau ; et tiennent compte de leurs conséquences économiques, sociales et environnementales plus larges, à différentes échelles ». On trouvera plus de détails sur la gestion quantitative de l'eau au chapitre 3, sur les risques liés à l'eau au chapitre 5, et sur les instruments de tarification au chapitre 8.

## 2.8. Promotion de la mise au point et de la diffusion d'innovations

Le Conseil recommande que les Adhérents conçoivent et mettent en œuvre des politiques de l'eau qui « facilitent la mise au point et la diffusion de modes de gestion de l'eau innovants et plus efficients, fondés sur des innovations techniques ou non techniques ».

Des innovations techniques existent dans différents domaines en rapport avec l'eau, notamment la réduction de la pollution (l'épuration des eaux usées, par exemple), la gestion de la demande (l'économie d'eau dans les intérieurs ou dans l'irrigation, par exemple l'irrigation localisée ou les technologies de prévention des fuites) et la gestion de l'offre (la récupération de l'eau de pluie, le dessalement de l'eau de mer et de l'eau saumâtre, par exemple) (Haščič et Migotto, 2015[16]). Il existe aussi des innovations techniques dans les technologies de l'information et de la communication (TIC), telles que les compteurs intelligents, qui sont intéressantes pour le secteur de l'eau (Encadré 2.2).

Les données sur les brevets déposés dans le domaine de l'eau, utilisées pour étudier la mise au point d'inventions, montrent que plusieurs pays Adhérents sont à la pointe de l'innovation en matière d'eau, à savoir les États-Unis, qui représentent plus de 30 % des brevets sur des technologies en rapport avec l'eau déposés dans le monde entre 1990 et 2015, suivis de la **Corée**, de l'**Allemagne** et du **Japon** (Tableau 2.1). La part de la **Corée** dans les dépôts de brevet a fortement augmenté, qu'il s'agisse des technologies dans le domaine de l'eau ou des autres types de technologie. Pour les technologies en rapport avec l'eau, elle est passée de moins de 1 % en 1990 à plus d'un quart des brevets déposés dans le monde depuis 2009. Il est à noter également qu'**Israël** affiche le plus grand pourcentage de brevets sur la demande d'eau, et un pourcentage relativement plus élevé d'inventions très intéressantes pouvant être transférées à d'autres pays (Leflaive, Krieble et Smythe, 2020[17]).

### Tableau 2.1. Principaux pays inventeurs de technologies dans le domaine de l'eau, 1990-2015

| Pays | États-Unis | Corée | Allemagne | Japon | Royaume-Uni | France | Canada | Suisse |
|---|---|---|---|---|---|---|---|---|
| Pourcentage des brevets déposés dans le monde sur des technologies en rapport avec l'eau | 30.90 % | 14.50% | 12.00% | 6.90% | 4.60% | 4.00% | 2.50% | 1.90% |
| Avantage technologique relatif (ATR) | 1.14 | 0.97 | 1.22 | 0.48 | 1.85 | 1.55 | 1.45 | 2.05 |

Note : Les inventions brevetées en rapport avec l'eau portent sur la réduction de la pollution de l'eau ou les technologies axées sur la demande ou l'offre.
Source : (Leflaive, Krieble et Smythe, 2020[17]).

Si l'on considère l'avantage technologique relatif (ATR), qui mesure le degré de spécialisation d'un pays dans un domaine technologique particulier, la **Suisse** a un ATR de 2.05, qui indique que le pays est relativement spécialisé dans les technologies relatives à la sécurité hydrique par rapport à d'autres domaines. À l'inverse, avec un ATR de 0.48, le **Japon** possède proportionnellement moins de brevets dans le domaine de l'eau que dans d'autres domaines d'invention. Certains pays Adhérents, comme le **Chili** ou l'**Australie**, sont hautement spécialisés dans les technologies en rapport avec l'eau, qui représentent une part importante de leurs brevets déposés au niveau national. Ils figurent en tête à la fois comme pays inventeurs et comme marchés potentiels pour la technologie brevetée (Leflaive, Krieble et Smythe, 2020[17]). Les dynamiques différentes observées entre les pays, et la relative spécialisation de certains d'entre eux, indiquent que les Adhérents conçoivent et mettent en œuvre des stratégies diverses pour favoriser et accélérer la mise au point d'innovations dans le domaine de l'eau.

Les pays ont aussi recours à des mécanismes différents pour faciliter la diffusion des innovations en rapport avec l'eau. Certains constituent des groupes chargés de transférer les connaissances et les données accessibles au public. Par exemple, la **Nouvelle-Zélande** a mis en place un groupe consultatif pour les sciences et les techniques (le Science and Technical Advisory Group) afin de superviser les données scientifiques servant de référence pour élaborer les politiques publiques en matière d'eau douce, et créé le LAWA (Land Air Water Aotearoa), une plateforme de communication de données et d'informations sur l'environnement destinée à aider les communautés à trouver un juste compromis entre l'utilisation des ressources naturelles et le maintien de la qualité de l'eau et de la disponibilité de la ressource. La **Commission européenne** a établi une plateforme de connaissances sur l'agriculture et la gestion de l'eau, qui vise à fournir des liens vers des informations issues de la recherche dans ce domaine.[3]

La mise au point et le déploiement de réseaux d'eau intelligents ont été encouragés par un certain nombre d'Adhérents, dont l'**Australie**, la **France**, **Israël**, la **Corée** et les **Pays-Bas**, ainsi que par des entités infranationales (les États de l'Arizona et de la Californie aux **États-Unis**, et la province de l'Ontario au **Canada**). Leur déploiement s'est accompagné de réformes de la tarification de l'eau et de mesures destinées à encourager une utilisation efficiente de la ressource. Dans l'Arizona, les compagnies de distribution ont adopté des compteurs d'eau intelligents permettant aux clients de suivre leur consommation. De nouvelles entreprises utilisant des technologies intelligentes ont vu le jour dans l'**Ontario** et en **Israël**. En **France**, les mesures d'incitation destinées à réduire les fuites dans les réseaux d'eau et d'assainissement ont conduit à multiplier les compteurs intelligents et les investissements dans la surveillance des données afin de détecter et de localiser les anomalies en temps réel (OCDE, 2017[2]).

Des innovations non techniques peuvent favoriser des changements de comportement aboutissant à une utilisation plus efficiente de l'eau (voir la section Promouvoir l'efficacité de l'utilisation de l'eau).

**Encadré 2.2. Science citoyenne et mobilisation du public : des outils pour améliorer l'information sur l'eau**

La science citoyenne, c'est-à-dire la participation des citoyens à la recherche scientifique et/ou à la production de connaissances, représente une nouvelle source de données non traditionnelle pouvant jouer un rôle important dans la surveillance des ressources en eau. Le développement de nouvelles technologies comme les applis des téléphones portables et les réseaux sociaux a élargi les possibilités de contribution des citoyens, permettant aux scientifiques de traiter des volumes de données beaucoup plus importants qu'auparavant. On trouve aujourd'hui de nombreux exemples de projets de science citoyenne couvrant des domaines très divers, notamment le secteur de l'eau, aux quatre coins du monde. Ainsi, SciStarter.org est un moteur de recherche sur les projets de science citoyenne, et un inventaire des activités de science citoyenne menées en Europe dans le domaine environnemental a été publié récemment.

Plusieurs applications mobiles ont été développées pour faciliter la participation des citoyens à la collecte et à la transmission d'informations dans le but de surveiller les ressources en eau. Par exemple, Ciclop's EyeOnWater et Earthwatch's FreshWater Watch permettent à des bénévoles de transmettre des données sur la couleur des eaux littorales ; ces données constituent un indicateur d'eutrophisation simple et accessible qui peut être utilisé parallèlement à des données de télédétection. La NASA étudie la possibilité d'exploiter des photos aériennes prises depuis des aéronefs de l'aviation générale pour évaluer le niveau d'eutrophisation. Une comparaison entre les données communiquées par les citoyens et celles recueillies par les organismes chargés de la surveillance de la qualité des eaux au Royaume-Uni montre que les données de FreshWater Watch complètent les données officielles de surveillance de l'environnement en comblant des lacunes dans le maillage spatial et temporel, ainsi que dans les types de masses d'eau étudiées.

Même si tous les programmes de science citoyenne ne sont pas conçus pour éclairer l'action publique ou ne s'y prêtent pas, il est essentiel de comprendre et de favoriser au maximum les conditions dans lesquelles les responsables publics peuvent faire appel à la science citoyenne pour participer à l'accumulation mondiale d'informations locales indispensable pour relever les défis à venir dans le domaine de l'eau.

Source : (OCDE, 2019[6]); (OCDE, FAO, IIASA, 2020[18])

## Références

Haščič, I. et M. Migotto (2015), « Measuring environmental innovation using patent data », *Documents de travail de l'OCDE sur l'environnement*, n° 89, Éditions OCDE, Paris, https://dx.doi.org/10.1787/5js009kf48xw-en. [16]

Leflaive, X., B. Krieble et H. Smythe (2020), « Trends in water-related technological innovation: Insights from patent data », *Documents de travail de l'OCDE sur l'environnement*, n° 161, Éditions OCDE, Paris, https://dx.doi.org/10.1787/821c01f2-en. [17]

OCDE (2019), *Atelier de l'OCDE sur la mise en œuvre de la Recommandation de l'OCDE sur l'eau 14 octobre 2019, Paris.* [6]

OCDE (2019), *OECD Environmental Performance Reviews: Turkey 2019*, Examens environnementaux de l'OCDE, Éditions OCDE, Paris, https://dx.doi.org/10.1787/405578df-fr. [5]

OCDE (2019), *OECD Environmental Performance Reviews: Australia 2019*, Examens environnementaux de l'OCDE, Éditions OCDE, Paris, https://doi.org/10.1787/9789264310452-en. [4]

OCDE (2018), *Implementing the OECD Principles on Water Governance: Indicator Framework and Evolving Practices*, Études de l'OCDE sur l'eau, Éditions OCDE, Paris, https://dx.doi.org/10.1787/9789264292659-en. [8]

OCDE (2018), *Managing the Water-Energy-Land-Food Nexus in Korea: Policies and Governance Options*, Études de l'OCDE sur l'eau, Éditions OCDE, Paris, https://dx.doi.org/10.1787/9789264306523-en. [13]

OCDE (2017), *Diffuse Pollution, Degraded Waters: Emerging Policy Solutions*, Études de l'OCDE sur l'eau, Éditions OCDE, Paris, https://dx.doi.org/10.1787/9789264269064-en. [11]

OCDE (2017), *Enhancing Water Use Efficiency in Korea: Policy Issues and Recommendations*, Études de l'OCDE sur l'eau, Éditions OCDE, Paris, https://dx.doi.org/10.1787/9789264281707-en. [2]

OCDE (2015), *Les périls du tarissement : Vers une utilisation durable des eaux souterraines en agriculture*, Études de l'OCDE sur l'eau, Éditions OCDE, Paris, https://dx.doi.org/10.1787/9789264248427-fr. [9]

OCDE (2015), *Stakeholder Engagement for Inclusive Water Governance*, Études de l'OCDE sur l'eau, Éditions OCDE, Paris, https://dx.doi.org/10.1787/9789264231122-en. [10]

OCDE (2014), *L'eau et l'adaptation au changement climatique : Des politiques pour naviguer en eaux inconnues*, Études de l'OCDE sur l'eau, Éditions OCDE, Paris, https://dx.doi.org/10.1787/9789264200647-fr. [7]

OCDE, FAO, IIASA (2020), *Towards a G20 Action Plan on Water. Background note to the G20 Saudi Presidency*. [18]

Parlement européen (2017), *Nature-based solutions: Concept, opportunities and challenges*, http://www.europarl.europa.eu/thinktank/en/document.html?reference=EPRS_BRI(2017)608796 (consulté le 29 octobre 2019). [12]

République de Corée (2020), *Article 21 of the « Framework Act of Water Management ». 26 May 2020 (partial amendment)*, Ministère des Législations gouvernementales de la République de Corée. [15]

République de Corée (2019), *Establishment of Integrated Water Management System, communiqué de presse, 23 janvier 2019.* [14]

Union européenne (2000), « Directive-cadre européenne sur l'eau », dans *Directive 2000/60/CE du Parlement européen et du Conseil établissant un cadre pour une politique communautaire dans le domaine de l'eau*, Union européenne, https://eur-lex.europa.eu/legal-content/FR/TXT/?uri=CELEX:32000L0060. [1]

Union européenne (1991), « Directive de l'UE sur le traitement des eaux urbaines résiduaires », dans *Directive du Conseil relative au traitement des eaux urbaines résiduaires*, Union européenne, https://eur-lex.europa.eu/legal-content/FR/TXT/?uri=CELEX:31991L0271. [3]

## Notes

[1] https://www.eea.europa.eu/data-and-maps/explore-interactive-maps/water-framework-directive-2nd-rbmp

[2] Pour plus d'informations : https://www.miteco.gob.es/es/agua/temas/planificacion-hidrologica/memoria_infoseg_2018_tcm30-482594.pdf

[3] Enquête 2019 de l'OCDE sur l'évolution de l'action publique dans les domaines de l'agriculture et de l'eau.

# 3 Assurer une gestion quantitative de l'eau

Ce chapitre décrit l'expérience des Adhérents en ce qui concerne la gestion quantitative de l'eau dans le respect de la Recommandation du Conseil de l'OCDE sur l'eau. Il examine comment ces pays élaborent les politiques de gestion de la demande d'eau en s'appuyant sur les projections et incertitudes à court et long terme et en tenant compte des fonctions sociales, économiques et écologiques de l'eau. Il fournit des exemples de mesures visant à promouvoir une utilisation efficiente de l'eau (instruments économiques, technologies économes en eau et sources d'eau alternatives). Le chapitre présente également des régimes d'allocation de l'eau bien conçus et des démarches de gestion collective. Enfin, il montre comment les connaissances et les données peuvent aider à la gestion quantitative de l'eau.

La gestion quantitative de l'eau passe par une combinaison de mesures prises par les pouvoirs publics à l'échelon national et infranational en vue de mieux gérer la demande d'eau, d'encourager l'utilisation efficiente de l'eau, et d'allouer les disponibilités en eau, qui varient selon les saisons et les secteurs géographiques, aux usages les plus prioritaires.[1] D'après les prévisions de l'OCDE, la demande d'eau dans le monde devrait augmenter de 55 % entre 2010 et 2050 (Graphique 3.1) en raison de besoins en hausse pour les industries de transformation, la production d'énergie, et la consommation domestique (OCDE, 2012[1]). La concurrence sera plus vive entre les utilisations et les usagers de l'eau, menaçant les écosystèmes. Dans plusieurs régions, l'abaissement du niveau des nappes phréatiques pourrait devenir le plus grand danger auquel les agriculteurs et les habitants des villes seront confrontés durant les prochaines décennies. Le changement climatique ne fera qu'exacerber ces tensions, avec des disponibilités en eau variant davantage et des incertitudes croissantes concernant la disponibilité et la demande d'eau futures. La croissance durable, l'équité sociale et les performances environnementales dépendront de la capacité à allouer l'eau là où elle crée le plus de valeur.

Graphique 3.1. Demande mondiale d'eau, 2000-2050

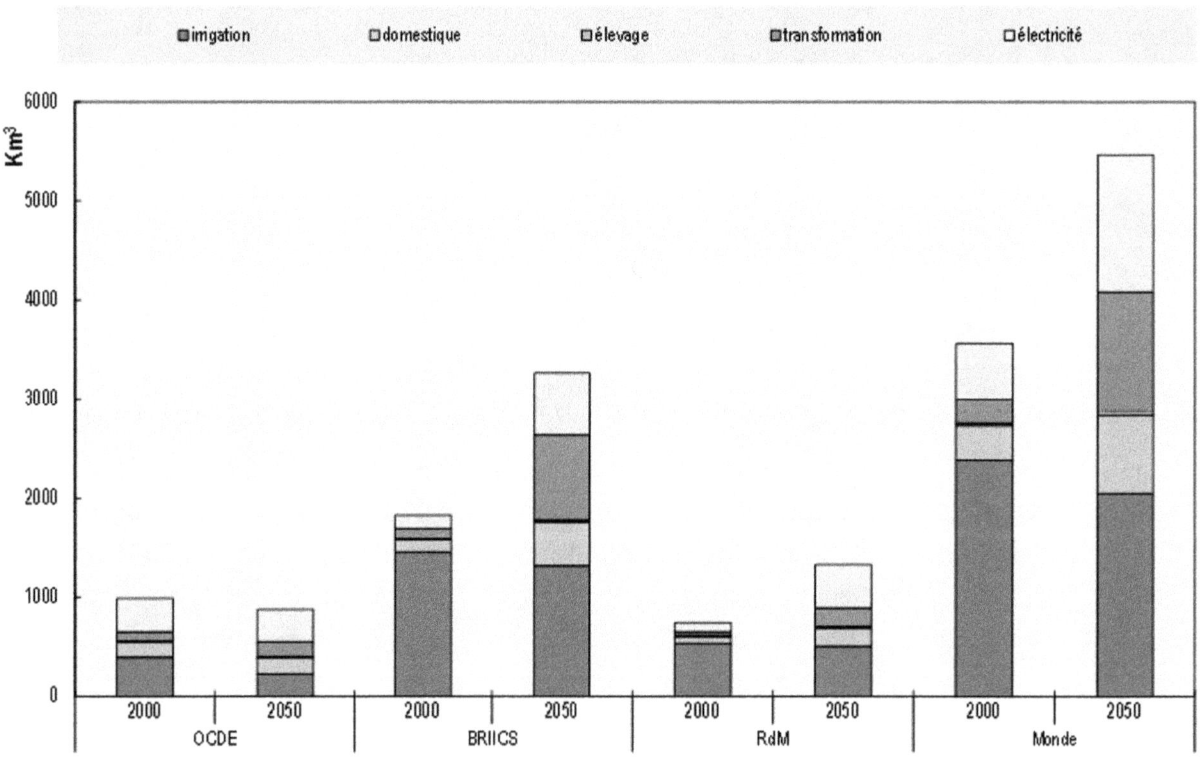


Note : Ce graphique mesure uniquement la demande d'eau bleue et n'intègre pas l'agriculture pluviale. RdM signifie « reste du monde ».
Source : OCDE (2012), Perspectives de l'environnement de l'OCDE à l'horizon 2050 : Les conséquences de l'inaction, Éditions OCDE, Paris, https://doi.org/10.1787/env_outlook-2012-fr.

## 3.1. Politiques de gestion de la demande d'eau

### *3.1.1. Projections et incertitudes à court et long terme*

Les Adhérents à la Recommandation sont encouragés à assurer une gestion quantitative de l'eau par le biais de « politiques de gestion de la demande d'eau aux échelons national et infranational de l'administration qui reflètent les projections à court et long terme et tiennent compte des incertitudes quant à la disponibilité et la demande en eau actuelles et futures ».

Selon une enquête réalisée en 2012-2013 dans le cadre des travaux sur l'eau et l'adaptation au changement climatique, tous les Adhérents ayant répondu[2] avaient déjà observé des modifications des systèmes dulcicoles dues aux évolutions du climat et étaient conscients des incertitudes croissantes quant à la disponibilité et la demande d'eau (OCDE, 2014[2]). Les Adhérents ayant des climats arides, comme la **Grèce**, **Israël**, l'**Espagne**, la **Turquie**, ainsi que le sud-ouest de l'**Australie**, le nord du **Chili** et le sud-ouest des **États-Unis** sont particulièrement sensibles à des modifications même minimes des précipitations. En **Turquie**, l'évolution attendue de la quantité d'eau, conjuguée à une hausse anticipée de la demande d'eau, rend le secteur de l'eau hautement vulnérable aux répercussions de la pénurie d'eau (OCDE, 2019[3]). Même des Adhérents considérés comme disposant de ressources en eau relativement abondantes, comme la **France** ou les **Pays-Bas**, s'attendent à connaître un stress hydrique dans les régions vulnérables en raison des effets du changement climatique (OCDE, 2014[2]).

Plusieurs Adhérents se sont efforcés d'intégrer les incertitudes liées au changement climatique dans leurs plans et leurs objectifs. Par exemple, le ministère de l'Environnement de la **Corée** a décidé d'établir un plan détaillé à long terme des ressources en eau tous les 20 ans en tenant expressément compte du changement climatique, et de l'actualiser tous les cinq ans. Les **Pays-Bas** ont travaillé à intégrer les incertitudes dans la planification à long terme de la gestion de l'eau, notamment la révision des normes de protection contre les inondations (OCDE, 2014[4]). Les États membres de l'UE sont également tenus de renouveler leurs plans de gestion de district hydrographique, en définissant des objectifs pour la demande d'eau (le dernier cycle en date couvrait la période 2014-20).[3]

En 2015 cependant, lorsque l'enquête de l'OCDE sur l'allocation des ressources en eau[4] a été réalisée, moins de 60 % des répondants disaient tenir compte des effets potentiels du changement climatique sur leurs dispositions en matière d'allocation des ressources en eau, alors même qu'il est essentiel de le faire pour que les régimes d'allocation puissent faire face à l'évolution des situations. Les pays sont encore moins nombreux à réviser les paramètres écohydrologiques de référence alors que les conditions climatiques ne cessent de modifier le cycle de l'eau (OCDE, 2015[5]).[5].

Par ailleurs, les Adhérents ont cherché à mieux comprendre les risques croissants associés à la gestion quantitative de l'eau en développant la base de connaissances scientifiques et en diffusant les informations dans ce domaine (voir le chapitre 5 pour plus de détails).

### *3.1.2. Intégration des fonctions sociales, économiques et écologiques dans la gestion quantitative de l'eau*

La Recommandation appelle les Adhérents à faire en sorte que les politiques de gestion de la demande d'eau « soient fondées sur des plans de gestion de l'eau qui s'appuient sur une compréhension des limites écologiquement soutenables du système, et tiennent compte de l'ensemble des fonctions sociales, économiques et environnementales de l'eau tout en préservant la ressource. Si nécessaire, l'approvisionnement en eau peut être renforcé de façon durable, par exemple au moyen d'infrastructures grises et vertes, de manière modulaire et évolutive, ou de la réutilisation des eaux usées ».

L'importance des débits écologiques est largement admise et de nombreux Adhérents en tiennent compte dans leurs régimes d'allocation de l'eau (OCDE, 2015[5]). Dans l'enquête de 2015 évoquée plus haut sur l'allocation des ressources en eau, une majorité de répondants (76 %) ont indiqué que des débits écologiques minimum étaient définis (OCDE, 2015[6]). Dans l'enquête de suivi 2019 de l'OCDE, 78 % des répondants ont déclaré que des débits écologiques minimum ou des limites soutenables pour les prélèvements d'eau étaient définis dans les mécanismes d'allocation de l'eau (Graphique 3.2).

### Graphique 3.2. Débits écologiques et limites soutenables des prélèvements d'eau dans les mécanismes d'allocation de l'eau

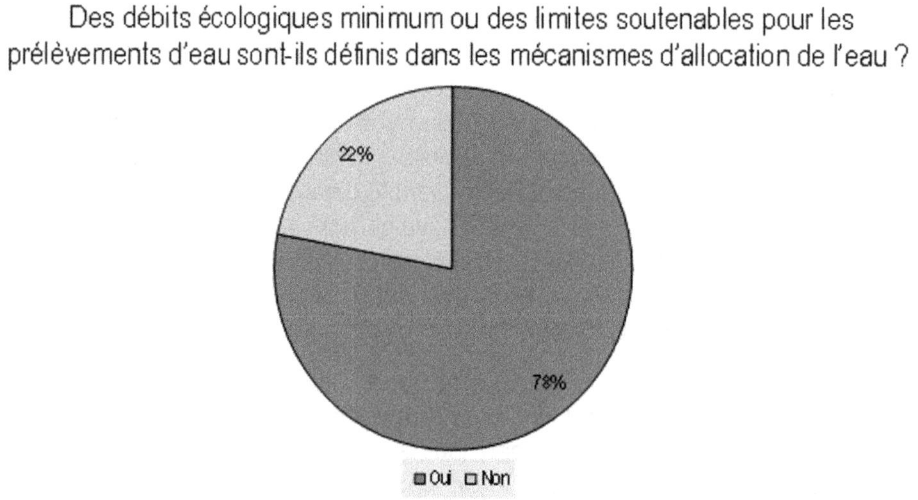


Note : Réponses à la question : « Des débits écologiques minimum ou des limites soutenables pour les prélèvements d'eau sont-ils définis dans les mécanismes d'allocation de l'eau ? ». Le groupe « Non » comprend aussi les pays ayant répondu « sans objet » ou « autres ».
Source : Enquête de 2019 relative à la mise en œuvre de la Recommandation du Conseil de l'OCDE sur l'eau ; 27 réponses reçues dont 26 de la part d'Adhérents.

Les méthodes utilisées pour définir les débits écologiques minimum varient. **Israël** réserve un quota d'eau minimum pour les écosystèmes à certains endroits. En **Slovénie**, le débit écologiquement acceptable est fondé sur les caractéristiques hydrologiques, hydromorphologiques et biologiques des cours d'eau, sur les caractéristiques des prélèvements d'eau et les régimes de protection particuliers. L'Angleterre et le Pays-de-Galles (**Royaume-Uni**) emploient des indicateurs de débit écologique. Au **Portugal**, les débits écologiques minimum sont déterminés au cas par cas. En **France**, le débit biologique minimum et le débit réservé sont fondés sur l'observation des besoins écologiques (OCDE, 2015[6]). Au **Chili**, les débits écologiques minimum sont définis de deux façons : ils sont établis par la Direction générale de l'eau (DGA) au moment d'allouer de nouveaux droits d'eau et ils sont définis et inclus pour chaque grand projet dans le cadre des études d'impact environnemental obligatoires.[6] Globalement, les répondants tiennent compte de la biodiversité dulcicole et terrestre pour définir les débits écologiques minimum (Graphique 3.3).

Graphique 3.3. Principaux éléments pris en compte pour définir les débits écologiques

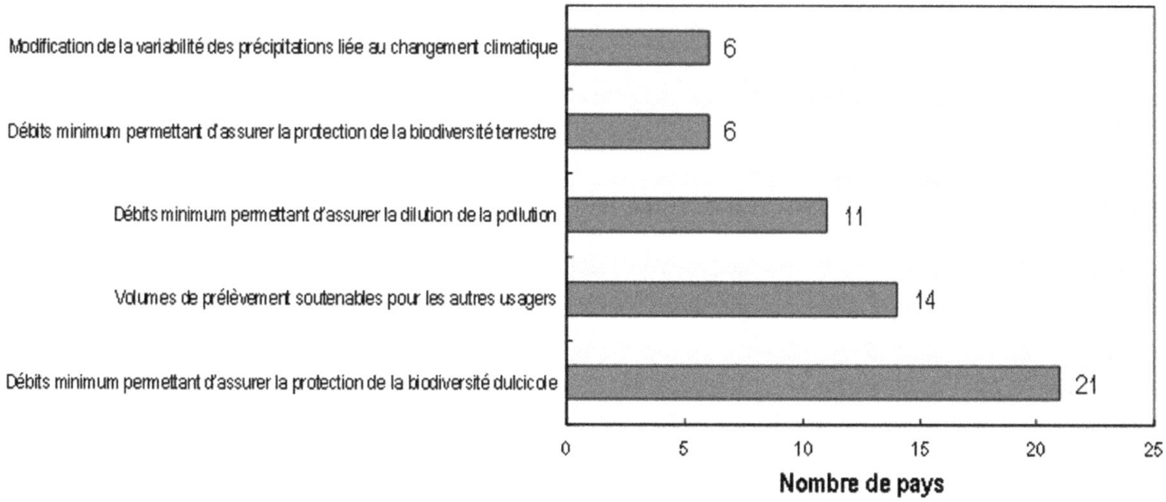


Note : Réponses à la question : « Lesquels des éléments suivants sont pris en compte pour définir les débits écologiques minimum ou les limites soutenables des prélèvements d'eau dans les mécanismes d'allocation de l'eau ? ». Des réponses multiples étaient admises.
Source : Enquête de 2019 relative à la mise en œuvre de la Recommandation du Conseil de l'OCDE sur l'eau ; 27 réponses reçues dont 26 de la part d'Adhérents.

Les limites écologiquement soutenables sont souvent, mais pas systématiquement, liées aux plans de gestion de l'eau. C'est le cas du plan du bassin Murray-Darling en **Australie**, qui limite l'utilisation de l'eau à des niveaux supportables pour l'environnement en déterminant des limites soutenables de prélèvement d'eau tant pour les eaux de surface que pour les eaux souterraines. Les autorités australiennes compétentes doivent également veiller à ce que la gestion des débits écologiques locaux et les objectifs environnementaux locaux (par exemple en matière de qualité de l'eau, d'habitats et de lutte contre les ravageurs) soient cohérents entre cours d'eau complémentaires (OCDE, 2019[7]).

Outre la viabilité écologique, les régimes d'allocation de l'eau peuvent aussi être conçus pour intégrer des objectifs d'efficience économique et d'équité sociale. Pour favoriser l'utilisation économiquement efficiente des ressources en eau, les régimes d'allocation de beaucoup de pays autorisent la cession des droits d'eau entre usagers, de manière que l'eau puisse être utilisée à des usages à plus grande valeur ajoutée. L'**Australie**, le **Chili** et certaines régions des **États-Unis** font partie des exemples notables. En **Israël**, une tarification différenciée est utilisée pour encourager l'allocation économiquement efficiente de l'eau entre les usagers (OCDE, 2015[6]). Le chapitre 8 fournit plus de détails sur les instruments de tarification de l'eau dans les pays.

## 3.2. Promotion d'une utilisation efficiente de l'eau

Les Adhérents à la Recommandation sont invités à assurer une gestion quantitative de l'eau grâce à « la promotion d'une utilisation efficiente de l'eau afin d'alléger la pression exercée sur toutes les ressources en eaux souterraines et de surface, en particulier en situation de rareté de l'eau et d'intensification de la concurrence entre secteurs, et sans négliger les débits écologiques ou le besoin de recharger les nappes phréatiques. Une telle promotion peut comprendre d'envisager le recours à des instruments économiques pour assurer la gestion des ressources en eau (fixer des redevances pour prélèvement, par exemple), de soutenir les technologies économes en eau ou l'utilisation de sources d'eau alternatives (réutilisation des eaux usées, par exemple) ».

### 3.2.1. *Instruments économiques*

Des instruments économiques bien conçus et adaptés au contexte local peuvent aider à allouer l'eau là où elle est le plus nécessaire, encourager son utilisation efficiente, et en même temps générer des revenus pour gérer les ressources en eau. Les redevances de prélèvement d'eau peuvent également favoriser l'utilisation efficiente de l'eau, comme cela est pratiqué au **Danemark**, en **Lettonie** et en **Lituanie**. Le chapitre 7 donne davantage de détails sur l'utilisation des instruments économiques par les Adhérents.

### 3.2.2. *Promotion des technologies économes en eau*

De nombreux Adhérents ont mis en place des incitations financières, comme des crédits d'impôt ou des taux d'intérêt subventionnés, pour encourager l'emploi de technologies économes en eau.

Dans le domaine de l'agriculture, 28 Adhérents ont déclaré avoir recours à des services de conseil agricole ou à des études pour promouvoir une utilisation efficiente de l'eau en 2019.[7] Les Adhérents engagés dans une démarche d'amélioration de l'efficacité de l'utilisation de l'eau comprennent l'**Australie**, l'**Espagne**, les **États-Unis**, l'**Italie**, le **Mexique** et la **Turquie**. En **Hongrie**, le versement des subventions à l'irrigation est subordonné à un objectif d'économie d'eau. La **France** encourage l'adoption de technologies d'irrigation économes en eau au moyen de crédits subventionnés pour l'achat de compteurs et de matériel permettant d'économiser la ressource, dans le cadre de son Plan végétal pour l'environnement (OCDE, 2010[8]).

Des aides publiques existent également pour promouvoir les technologies économes en eau utilisées dans le cadre domestique. La section précédente a évoqué une série de mesures prises pour déployer des compteurs intelligents. À New York (**États-Unis**), une réduction des redevances d'eau et d'assainissement est accordée aux immeubles équipés d'un système de réutilisation intégrale des eaux usées capable de collecter, traiter et recycler les eaux noires (eaux usées des sanitaires) ou les eaux grises (eaux usées des lavabos, douches et lave-linges) (OCDE, 2015[9]).

Les Adhérents mènent également des actions d'information sur les technologies économes en eau. Par exemple, les Flandres (**Belgique**) ont créé des centres d'information qui proposent des formations pour apprendre à analyser les consommations d'eau, informer les usagers sur les mesures d'économie d'eau, et réaliser les travaux d'installation et d'entretien (OCDE, 2018[10]).

La prudence est de mise afin d'éviter que les mesures de promotion d'une utilisation efficiente de l'eau n'aient des conséquences indésirables, notamment dans l'agriculture. Trois risques peuvent se présenter avec ce type de mesures dans l'agriculture (OCDE, 2016[11]) : i) une irrigation plus efficiente peut entraîner une hausse de la consommation d'eau et la diminution ou l'élimination des écoulements restitués dans les aquifères ou les plans d'eau ; ii) les agriculteurs peuvent profiter des progrès de l'irrigation pour passer à des activités plus gourmandes en eau ; et iii) les agriculteurs peuvent être incités à maintenir des activités d'irrigation. Les deux premiers effets peuvent se traduire par des disponibilités en eau moindres pour les autres usagers et l'environnement, et par une dépendance plus forte vis-à-vis des ressources en eau et des risques associés au changement climatique (OCDE, 2018[12] ; OCDE, 2016[11]). Les régimes d'allocation de l'eau devraient tenir compte des volumes d'eau restitués après prélèvement au titre de droits d'eau, faute de quoi une utilisation plus efficiente peut diminuer les disponibilités totales en eau dans le système (OCDE, 2015[6]). Ce problème se pose en **Australie** dans le bassin Murray-Darling où les autorités nationales et les États et territoires ont fait beaucoup d'efforts pour améliorer la fourniture d'eau à l'environnement par des plans de gestion de l'eau et en acquérant des droits d'eau. Les marchés de l'eau ont permis d'obtenir des résultats positifs sur le plan environnemental grâce à l'achat d'eau pour l'environnement (par exemple, environ 20 % des droits d'eau dans le bassin Murray-Darling sont gérés pour l'environnement). Néanmoins, l'appropriation d'eau destinée à l'environnement suscite des inquiétudes dans l'État de Nouvelle-Galles du Sud (Gruère, Ashley et Cadilhon, 2018[13]). Il importe de continuer à améliorer la surveillance et la communication de rapports sur l'eau gérée à des fins environnementales pour renforcer la confiance du public dans la gestion de l'eau et faire le meilleur usage possible de l'eau allouée à l'environnement (OCDE, 2019[7]). Une première étape pour atténuer les conséquences indésirables des gains obtenus en matière d'utilisation efficiente de l'eau est effectivement de comptabiliser l'eau à l'échelle des bassins en tenant compte non seulement des prélèvements, mais aussi de l'eau restituée au système.

Pour remédier à ce problème, un certain nombre d'Adhérents ont fixé des conditions à respecter en cas d'investissement dans des solutions économes en eau ou de délivrance de droits d'eau afin d'assurer une gestion durable de l'eau. Des États membres de l'Union européenne, comme le **Danemark**, la **Grèce** ou la **Hongrie**, délivrent des autorisations de prélèvement d'eaux souterraines uniquement à la condition que l'opération n'ait pas d'impact sur l'état écologique des ressources en eau. L'**Italie** décourage les investissements dans des infrastructures d'irrigation telles que les canaux imperméables, dans les zones où les nappes phréatiques ont besoin d'être rechargées.[8]

### *3.2.3. Sources d'eau alternatives*

L'utilisation de sources d'eau alternatives, comme les eaux de pluie et d'orage, les eaux usées[9] et les eaux de mer ou saumâtres dessalées, peut contribuer à atténuer une pénurie d'eau. La réutilisation de l'eau, assurée par des systèmes distribués centralisés ou décentralisés, est de plus en plus considérée comme une solution viable pour certains usages de l'eau, notamment l'irrigation, la recharge des nappes phréatiques et éventuellement les usages domestiques ne nécessitant pas d'eau potable.

L'**Union européenne** vient d'approuver son règlement sur les exigences minimales de réutilisation de l'eau pour l'irrigation. En **Espagne**, un règlement relatif à la réutilisation de l'eau est en vigueur depuis 2007 et plusieurs usines de production d'eau recyclée fonctionnent dans l'est du pays ainsi qu'aux Canaries et aux Baléares[10]. La ville de Barcelone (**Espagne**) gère ainsi trois installations de production d'eau recyclée (OCDE, 2015[9]). L'**Espagne** met également en œuvre un plan national de traitement, d'assainissement, d'utilisation efficiente, d'économie et de réutilisation de l'eau (plan DSEAR), qui encourage et accroît la réutilisation de l'eau. **Israël** est le plus important utilisateur d'eau usée recyclée pour l'agriculture et a augmenté les tarifs de l'eau douce afin d'inciter les agriculteurs à utiliser cette eau recyclée (OCDE, 2015[6]). En **Australie**, le recyclage des eaux usées, le dessalement et la récupération et la réutilisation des eaux d'orage font de plus en plus partie de la panoplie de bonnes pratiques recommandées pour assurer et maintenir les approvisionnements en eau. À Perth (**Australie**), le dessalement est la première source d'eau : il contribue pour 48 % à l'alimentation de la ville en eau potable, suivi des nappes phréatiques (40 %), des barrages (10 %) et de la recharge des aquifères (2 %).

Le développement de sources d'eau alternatives doit tenir compte des risques pour la santé (par exemple l'éventuelle contamination de l'eau pendant un usage domestique, ou la salinisation des sols irrigués). En **Australie**, la stratégie nationale de gestion de la qualité de l'eau intègre ces risques en prévoyant des lignes directrices en matière de qualité et une surveillance de l'utilisation de l'eau recyclée afin qu'elle soit sans risque. Le niveau des normes relatives à l'eau réutilisée peut influer sur le délai d'amortissement des investissements supplémentaires requis (en matériel par exemple, ou l'installation d'un double réseau de canalisations dans le bâtiment) (OCDE, 2009[14]).

## 3.3. Régimes d'allocation de l'eau

La Recommandation encourage les Adhérents à assurer une gestion quantitative de l'eau au moyen de *« régimes d'allocation de l'eau qui définissent la ressource disponible durable »*. Ces régimes sont un ensemble de politiques, de lois et de mécanismes permettant de déterminer qui est habilité à utiliser les ressources en eau, comment, quand et où. La Recommandation indique comment les régimes d'allocation de l'eau peuvent être renforcés :

Elle préconise qu'ils « allouent l'eau et le risque de pénurie d'une façon qui soit non discriminatoire et qui reflète des objectifs plus larges de l'action publique (tels que l'accès à l'eau potable, la santé des écosystèmes, la sécurité alimentaire ou énergétique), en conditions normales aussi bien qu'en conditions extrêmes, notamment en conciliant les intérêts de tous au sein des bassins et en tenant compte du rapport coût-efficacité des mesures ». Dans la Recommandation, l'allocation de l'eau s'applique aux portions nationales des cours d'eau, lacs et aquifères.

L'enquête réalisée en 2015 sur l'allocation des ressources en eau a montré que les régimes d'allocation pouvaient être organisés à différentes échelles selon les pays : au niveau national (par exemple au **Costa Rica**, en **Estonie**, au **Luxembourg**, en **Slovénie**, en **Suisse**), au niveau des provinces ou des États (**Canada**, **Brésil**...), ou encore à l'échelle des bassins hydrographiques (**Australie**, **Colombie**, **Espagne**...). Les régimes d'allocation peuvent être différents pour les eaux de surface et les eaux souterraines (comme en **Autriche**). L'enquête de 2015 a montré également qu'en période de pénurie, la plupart des régimes d'allocation prévoient un ordre d'utilisations prioritaires qui détermine quels secteurs ou usages recevront les ressources en eau disponibles avant les autres (Graphique 3.4). Sans surprise, les besoins domestiques et humains sont souvent classés les plus prioritaires (c'est notamment le cas en **Australie**, au **Brésil**, en **Colombie**, en **Israël**, au **Portugal**) (OCDE, 2015[6]).

### Encadré 3.1. Les systèmes d'allocation de l'eau au niveau d'un district hydrographique en Espagne

Les 25 plans de gestion de district hydrographique de l'Espagne établissent les ressources en eau allouées et mises en réserve – les distributions d'eau à l'intérieur de chaque district – dans le but de répondre aux besoins d'eau pour les usages actuels et futurs. Ces informations sont déterminantes non seulement d'un point de vue socio-économique, mais aussi pour évaluer l'impact produit, calculer précisément les objectifs écologiques dans les masses d'eau et, le cas échéant, rationaliser l'application d'exonérations au respect de ces objectifs.

Les quantités de ressources allouées et mises en réserve pour les demandes prévisibles ont été définies à partir des résultats du solde obtenu pour le scénario de demandes établi pour l'année 2021. De même, les plans de gestion de district hydrographique ont recensé les demandes ne pouvant être satisfaites par les ressources disponibles à l'intérieur des districts hydrographiques correspondants. La démarche d'allouer et de mettre en réserve des ressources est considérée comme une mesure phare prise par le pays pour gérer les prélèvements de la ressource dans un contexte de rareté de l'eau.

Source : contribution du pays

La plupart des régimes d'allocation imposent une limite (« plafond ») à l'eau pouvant être prélevée d'une source disponible, même si cette limite n'est pas toujours respectée dans la pratique (OCDE, 2015[6]). Le mode de définition de ce plafond varie. Une grande majorité des répondants à l'enquête limitent le volume d'eau pouvant être prélevé (57 %), certains limitent le pourcentage d'eau pouvant être prélevé (14 %), tandis que d'autres posent des restrictions sur les personnes pouvant prélever de l'eau, mais sans limiter la quantité pouvant être prélevée (11 %) (OCDE, 2015[6]). En ce qui concerne les eaux souterraines, pour fixer un plafond de prélèvement, il faut tenir compte de la quantité d'eau qui devrait rester dans l'aquifère pour satisfaire les usages hors prélèvements (par exemple les débits nécessaires aux écosystèmes, au maintien de la qualité de l'eau) et les usages futurs. Le **Danemark**, le **Mexique**, les **États-Unis** (Texas) et la **France** offrent des exemples de méthodes employées pour limiter les prélèvements d'eau souterraine à long terme (OCDE, 2017[15]).

La Recommandation encourage aussi les Adhérents à utiliser des régimes d'allocation de l'eau qui « soient dynamiques, flexibles et adaptés à l'évolution des conditions, au moindre coût pour la société ». La flexibilité peut se traduire dans la forme de réglementation adoptée (par exemple le découplage des autorisations de prélèvement et des titres fonciers en **Australie** et chez la plupart des autres Adhérents, en particulier pour les eaux de surface) ou dans le type de plafond défini (un plafond proportionnel aux disponibilités en eau, au lieu d'un volume fixe). Par ailleurs, beaucoup d'Adhérents (les deux tiers des régimes d'allocation concernés par l'enquête de 2015) autorisent la vente, la location ou la cession des droits d'eau, dans des conditions précises et avec l'approbation de l'autorité compétente, dans le but de favoriser l'utilisation efficiente de l'eau et l'innovation. C'est le cas dans les marchés officiels de l'eau en place par exemple en **Australie** (bassin Murray-Darling), au **Chili** ou en **Espagne**. Cela peut aussi se produire avec un système d'autorisation des prélèvements comme celui ayant cours au **Royaume-Uni**.

**Graphique 3.4. Ordre de priorité des usages pour l'allocation de l'eau chez différents Adhérents**

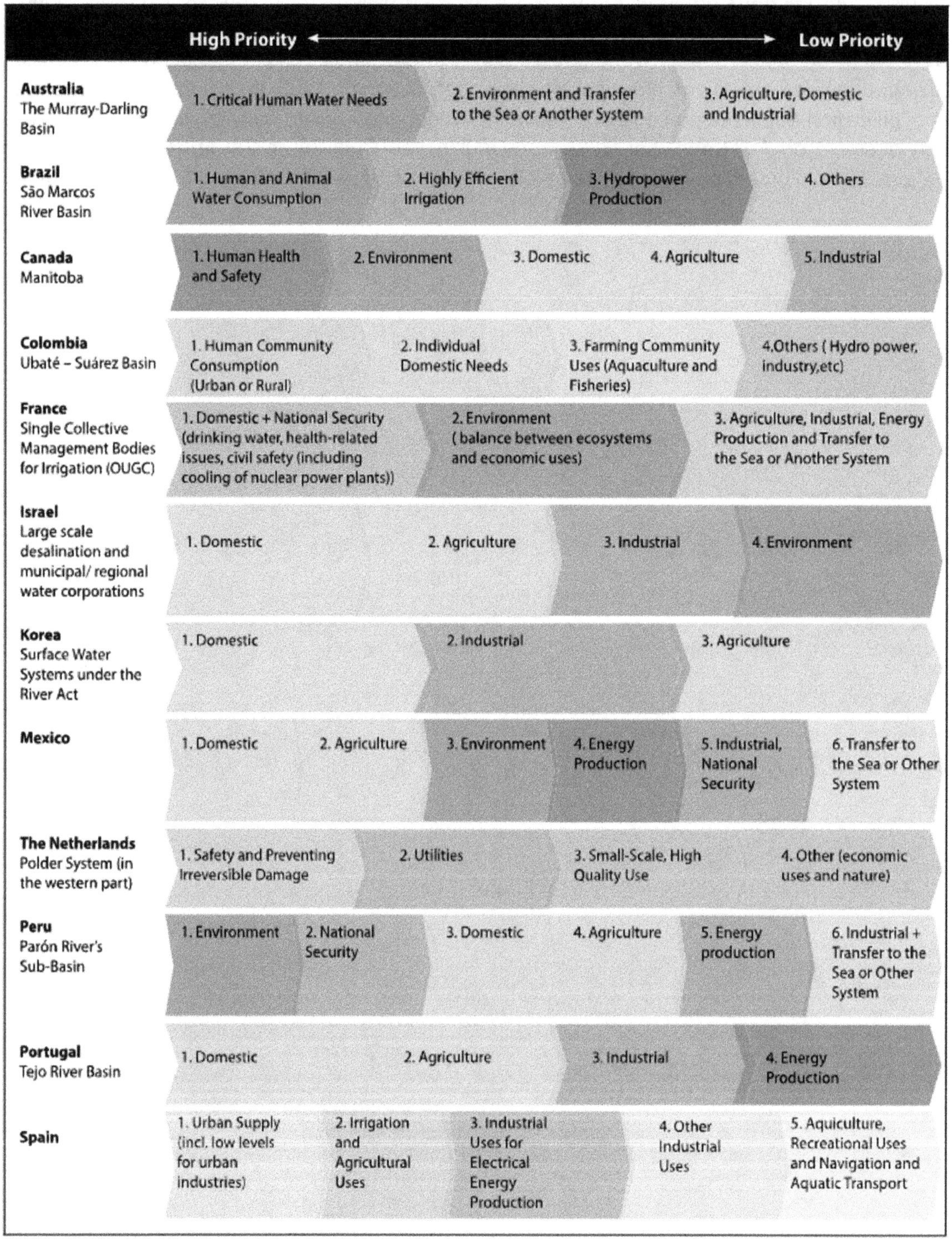


Note : D'autres exemples de pays sont disponibles dans l'étude www.oecd.org/environment/water-resources-allocation-9789264229631-en.htm.
Source : (OCDE, 2015[16])

D'autre part, la Recommandation appelle les Adhérents à avoir des régimes d'allocation de l'eau qui « promeuvent l'utilisation efficiente de l'eau, l'investissement et l'innovation, et tiennent dûment compte des répercussions sociales des mesures et du rôle de l'eau dans le maintien des écosystèmes ». À cette fin, le régime d'allocation doit comporter des incitations encourageant l'utilisation efficiente de la ressource et éliminer celles qui favorisent le gaspillage. Les incitations vertueuses peuvent prendre la forme de redevances de prélèvement appropriées, qui constituent un élément clé des régimes d'allocation. Le chapitre 7 présente un aperçu des redevances de prélèvement adoptées d'après les résultats de l'enquête de suivi réalisée par l'OCDE sur la mise en œuvre de la Recommandation sur l'eau.

La Recommandation préconise également que les régimes d'allocation de l'eau soient « réceptifs aux pratiques coutumières des communautés traditionnelles ». Là où elles existent, la valorisation du savoir traditionnel par la reconnaissance du rôle de gardiennes des terres et de l'eau joué par les populations autochtones et de leurs dispositions coutumières relatives à l'eau peut potentiellement être un bon moyen de favoriser le développement durable dans un bassin hydrographique. C'est l'une des composantes du plan du bassin Murray-Darling en **Australie** (OCDE, 2019[7]). De même, dans le bassin du Fitzroy (**Australie**), une communauté autochtone a énoncé une déclaration politique qui vise à protéger les valeurs traditionnelles et environnementales ; elle appelle à impliquer davantage les parties prenantes et à aller vers une gestion conjointe du fleuve par les autorités gouvernementales et les communautés aborigènes (OCDE, 2018[10]).

Enfin, la Recommandation invite à mettre en place des régimes d'allocation de l'eau qui « promeuvent la conformité et le contrôle de l'application (particulièrement des droits liés à l'eau) au niveau national et infranational ».

Les dispositifs de contrôle de conformité représentent un outil essentiel pour renforcer la confiance du public dans la gestion des ressources en eau, décourager les activités illégales et favoriser les initiatives positives. L'enquête de 2015 sur l'allocation des ressources en eau a montré que la plupart des Adhérents surveillaient les prélèvements d'eau et faisaient respecter les règles prévues dans leurs régimes d'allocation. Les usagers industriels sont les plus contrôlés (91 % des répondants), suivis des usagers agricoles et domestiques, contrôlés dans 88 % des cas. Dix-huit répondants ont déclaré procéder à des relevés, des opérations de surveillance et des rapports concernant l'agriculture ; cependant, ces activités sont souvent menées non au niveau national mais dans les régions où le niveau des prélèvements est élevé. En **Belgique**, la déclaration de la consommation d'eau est obligatoire dans le cadre de la surveillance des eaux utilisées dans l'agriculture. Pour les prélèvements plus importants, une surveillance supplémentaire est imposée pour évaluer l'impact sur le niveau des nappes phréatiques. [11]

Dans les deux tiers des régimes couverts par l'enquête, les répondants indiquent que des sanctions sont prévues en cas de non-conformité aux règles et réglementations des régimes d'allocation. Avec les dispositions réglementaires introduites dans son ordonnance de 2010 sur les sanctions civiles pour atteinte à l'environnement (Environmental Civil Sanctions), le **Royaume-Uni** dispose aujourd'hui d'un arsenal de sanctions civiles s'ajoutant aux sanctions pénales. Les amendes monétaires représentent la catégorie la plus courante (OCDE, 2015[8]). Le Graphique 3.3 montre le nombre de pays qui utilisent différentes sources de données pour faire appliquer les quotas, les droits ou les redevances de prélèvement. Au **Cabo Verde**, la quantité d'eau consommée pour l'agriculture est contrôlée chaque mois et une base de données plus complète est en cours d'établissement. En **Italie**, le décret du ministère de l'Agriculture instituant des « lignes directrices pour la réglementation par les régions des méthodes de quantification des volumes d'eau destinés à l'irrigation » encourage le comptage de l'eau et une tarification de l'eau fondée sur les volumes consommés. Les lignes directrices utilisent le système national d'information pour la gestion des ressources en eau dans l'agriculture comme base de données de référence pour la collecte des données nécessaires à la quantification des volumes d'eau d'irrigation ainsi que les informations relatives aux permis.

Les systèmes d'allocation de l'eau sont beaucoup plus difficiles à faire respecter pour les eaux souterraines du fait des spécificités de celles-ci, en particulier dans les zones rurales comptant de nombreux usagers de l'eau. Douze Adhérents ont fait état de prélèvements illégaux d'eau souterraine en 2019, (Gruère,

Shigemitsu et Crawford, 2020[17]) et selon les estimations d'études passées, des dizaines de milliers de puits pourraient être non réglementés dans certains pays de l'OCDE (OCDE, 2015[18]). Le comptage des prélèvements réalisés dans les puits n'est pas systématique et politiquement difficile à introduire (Gruère et Le Boëdec, 2019[19]). Pour remédier à ce problème, les agriculteurs du Nebraska (**États-Unis**) ont été encouragés par les autorités à relever eux-mêmes leurs consommations, ce qui s'est révélé avoir des résultats positifs, et d'autres Adhérents ont eu recours à des mesures indirectes, par exemple le comptage de la consommation d'énergie ou l'estimation de la consommation d'eau au moyen de données de télédétection.

## 3.4. Démarches de gestion collective

La Recommandation encourage les démarches de gestion collective, définies comme étant des droits d'eau collectifs, lorsque c'est possible, dans les domaines « où l'information sur les disponibilités et l'utilisation de l'eau est rare, ou quand les coûts de transaction de la gestion des droits individuels sont trop élevés (pour la gestion des eaux souterraines, par exemple) ». Ces démarches sont particulièrement importantes dans le cas des eaux souterraines, les aquifères pouvant constituer des ressources communes (OCDE, 2015[18]).

La gestion collective est une pratique courante en irrigation. Des associations d'usagers de l'eau ou des groupes d'irrigants opèrent au **Japon**, en **Corée** et dans des États membres de l'**UE** (comme l'**Estonie**, la **Suède** ou le **Portugal**). Au **Royaume-Uni**, les groupes d'usagers de l'eau ont la possibilité de partager les autorisations de prélèvement afin de gérer de manière plus efficiente et plus durable les ressources en eau. Des exemples de gestion autorégulée des eaux souterraines dans les États du Kansas et du Colorado aux **États-Unis** montrent que ce mécanisme peut être efficace. [12]

La **France** a institutionnalisé le principe en créant les « organismes uniques de gestion collective » (OUGC), qui offrent aux irrigants une structure et des dispositions incitatives leur permettant d'établir leurs propres règles pour allouer un volume d'eau donné entre leurs membres au niveau d'un bassin. Des difficultés de mise en œuvre sont néanmoins apparues, dues à des relations conflictuelles entre les personnes chargées des missions des OUGC et celles censées en bénéficier (OCDE, 2017[15]). Au **Costa Rica**, le ministère de l'Énergie et de l'Environnement délivre les autorisations de prélèvement d'eau (appelées concessions) à une entité qui est habilitée à décider en interne de la forme de la distribution de l'eau entre ses membres. L'obtention d'une concession est obligatoire tant pour les eaux de surface que pour les eaux souterraines (Gruère et Le Boëdec, 2019[20]).

## 3.5. Amélioration des connaissances et des données

Les Adhérents à la Recommandation sont encouragés à assurer une gestion quantitative de l'eau grâce à « une meilleure connaissance de l'utilisation de l'eau et des limites de soutenabilité, et une meilleure surveillance des ressources en eau et de leurs usages, de la situation des bassins versants, de la santé des écosystèmes et des interconnexions entre eaux de surface et eaux souterraines, pour mieux évaluer les besoins environnementaux et les disponibilités futures en eau et prendre des décisions plus sûres ».

Tous les Adhérents assurent une surveillance de leurs ressources en eau et de leur utilisation *dans une certaine mesure* afin de comprendre quel volume d'eau peut être utilisé pour diverses demandes concurrentes, tout en préservant des ressources en eau pour les nombreuses fonctions sociales, économiques et écologiques qui en dépendent. Le Graphique 3.5 montre les différentes sources de données employées par les répondants pour faciliter la gestion quantitative de l'eau, où il apparaît que les déclarations obligatoires ainsi que la surveillance in situ exercée par les autorités publiques restent les sources les plus fréquemment utilisées pour recueillir des données de surveillance.

Graphique 3.5. Sources de données utilisées pour faciliter la gestion quantitative de l'eau

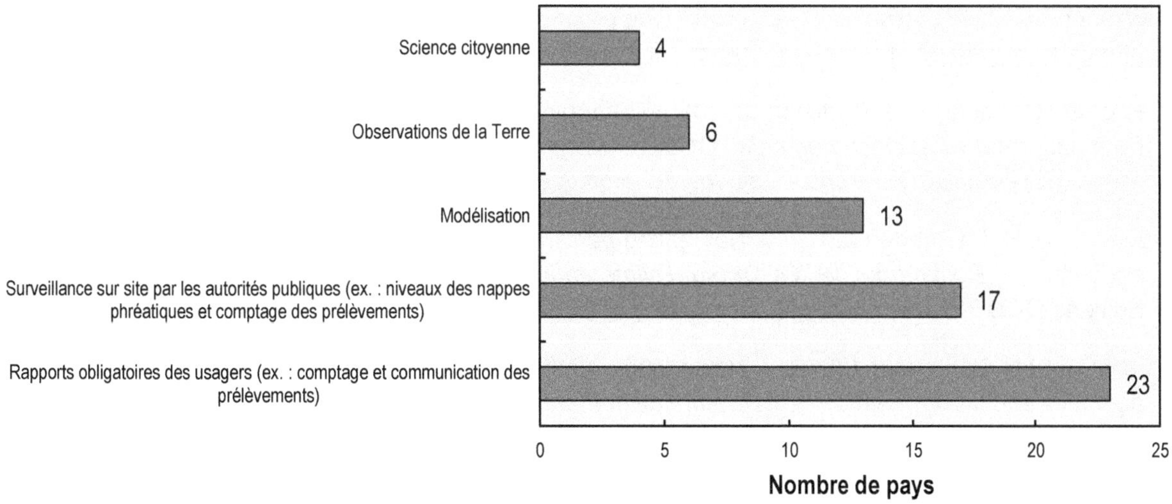


Note : Réponses à la question : « Quelles sources de données sont utilisées pour faciliter l'application des dispositions prises en matière de gestion quantitative de l'eau (quotas, droits, redevances de prélèvement, par exemple) ? ». Des réponses multiples étaient admises. Aux États-Unis, l'agence pour la protection de l'environnement ne réglemente pas les quantités d'eau et n'a donc pas répondu à cette question.
Source : Enquête de 2019 relative à la mise en œuvre de la Recommandation du Conseil de l'OCDE sur l'eau ; 27 réponses reçues dont 26 de la part d'Adhérents.

Des efforts ont été faits dans l'ensemble des pays de l'OCDE pour améliorer la cartographie des eaux de surface et des eaux souterraines. Pour ce faire, des sources de données innovantes ont été employées, par exemple les données d'observation de la Terre (voir plus de détails dans le chapitre 2, sur les Généralités sur les politiques de l'eau). De bonnes informations devraient être recueillies sur les conditions locales et les facteurs dominants (et leur impact anticipé) sur les ressources futures en eaux souterraines. Il est nécessaire de convertir ce type d'informations en connaissances pour permettre aux autorités publiques et aux parties prenantes de prendre des décisions éclairées, d'élaborer des régimes opérants d'allocation d'eau et d'attribution de droits, de prévenir les conflits, et de protéger la qualité des eaux souterraines à long terme (Akhmouch, 2017[21]). Par exemple, la mission satellitaire GRACE (Gravity Recovery and Climate Experiment) de la NASA (**États-Unis**) a été la première en son genre à surveiller l'évolution de ces ressources en eaux souterraines dans le temps (OCDE, 2017[15]). Un exercice de cartographie a été réalisé en **France** dans le but de repérer les zones en tension sur le plan des eaux souterraines et des eaux de surface ; il définit les lieux d'intervention à cibler pour rétablir des volumes viables de prélèvement d'eau (OCDE, 2015[6]). Le système d'information sur l'eau en cours de mise au point en **Turquie** permettra de rassembler des données, des cartes, des statistiques et des documents d'orientation, et reposera sur un outil de cartographie spatiale qui améliorera la visualisation des données et rendra le système plus facile d'emploi pour le grand public (OCDE, 2018[10]). Surveiller les utilisations de l'eau et leur caractère viable pose encore de nombreux problèmes. La surveillance des aquifères demeure ainsi difficile car elle est techniquement complexe et coûteuse (OCDE, 2017[15]). Les obligations de comptage au niveau des puits (voir ci-dessus) sont une nouveauté récente, et par conséquent les marchés de l'eau souterraine risquent d'être plus difficiles à mettre en place que les marchés de l'eau de surface (OCDE, 2019[3]).

## Références


Akhmouch, A. (2017), *Assessing and monitoring groundwater governance*, https://doi.org/10.1201/9781315210025. [21]

Gruère, G., C. Ashley et J. Cadilhon (2018), « Reforming water policies in agriculture: Lessons from past reforms », *Documents de l'OCDE sur l'alimentation, l'agriculture et les pêcheries*, n° 113, Éditions OCDE, Paris, https://dx.doi.org/10.1787/1826beee-en. [13]

Gruère, G. et H. Le Boëdec (2019), « Navigating pathways to reform water policies in agriculture », *Documents de l'OCDE sur l'alimentation, l'agriculture et les pêcheries*, n° 128, Éditions OCDE, Paris, https://dx.doi.org/10.1787/906cea2b-en. [19]

Gruère, G. et H. Le Boëdec (2019), « Navigating pathways to reform water policies in agriculture », *Documents de l'OCDE sur l'alimentation, l'agriculture et les pêcheries*, n° 128, Éditions OCDE, Paris, https://dx.doi.org/10.1787/906cea2b-en. [20]

Gruère, G., M. Shigemitsu et S. Crawford (2020), « Agriculture and water policy changes: Stocktaking and alignment with OECD and G20 recommendations », *Documents de l'OCDE sur l'alimentation, l'agriculture et les pêcheries*, n° 144, Éditions OCDE, Paris, https://dx.doi.org/10.1787/f35e64af-en. [17]

OCDE (2019), *OECD Environmental Performance Reviews: Turkey 2019*, Examens environnementaux de l'OCDE, Éditions OCDE, Paris, https://dx.doi.org/10.1787/405578df-fr. [3]

OCDE (2019), *OECD Environmental Performance Reviews: Australia 2019*, Examens environnementaux de l'OCDE, Éditions OCDE, Paris, https://dx.doi.org/10.1787/31d92b08-fr. [7]

OCDE (2018), *Implementing the OECD Principles on Water Governance: Indicator Framework and Evolving Practices*, Études de l'OCDE sur l'eau, Éditions OCDE, Paris, https://dx.doi.org/10.1787/9789264292659-en. [10]

OCDE (2018), *Managing the Water-Energy-Land-Food Nexus in Korea: Policies and Governance Options*, Études de l'OCDE sur l'eau, Éditions OCDE, Paris, https://dx.doi.org/10.1787/9789264306523-en. [12]

OCDE (2017), *Groundwater Allocation: Managing Growing Pressures on Quantity and Quality*, Études de l'OCDE sur l'eau, Éditions OCDE, Paris, https://dx.doi.org/10.1787/9789264281554-en. [15]

OCDE (2016), *Gestion des risques de sécheresse et d'inondation dans l'agriculture : Enseignements pour les politiques publiques*, Études de l'OCDE sur l'eau, Éditions OCDE, Paris, https://dx.doi.org/10.1787/9789264254459-fr. [11]

OCDE (2015), *Les périls du tarissement : Vers une utilisation durable des eaux souterraines en agriculture*, Études de l'OCDE sur l'eau, Éditions OCDE, Paris, https://dx.doi.org/10.1787/9789264248427-fr. [18]

OCDE (2015), *Water and Cities: Ensuring Sustainable Futures*, Études de l'OCDE sur l'eau, Éditions OCDE, Paris, https://dx.doi.org/10.1787/9789264230149-en. [9]

OCDE (2015), *Water Resources Allocation*, http://www.oecd.org/environment/resources/Water-Resources-Allocation-Policy-Highlights-web.pdf. [16]

OCDE (2015), *Water Resources Allocation: Sharing Risks and Opportunities*, Études de l'OCDE sur l'eau, Éditions OCDE, Paris, https://dx.doi.org/10.1787/9789264229631-en. [6]

OCDE (2015), *Water Resources Governance in Brazil*, Études de l'OCDE sur l'eau, Éditions OCDE, Paris, https://dx.doi.org/10.1787/9789264238121-en. [5]

OCDE (2014), *L'eau et l'adaptation au changement climatique : Des politiques pour naviguer en eaux inconnues*, Études de l'OCDE sur l'eau, Éditions OCDE, Paris, https://dx.doi.org/10.1787/9789264200647-fr. [2]

OCDE (2014), *Water Governance in the Netherlands: Fit for the Future?*, Études de l'OCDE sur l'eau, Éditions OCDE, Paris, https://dx.doi.org/10.1787/9789264102637-en. [4]

OCDE (2012), *Perspectives de l'environnement de l'OCDE à l'horizon 2050 : Les conséquences de l'inaction*, Éditions OCDE, Paris, https://dx.doi.org/10.1787/env_outlook-2012-fr. [1]

OCDE (2010), *Gestion durable des ressources en eau dans le secteur agricole*, Études de l'OCDE sur l'eau, Éditions OCDE, Paris, https://dx.doi.org/10.1787/9789264083592-fr. [8]

OCDE (2009), *Alternative Ways of Providing Water: Emerging Options and their Policy Implications*, Éditions OCDE, http://www.oecd.org/env/resources/42349741.pdf. [14]

## Notes

[1] Dans la Recommandation, l'allocation de l'eau s'applique aux portions nationales des cours d'eau, lacs et aquifères.

[2] Tous les Adhérents qui étaient membres de l'OCDE au moment du rapport en 2013 ont répondu à l'enquête, plus la Commission européenne.

Enquête de l'OCDE sur l'évolution de l'action publique dans les domaines de l'agriculture et de l'eau (2019)

[4] L'enquête de l'OCDE couvrait 27 pays membres de l'OCDE ou grands pays partenaires, pour un total de 37 régimes différents d'allocation de l'eau. Pour plus de détails, voir (OCDE, 2015[6]).

[5] En outre, l'enquête 2019 de l'OCDE sur l'évolution de l'action publique dans les domaines de l'agriculture et de l'eau a montré que, parmi les Adhérents qui fixent des objectifs nationaux quantifiés d'utilisation des ressources en eau dans le secteur agricole (seize Adhérents), seuls 41 % tiennent compte du changement climatique.

[6] Enquête 2019 de l'OCDE sur l'évolution de l'action publique dans les domaines de l'agriculture et de l'eau.

[7] Enquête 2019 de l'OCDE sur l'évolution de l'action publique dans les domaines de l'agriculture et de l'eau.

[8] Enquête 2019 de l'OCDE sur l'évolution de l'action publique dans les domaines de l'agriculture et de l'eau.

Eau réutilisée (eaux recyclées ou eaux grises provenant des usages domestiques tels que la lessive, la vaisselle et la toilette).

[10] Décret royal 1620/2007 : https://www.boe.es/buscar/pdf/2007/BOE-A-2007-21092-consolidado.pdf

[11] Enquête 2019 de l'OCDE sur l'évolution de l'action publique dans les domaines de l'agriculture et de l'eau.

[12] Enquête 2019 de l'OCDE sur l'évolution de l'action publique dans les domaines de l'agriculture et de l'eau.

# 4 Améliorer la qualité de l'eau

Ce chapitre décrit les progrès accomplis par les Adhérents en ce qui concerne l'amélioration de la qualité de l'eau dans le respect de la Recommandation du Conseil de l'OCDE sur l'eau. Il se concentre sur les efforts déployés par ces pays pour allouer des ressources suffisantes à la gestion de la pollution de l'eau. Il examine par ailleurs les stratégies d'atténuation des risques et de réduction de la pollution de l'eau, ainsi que les mesures prises par les Adhérents pour sélectionner les solutions présentant le meilleur rapport coût-efficacité et appliquer le principe du pollueur-payeur. Le chapitre s'intéresse en outre à la conformité des Adhérents aux dispositions réglementaires et aux efforts qu'ils ont déployés pour promouvoir une utilisation durable des écosystèmes aquatiques. Enfin, il examine les mesures prises pour favoriser la cohérence entre les politiques de l'eau et les politiques sectorielles.

Les mesures d'amélioration de la qualité de l'eau ont pour but de protéger et restaurer les écosystèmes aquatiques de surface, souterrains et côtiers et de promouvoir leur utilisation durable, de faire cesser et inverser leur dégradation, et d'enrayer l'appauvrissement de la biodiversité. Elles visent à réduire, autant que nécessaire, la détérioration de toutes les eaux par des sources de pollution diffuses ou ponctuelles. La Recommandation préconise que les Adhérents « préviennent, réduisent et gèrent la pollution de toutes origines (sources diffuses et sources ponctuelles) des eaux superficielles et souterraines et des écosystèmes côtiers connexes, tout en prêtant attention aux nouveaux polluants préoccupants ».

## 4.1. Allocation de ressources à la gestion de la pollution de l'eau

La Recommandation invite les Adhérents à « allouer les ressources humaines, techniques, scientifiques et financières adéquates pour évaluer la quantité et la qualité de l'eau et des effluents. La surveillance de la qualité de l'eau doit être développée et ses résultats rendus publics ».

La directive-cadre sur l'eau de l'**UE** impose aux pays de surveiller dans chaque district hydrographique l'état des eaux de surface, des eaux souterraines et des zones protégées. L'article 8 exige expressément que des programmes de surveillance de l'état des eaux soient établis afin de contrôler l'état écologique et chimique des eaux de surface et l'état chimique des eaux souterraines. Ces dispositions permettent d'évaluer les conditions hydriques, par exemple en **Lituanie**, où l'état chimique et écologique d'une majorité des masses d'eau de surface est bon, l'état chimique et quantitatif de toutes les masses d'eau souterraine est bon, toutes les principales sources de pollution sont identifiées et leurs charges de pollution sont quantifiées (OCDE, 2017[1]).

Un ensemble de paramètres doivent être surveillés du fait de leur impact sur l'environnement et des risques pour la santé humaine. En **Corée**, le service intégré d'information sur les eaux souterraines aide à cartographier des données sur le niveau et la qualité des eaux souterraines sur l'ensemble du territoire national. Les pays surveillent également les invertébrés et les plantes aquatiques et les poissons. Par exemple, le programme national coréen de suivi de l'état écologique des écosystèmes aquatiques (NAEMP) compte 3 880 points de surveillance dans tout le pays, répartis dans les quatre principaux fleuves coréens, leurs affluents, petits cours d'eau, etc.

Certains Adhérents combinent différentes méthodes pour surveiller la qualité des différentes catégories d'eau à différentes échelles. En **Irlande** par exemple, des cartes et des outils de modélisation nationaux sont définis au niveau local pour satisfaire les obligations de surveillance du lessivage des éléments nutritifs au titre de la directive-cadre sur l'eau et du programme d'étude sur les captages agricoles (Agricultural Catchments Programme). Le **Royaume-Uni** applique des méthodes de surveillance chimique et écologique, des modèles de télédétection, des modèles de qualité de l'eau, des méthodes propres à certains captages, des méthodes de traçage (fingerprinting) des sédiments et même des initiatives de mobilisation citoyenne (WaterBlitz).[1]

Les nouveaux contaminants préoccupants sont considérés comme tels parce qu'ils sont apparus récemment dans l'eau, ou que leur concentration a atteint un niveau plus élevé que prévu, ou que les risques qu'ils posent à la santé humaine ou environnementale ne sont pas totalement compris.[2] Même si les Adhérents avancent bien dans l'établissement de listes d'éléments à surveiller et de programmes de surveillance volontaire pour certains produits pharmaceutiques dans les eaux de surface, la majorité des principes actifs de ces produits, des métabolites et des produits de transformation ne font encore l'objet d'aucune surveillance. Les pays travaillent donc de plus en plus à identifier les nouveaux polluants préoccupants, c'est notamment le cas de la Suisse (Encadré 4.1).

**Encadré 4.1. Identification et priorisation de substances utilisables comme indicateurs pour la surveillance des nouveaux contaminants préoccupants en Suisse**

Pour réduire les coûts d'analyse nécessaires à la surveillance d'un grand nombre de nouveaux contaminants préoccupants, la Suisse a établi une liste de cinq substances prioritaires à utiliser comme indicateurs. Sur un total de 250 substances (produits pharmaceutiques, pesticides et produits de transformation) recensées dans les cours d'eau suisses, 47 ont été retenues comme indicateurs après un processus de sélection reposant sur cinq critères : i) le partage des substances entre les phases aqueuse et solide ; ii) la persistance dans l'environnement aquatique ; iii) la toxicité ; iv) les types de concentration (continue, périodique ou intermittente) ; et v) la probabilité de détection d'une substance dans les eaux de surface.

Afin de diminuer les coûts d'analyse des 47 composés, un sous-ensemble de cinq composés indicateurs a été défini pour être utilisé dans les programmes d'échantillonnage : la carbamazépine (médicament anticonvulsivant ou anti-épileptique), le diclofénac (médicament anti-inflammatoire non stéroïdien), le sulfaméthoxazole (antibiotique), le mécoprop (herbicide) et le benzotriazole (agent anticorrosion). Toutes ces substances peuvent être mesurées avec la même méthode d'analyse et sont détectables dans plus de 90 % des effluents des stations d'épuration des eaux usées domestiques en Suisse.

Source : (OCDE, 2019[2]) basé notamment sur Götz, Kase et Hollender, 2011.

Les technologies de télédétection et d'imagerie – les satellites et les drones, par exemple – occupent de plus en plus une place essentielle dans la gestion des ressources en eau au niveau d'une zone desservie, d'un bassin versant ou d'une région. Ces technologies fournissent des données utiles pour cartographier les ressources en eau, mesurer le niveau et la qualité de l'eau, et gérer les actifs des compagnies des eaux. Les données obtenues grâce à ces technologies peuvent permettre aux gestionnaires de ressources en eau et aux entreprises de distribution de mieux se préparer aux arrivées d'eau massives lors des fortes averses (par exemple en modifiant les modalités d'exploitation pour éviter le débordement des égouts), indiquer le moment approprié pour activer des pratiques de conservation pendant une période de sécheresse (par exemple en réduisant la consommation d'eau, en utilisant des puits d'urgence), garantir que tous les volumes d'eau traités soient distribués aux clients, et fournir des informations sur la qualité de l'eau (par exemple la turbidité, la prolifération d'algues) (OCDE, FAO, IIASA, 2020[3]).

La communication au public des résultats des activités de surveillance de la qualité de l'eau peut se faire par la publication de bilans (comme celui publié en **Australie** sur la Grande Barrière de corail) ou dans le cadre d'un processus plus vaste de présentation de rapports sur l'état de l'environnement (OCDE, 2019[4]). Un peu partout, des contenus numériques spécifiques ont été élaborés pour donner à un très large public accès à des données. En **Corée** par exemple, la municipalité de Séoul travaille sur la qualité de l'eau au moyen d'un dispositif de surveillance en ligne (OCDE, 2015[5]). L'**Italie** emploie un système d'information pour la protection de l'eau (SINTAI), une base de données open source disponible en ligne qui répertorie les émissions polluantes provenant de sources diffuses à l'échelon national, en utilisant des données de sources régionales (OCDE, 2013[6]).

La Recommandation sur l'eau préconise également d'allouer des ressources pour « identifier les sources de pollution (diffuses et ponctuelles) et, pour les polluants les plus importants, évaluer les concentrations, les quantités totales et le moment auquel interviennent les rejets ».

La pollution de sources ponctuelles est en grande partie contenue chez de nombreux Adhérents (OCDE, 2017[7]). En **Australie** par exemple, les principaux types de pollution ponctuelle, qui sont les rejets des stations d'épuration municipales et des installations industrielles, n'ont plus d'impact significatif sur l'environnement aquatique (OCDE, 2019[4]). En **Corée**, la lutte contre les pollutions ponctuelles s'est considérablement améliorée grâce au développement des services d'épuration des eaux usées, y compris du traitement tertiaire (OCDE, 2018[8]). La directive de l'**UE** relative au traitement des eaux urbaines résiduaires, qui cible la pollution à la source, contribue à protéger l'environnement aquatique des effets négatifs des rejets d'eaux usées urbaines et de certains rejets industriels.

En revanche, des difficultés demeurent s'agissant de la pollution diffuse et de ses effets sur la santé humaine et environnementale, pour lesquels les données communiquées et la réglementation sont encore largement insuffisantes (OCDE, 2017[7]). Ce type de pollution est particulièrement présente dans le secteur agricole. Le Graphique 4.1 montre les principaux polluants issus de l'agriculture d'après les réponses fournies par les Adhérents dans le cadre de l'enquête 2019 de l'OCDE sur l'évolution de l'action publique dans les domaines de l'agriculture et de l'eau. [3] Presque tous ces Adhérents pointent les nitrates et le phosphore contenus dans les engrais minéraux ainsi que les effluents d'élevage comme étant la source la plus problématique de pollution de l'eau par les activités agricoles. Les pesticides utilisés dans l'agriculture restent aussi une source importante de pollution dans beaucoup de pays ayant répondu à l'enquête (Graphique 4.1). En vertu du Clean Water Act, chaque État des **États-Unis** est chargé de définir des charges quotidiennes maximales totales (CQMT), correspondant aux charges autorisées d'éléments nutritifs et de sédiments dans les masses d'eau dégradées. Les CQMT fixées pour l'agriculture sont des objectifs de charges, mais la pollution d'origine agricole n'est pas directement réglementée au niveau national, et par conséquent elles sont appliquées par des voies indirectes, par exemple des réglementations plus strictes des sources ponctuelles.

### Graphique 4.1. Principaux polluants préoccupants d'origine agricole

Nombre de pays recensant un type particulier de polluant

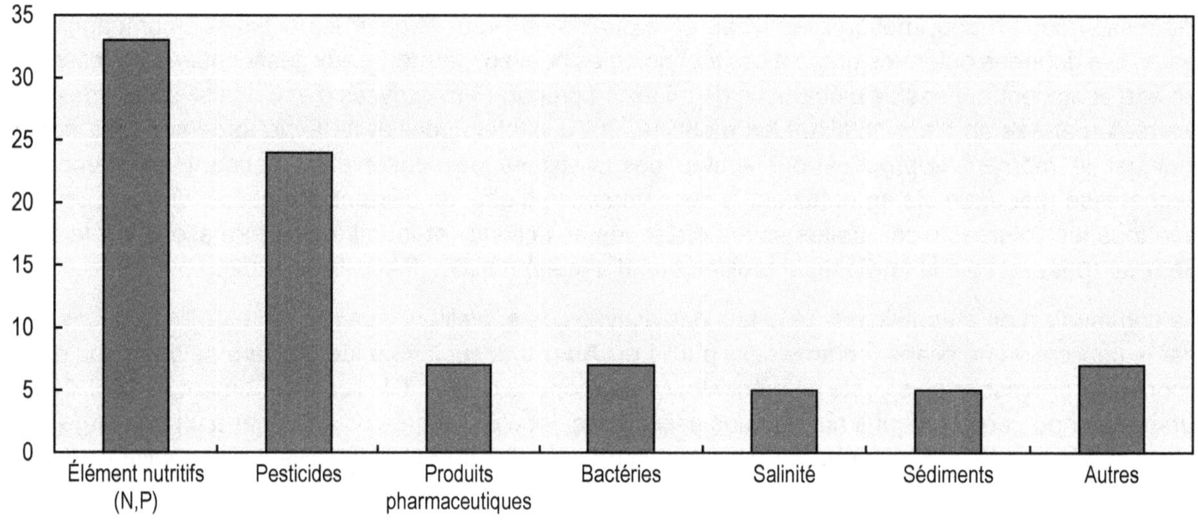


Source : (Gruère, Shigemitsu et Crawford, 2020[9]).

Les technologies de l'information et de la communication peuvent utilement éclairer les politiques et pratiques relatives à l'eau en permettant de recueillir une partie des données manquantes dans le domaine de l'eau. Les pays utilisent différents outils (capteurs de contrôle en temps réel, imagerie satellitaire et instruments de traitement de données et de modélisation) pour assurer la surveillance de la qualité de l'eau et lutter contre la pollution. La **Nouvelle-Zélande** a recours au modèle national d'estimation des bilans et des pertes d'éléments nutritifs au niveau des exploitations pour gérer ses sources de pollution diffuse (Encadré 4.2). Le **Danemark** utilise également des outils sophistiqués pour estimer les flux d'éléments nutritifs polluants et mettre en place des réglementations géographiquement différenciées (Gruère et Le Boëdec, 2019[10]).

### Encadré 4.2. Modélisation des éléments nutritifs en Nouvelle-Zélande

OVERSEER®, un modèle national d'estimation des bilans et pertes d'éléments nutritifs au niveau des exploitations, calcule les flux de nutriments dans un système de production agricole et repère les risques d'impact sur l'environnement associés aux pertes d'éléments nutritifs, par lessivage et percolation. Le modèle a été mis au point initialement pour aider les agriculteurs à établir des bilans nutritifs et a été adapté pour remédier aux problèmes dus à l'incapacité d'identifier clairement les polluants de source diffuse. Il est considéré comme le meilleur outil actuellement disponible pour estimer les pertes d'azote par percolation à partir de la zone racinaire dans les systèmes agricoles variés et complexes existant en Nouvelle-Zélande.

OVERSEER® peut servir et a servi à appuyer l'élaboration de mesures environnementales, en particulier autour du lac Taupō et dans le cadre du plan Horizons One dans la région de Manawatū-Wānganui. Les agriculteurs néo-zélandais auront de plus en plus recours au modèle pour établir les bilans nutritifs et les plans de gestion des nutriments demandés par les conseils régionaux. Bien qu'un modèle de ce type soit indispensable pour pouvoir imposer un plafond de pollution de l'eau, les agriculteurs comme les conseils régionaux admettent qu'il comporte d'importantes incertitudes. Le modèle n'étant pas conçu pour fournir une analyse économique, il est nécessaire de combiner ses calculs à d'autres modèles économiques pour évaluer les impacts de différentes solutions sur l'exploitation agricole.

Source : (OCDE, 2017[11]); (OCDE, 2017[7])

La Recommandation préconise d'autre part d'allouer des ressources pour « fixer des objectifs politiques et opérationnels tels que les masses d'eau atteignent les standards de qualité définis et s'y maintiennent, afin de protéger les usages et les écosystèmes aquatiques, en tenant compte des critères de qualité que requiert chaque usage de l'eau ». Elle appelle aussi à « améliorer les procédures pour définir les objectifs de qualité de l'eau, en se fondant sur les connaissances scientifiques les plus récentes et sur les technologies les plus efficaces par rapport aux coûts ».

Des objectifs en matière d'eau sont définis pour protéger des usages et des écosystèmes aquatiques déterminés. La directive-cadre sur l'eau de l'**UE** définit cinq niveaux pour évaluer l'état écologique des masses d'eau de surface : « très bon », « bon », moyen », « médiocre » et « mauvais », en fonction d'une combinaison d'éléments de qualité biologiques (flore aquatique, invertébrés benthiques et poissons) et d'éléments de qualité physicochimiques (dont les conditions d'oxygénation, les nutriments, la salinité, ou encore certains polluants). D'autres paramètres, par exemple microbiologiques ou morphologiques, peuvent être pris en compte.

Il existe différents niveaux de qualité de l'eau souhaités pour des usages précis tels que la boisson, les loisirs, l'agriculture, la pisciculture, la propagation d'autres organismes aquatiques, et les processus agricoles et industriels. Ces usages peuvent nécessiter une qualité d'eau stable (fonctionnement des écosystèmes, par exemple), des normes définies de qualité de l'eau (eau potable, par exemple) ou peuvent ne pas nécessiter de normes de qualité de l'eau (extraction de minéraux, par exemple). Les directives de l'**UE** spécifient des normes de qualité pour les eaux de surface (par exemple la directive relative à la production d'eau alimentaire 75/440/CEE), tandis que d'autres, ayant pourtant pour objectif général l'amélioration des eaux superficielles et souterraines, ne contiennent pas de normes précises de qualité de l'eau (par exemple la directive relative aux eaux urbaines résiduaires 91/271/CEE ou la directive Nitrates 91/676/CEE).

Les méthodes employées pour définir les normes diffèrent selon les pays. En **Nouvelle-Zélande**, le modèle de gouvernance collaborative encourage la définition de limites relatives à la qualité de l'eau (Encadré 4.3). Le **Chili** a adopté des normes pour les rejets d'eaux usées, ainsi que des normes de qualité de l'eau pour la protection des écosystèmes de quatre bassins hydrographiques et de deux captages lacustres qui alimentent des grandes villes en eau. En **Corée**, le programme GCTP (gestion de la charge totale de pollution) engagé en 2004 a permis d'améliorer la politique de gestion de la qualité de l'eau et de réduire la pollution de sources ponctuelles. Les GCTP sont calculées au moyen d'outils scientifiques de modélisation de la qualité de l'eau au niveau des bassins versants, au niveau local et au niveau des propriétés individuelles. Le programme alloue les diminutions des charges de pollution nécessaires pour réduire les sources de pollution (OCDE, 2017[7]).

### Encadré 4.3. Le modèle de gouvernance collaborative de la Canterbury Water Management Strategy (CWMS), en Nouvelle-Zélande

Le comité de bassin, en association avec la population locale et avec un soutien technique (de spécialistes en économie, en valeurs culturelles, en sciences sociales, en modélisation, en qualité de l'eau et en écologie), a élaboré un programme d'action pour la qualité de l'eau comportant : i) les résultats souhaités pour la qualité de l'eau locale ; ii) des recommandations sur les limites de qualité de l'eau permettant de maintenir l'état trophique d'un lac important de la région ; iii) les charges en éléments nutritifs des captages pour toutes les activités ; iv) la méthode d'allocation des charges en éléments nutritifs ; v) des méthodes d'incitation à la protection de la biodiversité ; vi) des actions facultatives comme une campagne d'information à destination des visiteurs ; vii) un programme de restauration des masses d'eau dégradées ; et viii) un cadre intégré de surveillance pour que le comité puisse suivre les progrès réalisés et communiquer des données.

Le modèle de gouvernance collaborative a non seulement permis de définir la manière de fixer des limites pour la qualité de l'eau (et les volumes d'eau) et d'autres mesures nécessaires pour atteindre les objectifs du CWMS, mais il a aussi facilité la mise en œuvre de la déclaration de politique nationale pour la gestion de l'eau douce. L'un des résultats les plus tangibles obtenus a été l'appropriation des solutions par la population locale.

Source : (OCDE, 2018[8])

Enfin, la Recommandation invite les Adhérents à allouer des ressources pour « évaluer les investissements nécessaires pour atteindre le niveau de qualité de l'eau souhaité et pour protéger et restaurer les écosystèmes aquatiques, en tenant compte du rapport coût-efficacité des bénéfices pour la santé humaine et celle des écosystèmes ».

Investir dans les services d'alimentation en eau et d'assainissement génère habituellement différents bénéfices économiques, écologiques et sociaux. La plupart des Adhérents ont retiré d'importants gains de la fourniture de services d'eau et d'assainissement de base à la fin du XIXe siècle ou au début du XXe siècle, et, aujourd'hui, les interventions dans le domaine de l'eau et de l'assainissement présentent un taux de rentabilité marginal, qui diminue à mesure qu'elles gagnent en sophistication. En revanche, les investissements relativement coûteux nécessaires dans le traitement des eaux usées génèrent des gains, associés à l'élimination de différentes substances polluantes (qui profite à l'alimentation en eau des villes autant qu'à la pêche), qui sont plus difficiles à évaluer monétairement parlant. Aux **États-Unis**, le Clean Water Act de 1972 a établi un fondement juridique important pour le développement des installations d'épuration des eaux usées. La directive de l'**UE** relative au traitement des eaux urbaines résiduaires, adoptée en 1991, s'est attaquée au problème croissant du rejet des eaux usées non épurées dans l'environnement aquatique (OCDE, 2013[12]).

Selon une étude récente réalisée par l'OCDE en collaboration avec la Commission européenne, tous les États membres de l'UE auront besoin d'augmenter le niveau actuel d'investissements dans l'évacuation et le traitement des eaux usées de 20 % ou plus pour atteindre (ou maintenir) les valeurs prévues par la directive sur les eaux urbaines résiduaires. Certains pays devront multiplier par plus de deux leur niveau de dépenses actuel (OCDE, 2020).

L'une des raisons pour lesquelles les investissements dans la qualité de l'eau sont à la traîne chez la plupart des Adhérents est que l'on a souvent peu d'informations tangibles sur les bénéfices qu'ils procurent. Investir dans l'alimentation en eau et l'assainissement afin d'améliorer la qualité de l'eau peut être une source de gains variés pour l'économie. Par exemple, on a calculé le montant des bénéfices sanitaires associés à l'amélioration de la qualité des eaux de loisirs dans le sud-ouest de l'Écosse (**Royaume-Uni**) : il s'élève à 1.3 milliard GBP par an. Dans la plupart des pays, l'accès aux plages ou aux lacs peut être limité en cas de non-respect de certaines normes de qualité des eaux de baignade. En Normandie (**France**), la fermeture de 40 % des plages littorales entraînerait, selon les estimations, une chute brutale de 14 % du nombre total de visiteurs, soit un manque à gagner de 350 millions EUR par an et la perte potentielle de 2 000 emplois locaux. De même, il a été montré que les personnes habitant à proximité de plans d'eau voyaient la valeur de leur bien augmenter lorsque le traitement des eaux usées assurait une certaine qualité des plans d'eau (OCDE, 2013[12]) (OCDE, 2019[13]).

Certains pays ont évalué les bénéfices générés pour l'ensemble de l'économie grâce à l'amélioration de la qualité de l'eau. Aux **États-Unis**, l'Agence pour la protection de l'environnement estime à environ 11 milliards USD par an, soit environ 109 USD par habitant, les gains nets dus à la législation sur la pollution de l'eau au cours des 30 dernières années. Au **Royaume-Uni**, plusieurs études ayant estimé les coûts et avantages des mesures de mise en œuvre de la directive-cadre de l'UE sur l'eau ont montré un bénéfice net de 10 millions USD en Angleterre et au Pays-de-Galles. Aux **Pays-Bas**, des analyses coût-avantage du même type ont montré que les gains monétisés étaient très inférieurs aux coûts estimés, mais qu'un ensemble important de gains ne pouvaient pas être monétisés. Il serait extrêmement utile que les évaluations comptabilisent de manière plus approfondie et plus systématique les bénéfices directs et indirects du traitement des eaux usées (OCDE, 2013[12]).

La **Suisse** a été le premier pays à déployer une stratégie nationale en vue d'évaluer les investissements réduisant la quantité de résidus pharmaceutiques dans l'eau, essentiellement par le relèvement des niveaux de traitement dans les stations d'épuration des eaux usées. La Loi sur la protection des eaux a été révisée en 2014 et impose de moderniser une centaine d'usines de traitement des eaux usées afin d'éliminer certains résidus. Le coût d'investissement total de ces opérations de modernisation a été estimé autour de 1 milliard USD, auquel s'ajouteront 115 millions USD par an de charges d'exploitation et de maintenance. La majorité des coûts d'équipement (75 %) ont été couverts par le budget national. Le reliquat et les charges d'exploitation et de maintenance sont financés par les municipalités ainsi que par une nouvelle taxe fédérale sur les eaux usées de 9 EUR/habitant/an instaurée en 2016 (OCDE, 2019[2]). Les **Pays-Bas** ont adopté une méthode originale considérant l'ensemble du cycle de vie, qui associe des initiatives de différentes parties prenantes tout au long de la chaîne de valeur, depuis le développement des médicaments jusqu'à leur fabrication, leur utilisation, et la gestion des déchets (voir Encadré 4.5).

## 4.2. Atténuation des risques

La Recommandation souligne la nécessité d'« identifier, évaluer et entreprendre de réduire les risques générés par les investissements qui portent atteinte à l'intégrité naturelle des cours d'eau, lacs, aquifères et zones humides, à leurs conditions hydromorphologiques, à la capacité des bassins à retenir l'eau de manière naturelle ou au fonctionnement des écosystèmes ».

Mieux évaluer la pollution de l'eau dans les études d'impact environnemental (EIE), obligatoires pour les projets de construction d'infrastructures dans la plupart des pays Adhérents, peut aider à identifier, apprécier et atténuer les éventuels risques associés à ces investissements et à mettre en évidence des inconvénients et des cobénéfices. Les EIE sont en général examinées par une commission chargée des affaires locales composée de responsables publics, d'experts et de représentants des résidents, comme en **Corée**. L'**Union européenne** a publié des directives décrivant les étapes pratiques à suivre dans une EIE (OCDE, 2018[8]).

## 4.3. Réduction de la pollution de l'eau

La Recommandation encourage les Adhérents à « prendre les mesures pour réduire autant que nécessaire la pollution de toutes les eaux et en particulier la pollution des eaux de surface responsable de l'eutrophisation, en portant une attention particulière au problème posé par le transfert d'eaux chargées en éléments nutritifs au-delà des frontières ou vers la mer. Ces mesures doivent assurer la conformité avec les objectifs d'action et les objectifs de qualité de l'eau mentionnés plus haut ».

En **Europe**, la pollution par les éléments nutritifs responsable du phénomène d'eutrophisation est un problème répandu qui concerne quelque 30 % des masses d'eau dans 17 États membres. Le **Danemark** procède à des analyses du rapport coût-efficacité pour gérer le risque d'eutrophisation (OCDE, 2019[14]). Au **Canada**, des programmes fédéraux mis en œuvre dans les provinces, comme les plans agroenvironnementaux et les programmes d'intendance environnementale, ont pour but de réduire l'eutrophisation et la prolifération d'algues, par exemple en imposant des bandes tampons autour des masses d'eau superficielle et des sources d'eau souterraine (OCDE, 2017[7]).

Pour réglementer la qualité des eaux de surface dans les bassins transfrontaliers, il faut au minimum que les États riverains s'entendent sur des critères communs d'évaluation de la qualité de l'eau. Le fait d'utiliser les mêmes critères permet aux pays de réaliser des évaluations compatibles et de tirer des conclusions sur la qualité de l'eau. Sur la base de ces critères, les **États-Unis** et le **Canada** ont établi des objectifs communs de qualité de surface à atteindre des deux côtés de la frontière et ont coordonné leurs mesures de gestion de l'eau. Cela peut être un bon exemple pour les adhérents (Encadré 4.4).

### Encadré 4.4. Gestion conjointe de la qualité de l'eau dans les Grands Lacs d'Amérique du Nord

La santé du lac Érié, bordé par quatre États des États-Unis (New York, Pennsylvanie, Ohio et Michigan) et par la province canadienne de l'Ontario, est devenue préoccupante en raison de la surcharge d'éléments nutritifs due aux engrais, et des effluents des activités humaines et de l'élevage, entraînant des phénomènes d'eutrophisation, d'hypoxie et de prolifération d'algues.

L'Accord de 1972 relatif à la qualité de l'eau dans les Grands Lacs a permis d'améliorer la situation grâce à une diminution du phosphore provenant de sources ponctuelles. Mais les sources diffuses dues à l'agriculture et aux pelouses domestiques sont restées peu prises en compte, c'est pourquoi le lac Érié recommence à s'eutrophiser depuis le milieu des années 90. En 2014, son niveau d'eutrophisation était tel que l'utilisation de l'eau du robinet a été interdite pendant sept jours à Toledo (Ohio), à la suite d'une prolifération d'algues toxiques ayant conduit à la fermeture des canalisations d'alimentation en eau potable provenant du lac. Plus de 400 000 habitants ont été touchés. Cette interdiction était intervenue en outre après une hausse des dépenses de la ville de Toledo en produits chimiques de traitement de l'eau (4 millions USD en 2013).

Face à la dégradation de la qualité de l'eau, les objectifs de charge destinés à prévenir l'hypoxie ont été révisés dans l'Accord de 2012 relatif à la qualité de l'eau dans les Grands Lacs et, en 2016, les autorités du Canada et des États-Unis ont annoncé des objectifs binationaux de réduction de la charge en phosphore de 40 % pour le lac Érié.

Source : (OCDE, 2017[7]) basé notamment sur Scavia et al., 2014.

## 4.4. Rapport coût-efficacité

La Recommandation encourage les Adhérents à « favoriser les moyens les plus efficaces et économes d'améliorer la qualité de l'eau, tout en préservant autant que possible la responsabilité des pollueurs et des utilisateurs, et en particulier :

- Cibler les polluants qui revêtent une importance particulière à l'échelle appropriée (aire de captage, bassin ou aquifère), sur la base de caractéristiques telles que la toxicité, la persistance, la bio-accumulation et les risques pour la santé humaine et environnementale.
- Appliquer des mesures de lutte contre la pollution aussi près que possible de la source de pollution, en envisageant d'autres solutions efficaces et économes en cas de coûts disproportionnés.
- Adopter une approche intégrée de la lutte contre la pollution pour que les mesures prises ne conduisent pas à des transferts incontrôlés de pollution vers d'autres ressources en eau ou d'autres milieux (sol, air) ».

Appliquant les principes du pollueur-payeur et du bénéficiaire-payeur, les pays considèrent que les pollueurs doivent rendre des comptes pour la pollution de l'eau qu'ils génèrent. Les États utilisent des redevances de pollution, des taxes sur les intrants (engrais et pesticides, par exemple) et des redevances de traitement des eaux usées pour envoyer un signal approprié et générer des revenus afin de financer des mesures anti-pollution (voir les chapitres 7 et 8 pour plus d'informations sur l'état des lieux). L'application du principe du pollueur-payeur coûte moins cher et est plus fréquente pour lutter contre la pollution de sources ponctuelles que pour celle de sources diffuses (OCDE, 2017[15]). Elle peut intervenir à différentes étapes de la chaîne de pollution (Encadré 4.5).

L'**Union européenne** est l'une des rares entités à appliquer le principe du pollueur-payeur dans l'agriculture. La directive Nitrates de 1991 vise à protéger la qualité de l'eau en évitant que des nitrates d'origine agricole ne s'écoulent dans les eaux souterraines ou superficielles. Cette directive impose aux États membres d'identifier les « zones vulnérables aux nitrates » (ZVN)[4] afin d'élaborer des codes de bonnes pratiques applicables à tous les agriculteurs et de mettre en œuvre des programmes d'action pour ces zones. Ces programmes prévoient notamment l'application obligatoire des codes et d'autres mesures destinées à limiter la quantité d'azote épandue avec les effluents d'élevage. Intégrée par la suite aux obligations instaurées par la directive-cadre sur l'eau, la directive Nitrates a mis longtemps à être appliquée par les États membres. Les résultats commencent à être visibles pour les eaux de surface, mais ils sont moins apparents pour les eaux souterraines. Certains États membres se sont révélés être en infraction avec les obligations de cette directive (Gruère, Ashley et Cadilhon, 2018[16]).

### Encadré 4.5. Mesures identifiées pour réduire les quantités de résidus pharmaceutiques aux différents stades de la chaîne pharmaceutique aux Pays-Bas

Les **Pays-Bas** ont répertorié 17 mesures possibles pour réduire les quantités de résidus de produits pharmaceutiques humains aux différents stades de la chaîne pharmaceutique. Selon les mesures, les acteurs responsables sont les autorités gouvernementales, les organismes chargés de l'eau, les sociétés pharmaceutiques, les établissements de recherche, les municipalités et les chimistes.

Les mesures portent notamment sur les aspects suivants :

- **Surveillance de l'environnement :** Identifier les produits pharmaceutiques ayant des effets négatifs sur l'environnement ; déterminer les effets des produits pharmaceutiques vétérinaires dans l'eau ; quantifier les émissions de produits pharmaceutiques vétérinaires dans les eaux superficielles et souterraines.
- **Développement et autorisation :** Développer des « médicaments verts » ayant moins d'impact sur l'environnement ; mettre au point un système de gestion des risques écologiques associés aux médicaments (Eco-Pharmaco-Stewarship) ; améliorer l'accès aux données environnementales sur les principes actifs.
- **Prescription et consommation :** Identifier des paires de produits pharmaceutiques ayant le même effet médical mais un impact différent sur l'environnement ; faire des recherches sur la prévention et le bon usage des produits pharmaceutiques ; trouver des mesures possibles pour la phase « prescription et utilisation ».
- **Traitement des déchets et des eaux usées :** Mettre en place des dispositifs de collecte des produits pharmaceutiques inutilisés ; évaluer l'amélioration du niveau de traitement dans les installations d'épuration des eaux, notamment étudier les solutions de traitement novatrices qui existent et étudier les coûts ; identifier les installations d'épuration des eaux ayant le plus d'impact sur l'écologie aquatique et les sources d'eau potable ; entamer des essais de traitement amélioré dans des installations existantes de traitement des déchets et des eaux usées.
- **Aspects transversaux :** Élaborer un instrument de communication dans l'optique d'expliquer la chaîne pharmaceutique ; définir une stratégie de communication et la mettre en œuvre ; tirer les enseignements des meilleures pratiques observées à l'étranger ; porter la question dans les instances internationales (commissions de bassin du Rhin et de la Meuse, Commission européenne, etc.).

Source : (OCDE, 2019[2])

Certains outils et mécanismes aident les Adhérents à résoudre des problèmes d'identification et de ciblage des pollueurs. Par exemple, l'**UE**, les **États-Unis**, l'**Australie** et la **Nouvelle-Zélande** utilisent des logiciels de modélisation pour gérer la pollution dans les captages (Encadré 4.5) (OCDE, 2018[8]). La **Corée** a recours à la responsabilisation collective au niveau des captages : la charge de pollution totale est surveillée à cette échelle, et les agriculteurs opérant dans l'aire de captage sont collectivement responsables (OCDE, 2017[17]). Beaucoup d'Adhérents se servent d'indicateurs indirects comme les taxes sur les intrants (sur les engrais, les pesticides ou les produits nettoyants, par exemple) ou l'occupation des sols (surfaces urbaines revêtues, nombres de têtes de bétail, utilisation intensive des sols, par exemple) (chapitre 8). Cependant, ces taxes n'ont pas toujours beaucoup d'effet en raison de la baisse de prix qui les accompagnent, sauf lorsque le niveau des taxes est très élevé (Sud, 2020[18]). En **Norvège**, la taxe sur les pesticides, révisée en 1999 pour tenir davantage compte des risques pour l'environnement et la santé, a effectivement encouragé le recours à des pesticides moins toxiques. Si elle n'a entraîné qu'une faible diminution de la quantité totale de pesticides vendus, cette taxe s'est traduite par un transfert vers des pesticides présentant moins de risques pour l'environnement et la santé (Ibid.).

Même si les coûts de la pollution ne sont pas toujours faciles à estimer avec fiabilité, les Adhérents utilisent de nouvelles sources de données pour exercer leur surveillance et justifier leurs initiatives (voir Encadré 4.5 ci-dessus). Ils se servent également de mécanismes fondés sur le marché pour mettre ces coûts en évidence. On en a des exemples avec le système d'échange d'allocations de charges en éléments nutritifs mis en place pour réduire la pollution par des sources ponctuelles ou diffuses dans la baie de Chesapeake, aux **États-Unis**, et le marché de quotas d'émissions d'azote dans la région du lac Taupō, en **Nouvelle-Zélande**, visant à plafonner ces émissions, qui a constitué le premier marché mondial dans le domaine de la pollution diffuse (OCDE, 2017[7]).

La Recommandation invite également les Adhérents à « envisager les mesures les plus efficaces et moins coûteuses pour faire face aux problèmes de qualité de l'eau, en appliquant autant que possible le principe pollueur-payeur s'il figure dans le cadre juridique et réglementaire en vigueur, et en assurant la promotion de ce principe s'il en est absent ».

Suivant le principe du pollueur-payeur appliqué dans la directive-cadre de l'UE sur l'eau, l'association allemande des fournisseurs d'eau a présenté une proposition pour la mise en place d'un dispositif de responsabilité élargie des producteurs (REP) afin d'obliger certaines entreprises de production pharmaceutique à contribuer aux coûts de modernisation des installations de traitement des eaux usées. Malgré les difficultés pratiques qu'il pose (OCDE, 2020[19]), cet outil représente une évolution intéressante, allant dans le sens des exigences de la Recommandation.

## 4.5. Rapport coût-efficacité et principe du pollueur-payeur

La Recommandation encourage les Adhérents à « combiner des instruments réglementaires, volontaires et économiques de façon à fournir aux pollueurs une incitation continue à réduire et maîtriser la pollution des ressources en eau ».

La plupart des Adhérents disposent d'un arsenal d'instruments d'action pour promouvoir la qualité de l'eau et lutter contre la pollution. Ce chapitre recense les plus fréquents et fournit quelques illustrations de combinaisons possibles.

Les Adhérents utilisent des instruments réglementaires pour limiter les rejets de polluants dans les masses d'eau. Dans sa loi de 1991 sur la gestion des ressources (Resource Management Act), la **Nouvelle-Zélande** a instauré des autorisations de rejet qui ont permis de limiter la pollution de sources ponctuelles par les eaux usées industrielles et urbaines (OCDE, 2017[11]). Les autorités gouvernementales régionales sont également chargées de gérer les rejets ponctuels et diffus dans des limites écologiques définies, dont l'impact est déjà sensible sur certaines masses d'eau qui affichent d'importantes améliorations, comme les lacs de Rotorua. Au **Japon**, des réglementations plus sévères sur les eaux usées industrielles ont entraîné une diminution significative des quantités de métaux lourds (OCDE, 2017[7]). Lorsque les normes ne suffisent pas, ou à titre de précaution, certains pays peuvent interdire une activité ; cela a été le cas avec l'interdiction mondiale du DDT, ou, en **Chine**, l'interdiction de pêcher dans le bassin de la rivière des

Perles qui est appliquée pendant deux mois chaque année afin de restaurer les populations de poisson et d'améliorer la qualité de l'eau (OCDE, 2012[20]). Enfin, dans sa loi de 2007 sur le rejet et la réutilisation des eaux usées, le **Costa Rica** a fixé des valeurs limites applicables aux effluents pour différents paramètres polluants comme la demande biochimique en oxygène (DBO), la demande chimique en oxygène (DCO), le phosphore, les nitrates, l'acidité (pH), les corps gras et les solides en suspension. Des limites supplémentaires sont définies pour un groupe de substances dangereuses (OCDE, 2012[21]).

Bon nombre de pays Adhérents utilisent des accords ou des engagements volontaires portant sur des mesures d'amélioration de l'environnement aquatique. Il s'agit d'engagements unilatéraux pris par des entreprises ou des villes. Des accords négociés existent également, comme au **Royaume-Uni** la Pesticides Voluntary Initiative qui encourage l'utilisation responsable des pesticides (OCDE, 2012[20]). En **Nouvelle-Zélande**, l'accord Sustainable Dairying: Water Accord offre un exemple de réussite en matière de gestion de la pollution aquatique liée à l'élevage laitier. Les Adhérents utilisent également les paiements au titre des services écosystémiques pour améliorer l'environnement aquatique, comme le fonds de conservation des forêts de Tasmanie en **Australie**, ou le dispositif mis en place pour l'eau de Vittel (Nestlé) en **France** (OCDE, 2012[20]).

Beaucoup d'Adhérents ont recours à des instruments économiques pour inciter à réduire la pollution et pour financer des interventions techniques permettant d'améliorer la qualité de l'eau. La plupart des Adhérents imposent des taxes sur les produits nocifs pour l'environnement, et appliquent des redevances de pollution sur les émissions. Par exemple, un certain nombre de pays utilisent des taxes sur les rejets d'effluents (Graphique 4.2) (voir le chapitre 8 pour plus de détails). Ils instaurent aussi des dispositifs d'incitation, notamment des subventions, pour moderniser les infrastructures. Par ailleurs, plusieurs Adhérents ont mis en place des permis échangeables destinés à réduire la pollution et les externalités négatives, comme aux **États-Unis** et en **Nouvelle-Zélande** (OCDE, 2017[7]).La **France** prévoit des incitations financières (10 millions EUR) pour encourager le développement de nouveaux projets novateurs dans le domaine des nouveaux contaminants préoccupants et donner des moyens d'action aux parties prenantes locales. Les projets sélectionnés sont ciblés sur des sources de pollution diffuses et multiples, domestiques et industrielles, et portent sur l'amélioration des diagnostics, la réduction des contaminants par des moyens efficaces et économiques, et la modification des pratiques de différents types de parties prenantes (OCDE, 2019[2]).

Graphique 4.2. Pays imposant une taxe sur les rejets d'effluents

Note : Réponses à la question : « Votre pays impose-t-il une taxe sur les rejets d'effluents ? ».
Source : Enquête de 2019 relative à la mise en œuvre de la Recommandation du Conseil de l'OCDE sur l'eau ; 27 réponses reçues dont 26 de la part d'Adhérents.

Les mesures de promotion de la collecte et du traitement des eaux usées (domestiques et industrielles) associent habituellement réglementation (normes relatives aux niveaux de traitement exigés avant que des eaux usées puissent être relâchées dans l'environnement), information (sur la qualité de l'eau et les performances des compagnies de distribution et des services fournis), et mécanismes de marché (redevance sur la charge de pollution, qui augmente les coûts pour les pollueurs et peut générer des revenus à investir dans des mesures de réduction de la pollution). La directive relative au traitement des eaux urbaines résiduaires, qui fait partie des acquis de la **Commission européenne** dans le secteur de l'eau, illustre bien cette multiplicité d'actions.

Dans le cas de l'agriculture, vingt-deux Adhérents utilisent une combinaison d'instruments réglementaires, économiques et informatifs. Les instruments réglementaires sont les plus courants, suivis des instruments économiques et informatifs. À titre d'exemple, le **Canada** a adopté une loi fédérale sur la qualité de l'eau, et les provinces appliquent leurs propres réglementations en la matière. Par le biais du Partenariat canadien pour l'agriculture, le gouvernement fédéral soutient des programmes cofinancés destinés à développer les bonnes pratiques de gestion des exploitations afin de réduire la pollution. Agriculture et Agroalimentaire Canada a aussi lancé une nouvelle initiative qui facilitera la communication et le transfert de connaissances entre chercheurs et producteurs sur les pratiques agricoles durables. Le **Danemark** manie à la fois la carotte et le bâton en appliquant une réglementation ciblée qui vise à réduire à la source la pollution par les éléments nutritifs, au-delà des obligations de la directive Nitrates, en versant des paiements dans le cadre du programme de développement rural pour inciter les producteurs à dépasser les minimums réglementaires, et en collaborant avec le syndicat agricole pour faciliter l'introduction de mesures collectives.[5]

## 4.6. Conformité à la réglementation

Le Conseil recommande également de « mettre en place des mécanismes de contrôle de la conformité aux dispositions réglementaires et de mise en application de ces dispositions. La mise en application doit être ciblée, et faire appel à toutes les sources de données disponibles. Elle doit s'appuyer sur des règles, procédures, sanctions, incitations et outils clairs, transparents et proportionnés afin que les objectifs réglementaires puissent être atteints de manière efficace ».

Malgré les politiques et les objectifs mis en place par les pays adhérents en matière de qualité de l'eau, on constate des écarts par rapport aux dispositions prévues, dus à un niveau de conformité insuffisant. Les autorisations délivrées individuellement aux installations sont un moyen de traduire les politiques environnementales en conditions contrôlables. Au **Royaume-Uni**, le régime de permis ne couvre qu'environ 2 % des entreprises immatriculées, mais toutes les entreprises sont visées par des obligations légales générales, par exemple le « devoir de diligence » en matière de prévention de la pollution de l'eau (OCDE, 2009[22]). Les pays surveillent la conformité aux limites réglementaires fixées pour les effluents et imposent des amendes en cas d'infraction.

Pour promouvoir la conformité à la réglementation, il existe des outils d'assistance et d'information sur le comportement et les performances des entreprises en matière d'environnement. Ces outils sont également utilisés pour déclencher des réactions du marché et exercer une pression de la collectivité sur les contrevenants. Aux **États-Unis** par exemple, l'inventaire TRI (Toxics Release Inventory) fournit des informations au public sur les produits chimiques toxiques rejetés par les usines de transformation. Le registre européen des rejets et transferts de polluants (E-PRTR) est un outil de diffusion qui publie des données sur les quantités de polluants rejetées dans l'air, l'eau et le sol, ainsi que sur les déchets et polluants contenus dans les eaux usées et transférés hors site, pour plus de 30 000 installations industrielles. Des informations sur les rejets de sources diffuses sont également disponibles et seront progressivement enrichies (OCDE, 2009[22]) (site web de l'E-PRTR).

La conformité à la réglementation est contrôlée au moyen d'inspections, de divers outils de surveillance, et de processus d'autosurveillance. Dans les pays de l'**UE** possédant des régimes d'autorisation totalement intégrés, comme la **France** et la **Finlande**, toutes les inspections concernent plusieurs milieux (elles couvrent par exemple l'air, l'eau, les eaux usées, les déchets dangereux et solides). Au Royaume-Uni et aux Pays-Bas, où les régimes de permis sont différenciés, on trouve à la fois des inspections intégrées et des inspections spécifiques à l'eau. La Finlande a de plus en plus recours à l'autosurveillance et à la communication de rapports sur les rejets d'eaux usées (OCDE, 2009[22]).

En cas de non-conformité à la réglementation sur la qualité de l'eau, les pays infligent souvent des amendes et renforcent les contrôles, d'après l'enquête de suivi 2019 de l'OCDE (Graphique 4.3). Face à la persistance des infractions à la réglementation sur la pollution par les éléments nutritifs, plusieurs Adhérents ont adopté des méthodes novatrices. Au Royaume-Uni, l'agence écossaise pour la protection de l'environnement a décidé de réorienter ses activités pour aider directement les agriculteurs à trouver des solutions au lieu de leur envoyer des notifications de non-conformité, et quelques progrès visibles ont été obtenus. En Irlande, les organismes de réglementation ont fait appel aux sciences comportementales pour améliorer leur communication auprès des agriculteurs, en utilisant des messages plus personnalisés et en dispensant des conseils sur les exploitations le cas échéant (Gruère et Le Boëdec, 2019[10]).

Graphique 4.3. Types de sanctions utilisées en cas de non-conformité à la réglementation sur la qualité de l'eau

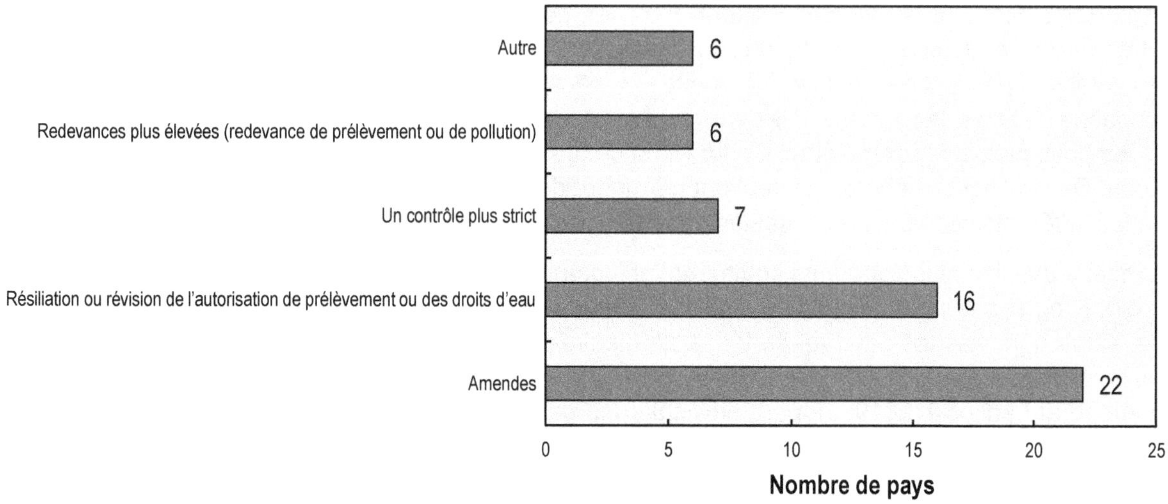


Note : Réponses à la question : « Quels types de sanctions sont utilisées en cas de non-conformité à la réglementation sur la qualité de l'eau ? ». Des réponses multiples étaient admises.
Source : Enquête de 2019 relative à la mise en œuvre de la Recommandation du Conseil de l'OCDE sur l'eau ; 27 réponses reçues dont 26 de la part d'Adhérents.

Enfin, une autorité compétente peut également obliger un contrevenant à effectuer le nettoyage nécessaire puis procéder à la récupération administrative des coûts encourus auprès de la partie responsable, comme aux **États-Unis** où seul un tribunal fédéral peut prendre cette décision. L'agence pour l'environnement de l'Angleterre et du Pays-de-Galles (**Royaume-Uni**) est habilitée à facturer directement au pollueur le nettoyage d'un rejet toxique dans l'eau. La responsabilité de faire appliquer les mesures correctives ou de les entreprendre et de recouvrer les coûts auprès de l'exploitant fait l'objet de la directive 2004 de l'**UE** sur la responsabilité environnementale (OCDE, 2009[22]).

## 4.7. Utilisation durable des écosystèmes aquatiques

Le Conseil encourage les Adhérents à « prendre des mesures pour préserver, rétablir et promouvoir une utilisation durable des écosystèmes aquatiques, faire cesser et inverser la dégradation, et enrayer la perte de biodiversité ».

Améliorer la qualité de l'eau est en effet important pour des fonctions écologiques comme la fourniture d'habitats pour les poissons et la santé des écosystèmes (OCDE, 2017[7]). De nombreux Adhérents se sont employés à développer des solutions fondées sur la nature pour améliorer les écosystèmes aquatiques (voir le chapitre 5 pour plus de détails).

## 4.8. Cohérence entre les politiques de l'eau et les politiques sectorielles

Le Conseil encourage aussi les Adhérents à « prendre les mesures suivantes pour remédier à des problèmes sectoriels ».

Les Adhérents sont invités à « favoriser la cohérence entre les politiques de l'eau et les politiques sectorielles, concernant par exemple l'industrie, l'énergie, la nature, l'eau potable, la santé et l'agriculture.

Dans ce dernier cas, identifier et réduire le plus possible les éventuelles incitations et pratiques qui ont des effets préjudiciables sur l'environnement ou sur l'eau (subventions concernant des engrais et des pesticides dommageables pour l'eau, par exemple) ».

Compte tenu des liens étroits qui existent entre les politiques de l'eau et les politiques menées dans d'autres domaines (comme l'agriculture, la foresterie, l'industrie, l'extraction, l'énergie, l'environnement, l'eau potable, les déchets solides, la santé, la pêche, l'urbanisme, l'aménagement du territoire et l'occupation des sols, le tourisme et les loisirs), il est indispensable que l'eau soit convenablement intégrée dans les politiques et les plans établis pour les secteurs ayant un impact sur la disponibilité et l'utilisation de l'eau. Des politiques cohérentes peuvent permettre de résoudre les tensions susceptibles d'apparaître entre les différents secteurs responsables des mesures à prendre et de leur financement.

Des modes d'action plus cohérents commencent lentement à prendre forme, notamment dans le secteur agricole. Progressivement, les pays de l'OCDE abandonnent les soutiens à la production et aux intrants et les aides agricoles les plus génératrices de distorsions, qui risquent d'encourager la consommation d'eau ou de favoriser la pollution par les éléments nutritifs (Gruère et Le Boëdec, 2019[10] ; DeBoe, 2020[23] ; Henderson et Lankoski, 2019[24]), pour privilégier les paiements découplés et dans une certaine mesure les paiements tenant compte des préoccupations environnementales et contribuant à réduire la pollution de l'eau d'origine agricole. Des efforts beaucoup plus soutenus sont toutefois nécessaires car 50 % des aides en place dans les pays de l'OCDE ont un impact potentiel sur l'environnement (OCDE, 2019[25]). Ces aides peuvent prendre la forme de subventions aux engrais azotés dans le but de stimuler la production agricole. L'azote, capable de passer d'un milieu à l'autre et de prendre de multiples formes, génère de nombreux risques pour l'environnement (par exemple pour la qualité de l'air, la qualité de l'eau par le biais de l'eutrophisation, et le changement climatique). Il est donc important de rechercher une cohérence entre la gestion de la pollution par l'azote et les autres politiques environnementales et sectorielles. Par exemple, en fonction des types d'engrais et de sols, les subventions aux engrais azotés peuvent accroître les émissions de gaz à effet de serre des cultures. La **Chine** a ainsi entrepris d'éliminer progressivement les subventions aux engrais (OCDE, 2019[14]).

Plus généralement, malgré des progrès observés depuis 2009, les politiques agricoles et les politiques de l'eau ne sont toujours pas suffisamment en phase (Graphique 4.4). Les résultats de l'enquête 2019 de l'OCDE sur l'évolution de l'action publique dans les domaines de l'agriculture et de l'eau ont été utilisés pour calculer des indices de concordance relative pour chaque pays et section de la Recommandation (Gruère, Shigemitsu et Crawford, 2020[9]).[6] La note moyenne de concordance des politiques des Adhérents avec les recommandations de l'OCDE sur la qualité de l'eau est de 0.54, c'est-à-dire qu'elle est proche de la moitié de sa valeur maximale possible. La note maximale de concordance obtenue en 2019 est très inférieure à celle des autres recommandations, ce qui indique que tous les Adhérents doivent faire davantage d'efforts.

### Graphique 4.4. Concordance des politiques agricoles et des politiques de l'eau avec les recommandations de la section 4 sur la qualité de l'eau

Évolution entre 2009 et 2019. Les notes vont de 0 à 1. Une note plus élevée indique une plus grande concordance.

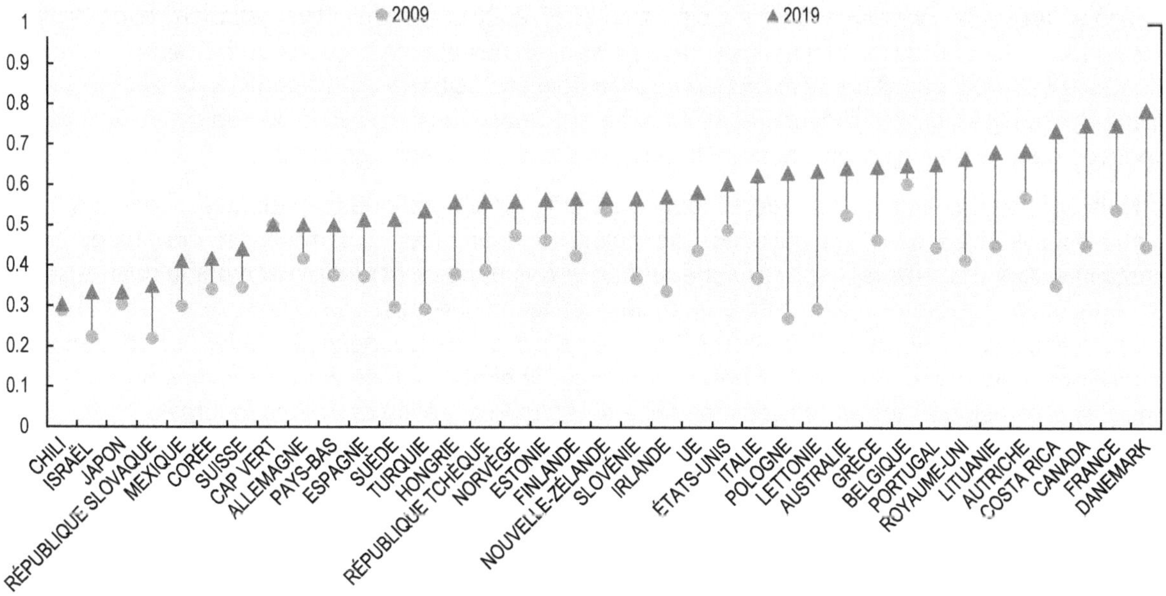


Note : La Colombie et l'Islande n'ont pas répondu.
Source : (Gruère, Shigemitsu et Crawford, 2020[9])

La Recommandation encourage les Adhérents à « adopter les mesures financières, techniques et de gestion appropriées pour assurer que les systèmes de traitement des eaux usées : sont construits et exploités de manière efficace et économe ; tiennent compte de la topographie et des évolutions démographiques à venir ; contribuent aux objectifs de qualité des eaux ; et permettent la valorisation des ressources, l'utilisation rationnelle de l'énergie et de l'eau et la réutilisation afin de préserver la ressource ».

D'importants investissements dans des installations de traitement des eaux usées et des progrès dans le contrôle des sources de pollution ponctuelles ont contribué à améliorer sensiblement la qualité de l'eau ces dernières décennies (OCDE, 2017[7]). Dans plus d'un tiers des pays de l'OCDE, plus de 80 % de la population est raccordée à une usine d'épuration des eaux assurant un traitement au moins secondaire (OCDE, 2020[26]).

Selon des travaux récents d'Eureau (l'union européenne des opérateurs privés de services d'eau), on sait très peu de choses sur l'état des équipements et sur le taux de renouvellement des infrastructures actuelles de collecte et de traitement des eaux usées (OCDE, 2020[19]). Les discussions en cours en Europe sur les avantages comparatifs et les limites des dispositifs d'assainissement individuels et autres systèmes appropriés témoignent des difficultés que pose la conception d'infrastructures adaptées aux situations locales (géographie et topographie, densité de l'habitat, sensibilité des environnements récepteurs, etc.) (OCDE, 2020[19]).

La Recommandation encourage les Adhérents à « veiller tout particulièrement à la gestion durable et à la conservation des ressources halieutiques et autres organismes aquatiques dans les masses d'eau douce et les zones littorales connexes aux niveaux local, national et international et assurer, dans la mesure du possible, la coordination de l'action de l'ensemble des autorités compétentes ».

Un certain nombre de pays côtiers font porter une bonne partie de leurs efforts sur la réduction de la pollution contribuant à l'eutrophisation des zones littorales. En **Lituanie**, le programme national pour l'eau 2017-2023 fixe comme objectif de réduire les quantités d'éléments nutritifs facteurs d'eutrophisation qui rentrent dans le lagon Curonien et la mer Baltique en diminuant les arrivées de composés azotés et phosphorés (avec des objectifs quantitatifs précis). Au **Canada**, le gouvernement fédéral s'est également engagé à investir 44.84 millions CAD sur cinq ans (2017-2022) dans l'Initiative nationale de protection des Grands Lacs, dont 26 millions sont alloués à la prévention des algues toxiques ou indésirables dans le lac Érié. Cette initiative prévoit notamment l'élaboration de plans de bassin pour identifier les zones prioritaires en matière de gestion du phosphore, et la mise en œuvre des mesures de réduction du phosphore exposées dans le Plan d'action Canada-Ontario pour le lac Érié lancé en 2018.[7]

En **Norvège**, des aides sont accordées pour accompagner les pratiques bénéfiques aux zones humides et aux écosystèmes dans les paysages agricoles, et pour créer des mares et des zones humides construites. Aux **États-Unis**, le programme en faveur des habitats naturels piloté par le ministère fédéral de l'Agriculture fournit une assistance financière et technique destinée à améliorer les habitats des poissons et de la vie sauvage. Par ailleurs, de récents projets de lois agricoles fédérales contiennent des dispositions « swampbuster », qui visent à décourager la conversion de zones humides ou de terres très sensibles à l'érosion en terres cultivées, en faisant perdre le bénéfice des aides fédérales.[8]

## Références


DeBoe, G. (2020), « Impacts of agricultural policies on productivity and sustainability performance in agriculture: A literature review », *Documents de l'OCDE sur l'alimentation, l'agriculture et les pêcheries*, n° 141, Éditions OCDE, Paris, https://dx.doi.org/10.1787/6bc916e7-en. [23]

Gruère, G., C. Ashley et J. Cadilhon (2018), « Reforming water policies in agriculture: Lessons from past reforms », *Documents de l'OCDE sur l'alimentation, l'agriculture et les pêcheries*, n° 113, Éditions OCDE, Paris, https://dx.doi.org/10.1787/1826beee-en. [16]

Gruère, G. et H. Le Boëdec (2019), « Navigating pathways to reform water policies in agriculture », *Documents de l'OCDE sur l'alimentation, l'agriculture et les pêcheries*, n° 128, Éditions OCDE, Paris, https://dx.doi.org/10.1787/906cea2b-en. [10]

Gruère, G., M. Shigemitsu et S. Crawford (2020), « Agriculture and water policy changes: Stocktaking and alignment with OECD and G20 recommendations », *Documents de l'OCDE sur l'alimentation, l'agriculture et les pêcheries*, n° 144, Éditions OCDE, Paris, https://dx.doi.org/10.1787/f35e64af-en. [9]

Henderson, B. et J. Lankoski (2019), *Evaluating the environmental impacts of agriculture policies*, Documents de l'OCDE sur l'alimentation, l'agriculture et les pêcheries, n°130, Éditions OCDE, Paris, https://doi.org/10.1787/add0f27c-en. [24]

OCDE (2020), *Environment at a Glance Indicators*, Éditions OCDE, Paris, https://dx.doi.org/10.1787/ac4b8b89-en. [26]

OCDE (2020), *Financing Water Supply, Sanitation and Flood Protection: Challenges in EU Member States and Policy Options*, Études de l'OCDE sur l'eau, Éditions OCDE, Paris, https://dx.doi.org/10.1787/6893cdac-en. [19]

OCDE (2019), *Accélération anthropique du cycle de l'azote : Gérer les risques et l'incertitude*, Éditions OCDE, Paris, https://dx.doi.org/10.1787/cf7ae81b-fr. [14]

OCDE (2019), *Analyse coûts-avantages et environnement : Avancées théoriques et utilisation par les pouvoirs publics*, Éditions OCDE, Paris, https://dx.doi.org/10.1787/9789264300453-fr. [13]

OCDE (2019), *OECD Environmental Performance Reviews: Australia 2019*, Examens environnementaux de l'OCDE, Éditions OCDE, Paris, https://doi.org/10.1787/9789264310452-en. [4]

OCDE (2019), *Pharmaceutical Residues in Freshwater: Hazards and Policy Responses*, Études de l'OCDE sur l'eau, Éditions OCDE, Paris, https://dx.doi.org/10.1787/c936f42d-en. [2]

OCDE (2019), *Politiques agricoles : suivi et évaluation 2019*, Éditions OCDE, Paris, https://dx.doi.org/10.1787/f8360614-fr. [25]

OCDE (2018), *Managing the Water-Energy-Land-Food Nexus in Korea: Policies and Governance Options*, Études de l'OCDE sur l'eau, Éditions OCDE, Paris, https://dx.doi.org/10.1787/9789264306523-en. [0]

OCDE (2017), *Accession review of Lithuania in the field of environment*, http://dx.doi.org/ENV/EPOC/ACS(2017)1. [1]

OCDE (2017), *Diffuse Pollution, Degraded Waters: Emerging Policy Solutions*, Études de l'OCDE sur l'eau, Éditions OCDE, Paris, https://dx.doi.org/10.1787/9789264269064-en. [7]

OCDE (2017), *Diffuse Pollution, Degraded Waters: Emerging Policy Solutions*, Études de l'OCDE sur l'eau, Éditions OCDE, Paris, https://dx.doi.org/10.1787/9789264269064-en. [15]

OCDE (2017), *Enhancing Water Use Efficiency in Korea: Policy Issues and Recommendations*, Études de l'OCDE sur l'eau, Éditions OCDE, Paris, https://dx.doi.org/10.1787/9789264281707-en. [17]

OCDE (2017), *OECD Environmental Performance Reviews: New-Zealand 2017*, Examens environnementaux de l'OCDE, Éditions OCDE, Paris, https://doi.org/10.1787/9789264268203-en. [11]

OCDE (2015), *Water and Cities: Ensuring Sustainable Futures*, Études de l'OCDE sur l'eau, Éditions OCDE, Paris, https://dx.doi.org/10.1787/9789264230149-en. [5]

OCDE (2013), *Bénéfices liés aux investissements dans l'eau et l'assainissement : Perspectives de l'OCDE*, Études de l'OCDE sur l'eau, Éditions OCDE, Paris, https://dx.doi.org/10.1787/9789264101043-fr. [12]

OCDE (2013), *Examens environnementaux de l'OCDE : Italie 2013*, Examens environnementaux de l'OCDE, Éditions OCDE, Paris, https://dx.doi.org/10.1787/9789264186279-fr. [6]

OCDE (2012), *Perspectives de l'environnement de l'OCDE à l'horizon 2050 : Les conséquences de l'inaction*, Éditions OCDE, Paris, https://dx.doi.org/10.1787/env_outlook-2012-fr. [21]

OCDE (2012), *Perspectives de l'environnement de l'OCDE à l'horizon 2050 : Les conséquences de l'inaction*, Éditions OCDE, Paris, https://dx.doi.org/10.1787/env_outlook-2012-fr. [20]

OCDE (2009), *Faire respecter les normes environnementales : Tendances et bonnes pratiques*, Éditions OCDE, Paris, https://dx.doi.org/10.1787/9789264059887-fr. [22]

OCDE, FAO, IIASA (2020), *Towards a G20 Action Plan on Water. Background note to the G20 Saudi Presidency*. [3]

Sud, M. (2020), *Managing the Biodiversity Impacts of Fertiliser and Pesticide Use: Overview and insights from trends and policies across selected OECD countries*, n° 155, Éditions OCDE, Paris, http://www.oecd.org/officialdocuments/publicdisplaydocumentpdf/?cote=ENV/WKP(2020)2&docLanguage=En. [18]

## Notes

[1] Enquête de 2019 de l'OCDE sur les réformes des politiques agricole et de l'eau.

[2] Il s'agit par exemple de produits pharmaceutiques, de produits chimiques industriels et ménagers, de produits cosmétiques, de pesticides, de nanomatériaux de synthèse, et de leurs produits de transformation.

[3] Enquête de 2019 de l'OCDE sur les réformes des politiques agricole et de l'eau.

[4] Les ZVN sont définies comme étant les zones où la concentration en nitrates est supérieure à 50 mg/l ou bien qui sont en situation d'eutrophisation.

[5] Enquête de 2019 de l'OCDE sur les réformes des politiques agricole et de l'eau.

[6] Les méthodes employées et leurs limites sont examinées en détail in OCDE (2020[9]).

[7] Enquête de 2019 de l'OCDE sur les réformes des politiques agricole et de l'eau.

[8] Ibid.

# 5 Gérer les risques et catastrophes liés à l'eau

Ce chapitre décrit l'expérience des Adhérents en ce qui concerne la gestion des risques et catastrophes liés à l'eau dans le respect de la Recommandation du Conseil de l'OCDE sur l'eau. Il examine la façon dont s'y prennent les Adhérents pour opérer cette gestion de manière coopérative. On y trouve des exemples des mesures prises par les pays pour évaluer les risques liés à l'eau et mener des campagnes de sensibilisation à leur égard, ainsi que pour fixer et réviser les niveaux acceptables de ces risques. Le chapitre passe également en revue les mesures de prévention, d'atténuation et d'intervention en cas d'urgence. Cela inclut l'investissement dans les politiques sociales et les mécanismes financiers afin de réduire les perturbations au minimum, tout en garantissant la transparence, la responsabilité et la sensibilisation du public dans les prises de décisions. Le chapitre examine en outre les progrès accomplis au regard de la cohérence entre les politiques sectorielles. Enfin, il s'intéresse aux risques liés à l'eau associés au changement climatique pour l'agriculture et les villes.

Chaque année, les catastrophes liées à l'eau telles que les tempêtes tropicales, les inondations et les sécheresses représentent la majorité des événements entraînant des décès, détruisant des biens et affectant les moyens de subsistance (Graphique 5.1). D'après les projections, le nombre de personnes menacées passera de 1.2 milliard à 1.6 milliard au cours des 30 prochaines années (OCDE, 2019[1]). Cela représentera environ 20 % de la population mondiale. Si la majorité de ces individus vit dans des pays en développement, les actifs économiques menacés se concentrent dans les pays membres de l'OCDE.

### Graphique 5.1. Nombre de catastrophes liées et non liées à l'eau dans les pays de l'OCDE

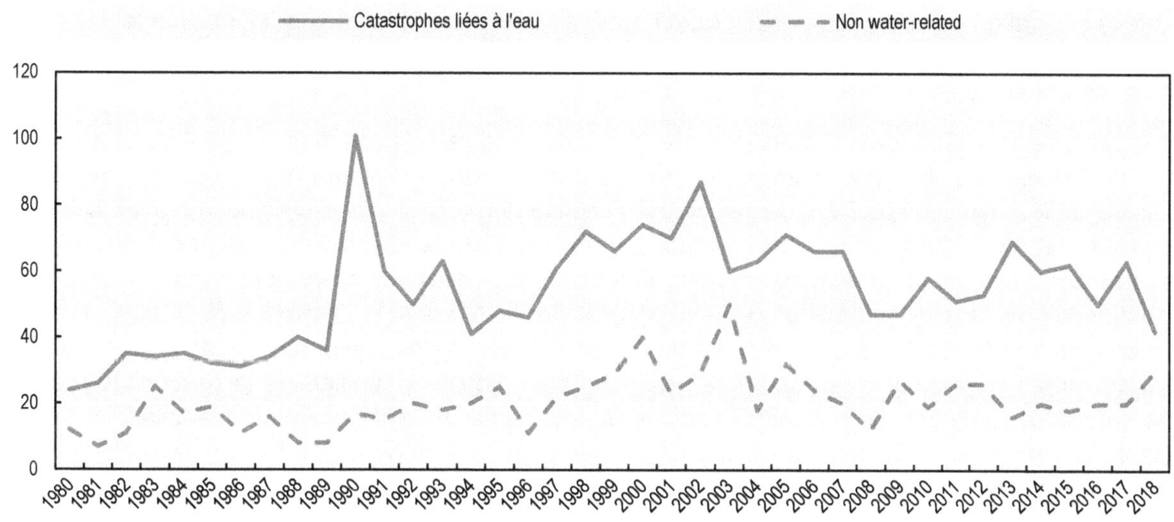


Source : EM-DAT ; The OFDA/CRED International Disaster Database, - Université catholique de Louvain (UCL) - CRED, D. Guha-Sapir - www.emdat.be, Bruxelles, Belgique.

La Recommandation invite les Adhérents à gérer « les risques et catastrophes liés à l'eau de manière coopérative, à adopter et à réexaminer régulièrement une politique de gestion des risques liés à l'eau qui s'inscrive dans une approche multi-aléas de la gouvernance des risques au niveau national » (OCDE, 2016[2]). Les Adhérents se préparent de mieux en mieux aux catastrophes liées à l'eau en investissant dans l'évaluation des risques, la sensibilisation, les mesures de prévention et d'atténuation et les capacités d'intervention en cas d'urgence. Pour les Adhérents membres de l'**Union européenne**, nombre de ces mesures étaient déjà prioritaires en vertu de la mise en œuvre nationale de la directive européenne Inondation, en vigueur depuis 2007. Les autres Adhérents se sont dotés de cadres nationaux de gestion des risques, qui traitent et prennent en compte tous les aspects de la gestion des risques liés à l'eau. Un tour d'horizon des tendances récentes en matière de catastrophes liées à l'eau confirme la nécessité pour les Adhérents de poursuivre et, dans certains cas, d'intensifier ces efforts.

## 5.1. Gérer les risques et les catastrophes liés à l'eau de manière coopérative

La coopération dans le domaine de la gestion des risques et des catastrophes liés à l'eau est essentielle en ce que les bassins versants ignorent fréquemment les frontières nationales. Les pays voisins partagent de plus en plus les risques et obstacles liés à la gestion des inondations sur un même bassin versant. L'enquête de mise en œuvre menée en 2019 par l'OCDE fait apparaître que parmi les répondants, une grande majorité d'Adhérents met en commun des données de suivi et des informations sur les niveaux, les débits et la qualité de l'eau de manière à cartographier et prévoir les risques transfrontières. Un nombre plus restreint de pays mutualisent leurs plans de gestion des eaux ou établissent des procédures et des exercices d'urgence communs. Certains Adhérents vont même jusqu'à cofinancer des mesures structurelles de réduction des risques. Les autres formes de coopération recouvrent les conventions bilatérales et les plateformes d'échange relatives aux urgences dans le domaine de la pollution maritime.

L'expérience, en particulier en Europe, montre de bonnes pratiques s'agissant de la coopération pour la gestion des risques et des catastrophes liés à l'eau. Par exemple, la Convention pour la protection du Rhin fixe un cadre international de coopération entre l'Allemagne, la France, le Luxembourg, les Pays-Bas, la Suisse et l'Union européenne et prévoit notamment des mesures communes de prévention et de protection contre les inondations. Le plus souvent, les parties à la Convention partagent des informations relatives aux actions mises en œuvre sur leur territoire pour protéger le Rhin. En cas d'incident ou d'accident dont les effets pourraient présenter un risque pour la qualité de l'eau ou en cas de crue imminente, les parties intéressées informent la Commission et les Parties contractantes susceptibles d'être affectées, conformément aux plans d'avertissement et d'alerte.

Les États-Unis et le Canada ont passé de nombreux accords relatifs à la gestion de l'eau. En vertu du Traité du fleuve Columbia, par exemple, le Canada a dû construire trois barrages hydroélectriques. En contrepartie, le pays a perçu 50 % de l'électricité produite ainsi qu'un paiement pour les avantages dont bénéficient les États-Unis grâce à un meilleur contrôle des crues. De même, l'eau constitue l'un des éléments déterminants de la relation entre les États-Unis et le Mexique étant donné que ces deux pays disposent de trois bassins hydrographiques communs – le Rio Grande, le Colorado et le Tijuana. Bien que cette coopération s'articule en grande partie autour de l'allocation des ressources en eau, la construction d'infrastructures et la qualité de l'eau, une approche plus globale et unifiée de la gestion de l'eau est apparue plus récemment, en particulier pour ce qui concerne la santé environnementale des bassins versants.

De manière générale, la coopération est entravée par les nombreuses couches juridictionnelles et la diversité de mesures sur les risques liés à l'eau. Néanmoins, cette coopération donne lieu à des synergies qui offrent des occasions uniques de renforcer l'efficacité et l'efficience des plans et des programmes.

## 5.2. Évaluation des risques

Étant donné l'incertitude inhérente à la localisation géographique et temporelle, à la gravité et aux conséquences des risques liés à l'eau, les Adhérents à la Recommandation doivent investir dans « *l'évaluation des risques pour faciliter la hiérarchisation des priorités ayant trait à la réduction des risques de catastrophe, aux capacités de gestion des situations d'urgence et à l'élaboration de stratégies de protection financière (qui sont utilisées pour gérer les conséquences financières des catastrophes, assurent la bonne capacité à gérer et atténuer les coûts du risque de catastrophe, et donc réduisent la charge financière et le coût économique des catastrophes et facilitent un retour plus rapide de l'activité économique). En fonction des enjeux, l'évaluation des risques pourrait tenir compte des réponses privées (adaptation) au risque et des réactions aux catastrophes (réponse)* ».

Les Adhérents utilisent les évaluations des risques pour assoir scientifiquement tout un éventail de décisions publiques consistant notamment à déterminer où établir de nouvelles communautés ou élargir les communautés existantes ; à prioriser les communautés à protéger dans les zones inondables et celles devant être relogées ; à repérer les propriétaires particuliers devant être informés de leur exposition et leur proposer des programmes spécialement conçus pour renforcer leur résistance et leur résilience ; encourager le développement de systèmes de détection, de prévision et d'alerte dans le domaine des inondations ; élaborer des plans d'urgence et de reprise ; et chiffrer les dégâts possibles de manière à concevoir des programmes d'assurance permettant de répartir les risques et d'accélérer le retour à la normale (OCDE, 2018[3]).

La majorité des répondants ont pris de multiples mesures afin d'améliorer l'exactitude, la comparabilité et l'utilité des évaluations infranationales des risques liés à l'eau. Le Graphique 5.2 montre qu'ils sont 85 % à avoir mis en place des directives et des normes pour évaluer les risques liés à l'eau. Par ailleurs, 78 % d'entre eux ont entrepris de cartographier ces risques. En **Suisse**, la loi fédérale impose aux cantons et aux collectivités d'établir des cartes de dangers pour toute une palette de risques naturels, y compris les inondations (OCDE, 2018[3]). Les Adhérents recourent à la cartographie pour de nombreuses raisons, notamment pour déterminer quelles sont les infrastructures liées à l'eau et les services publics exposés à des risques d'inondation. Au **Royaume-Uni**, plus de 55 % des stations de pompage ou de traitement des eaux usées se situent dans des zones inondables, dont 34 % présentent un risque élevé. Parmi les bonnes pratiques relevées, le **Portugal** a réalisé un exercice de cartographie des zones à risque et vulnérables tenant compte de l'impact potentiel des divers scénarios de changement climatique.

### Graphique 5.2. Mesures prises pour évaluer les risques liés à l'eau

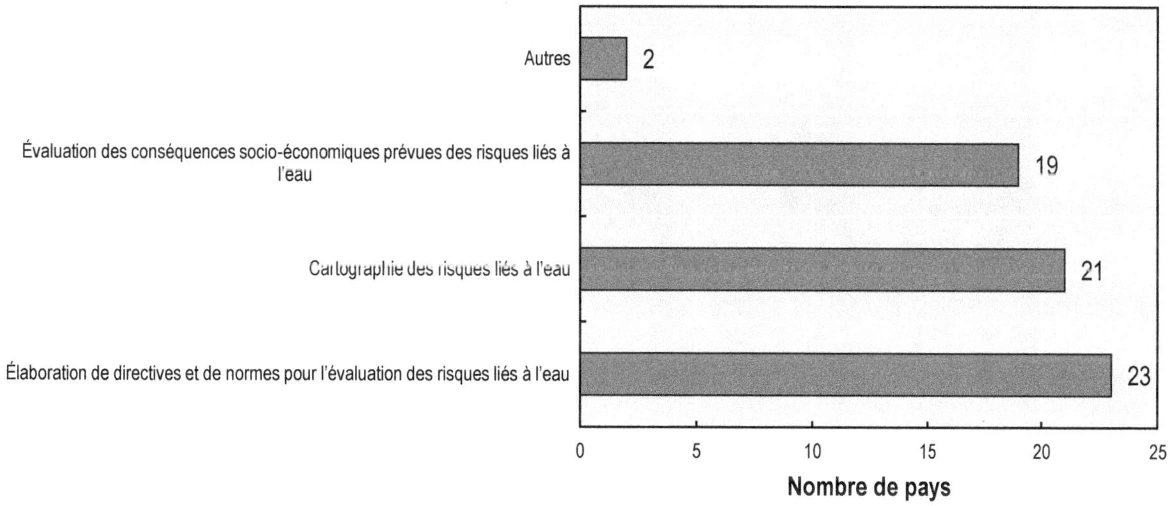


Note : Réponses à la question : « Quelles mesures ont été prises pour évaluer les risques à l'eau ? Des réponses multiples étaient admises.
Source : Enquête de 2019 relative à la mise en œuvre de la Recommandation du Conseil de l'OCDE sur l'eau ; 27 réponses reçues, dont 26 de la part d'Adhérents.

En effet, les risques d'inondation vont probablement s'intensifier pour de nombreux Adhérents du fait du changement climatique et de la poursuite du développement des zones exposées aux dangers. Au total, 70 % des répondants ont évalué les conséquences socio-économiques des risques liés à l'eau. En Angleterre, le montant des dégats annuels au niveau de l'habitat résidentiel et non résidentiel exposé aux risques d'inondation fluviale et maritime – y compris les hôpitaux et les écoles – est estimé à plus de 1.2 milliard USD. Au **Royaume-Uni**, l'évaluation nationale des risques d'inondation montre que 2.4 millions de constructions sont exposées à des risques d'inondation fluviale et maritime, et qu'elles sont plus particulièrement menacées par les eaux de surface (UK Environment Agency, 2009[4]).

Le Graphique 5.3 indique qu'un grand nombre de répondants procède à des évaluations des risques au niveau des bassins versants et à l'échelle locale pour ce qui concerne les inondations fluviales et la pollution de l'eau. Cette observation traduit la fréquence relativement élevée des inondations fluviales par rapport aux inondations côtières ainsi que le risque que la pollution de l'eau potable fait peser sur la santé publique au quotidien. Les impacts économiques et environnementaux des inondations côtières ne doivent cependant pas être négligés. Au niveau des côtes, les concentrations de population, les infrastructures commerciales, le tourisme et les industries pétrochimiques soulignent à quel point il importe de réaliser des évaluations des risques dans ces régions. Étonnamment, certains pays côtiers adhérant à la Recommandation indiquent ne pas conduire ce type d'évaluations.

## Graphique 5.3. Problématiques couvertes par les évaluations des risques à l'échelle locale/des bassins versants

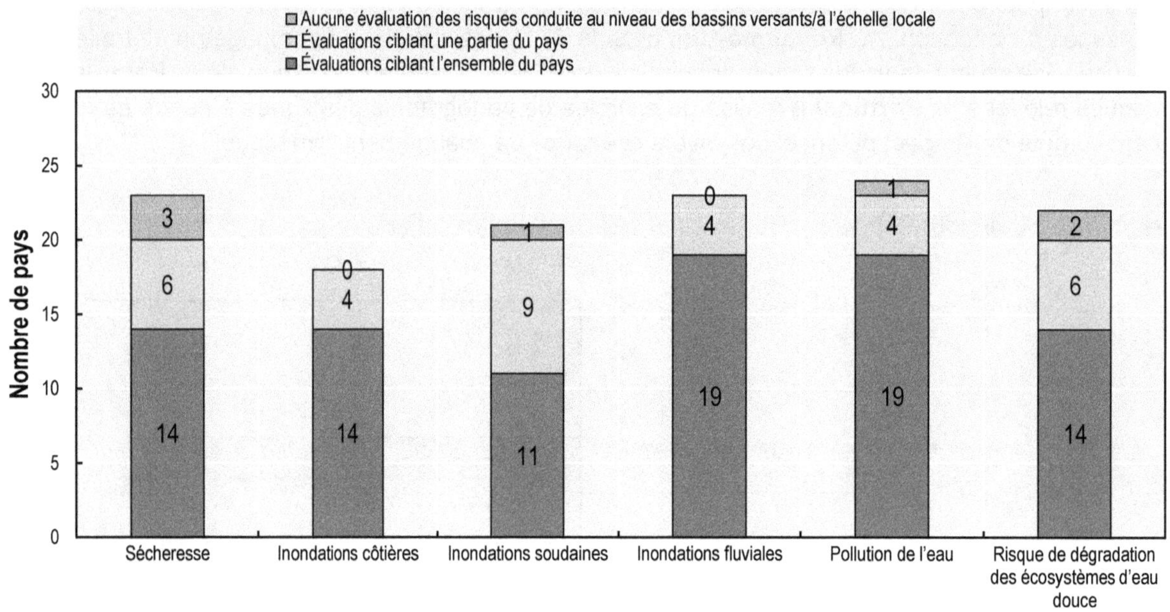


Note : Réponses à la question : « Quelles sont les problématiques couvertes par les évaluations des risques à l'échelle locale/des bassins versants ? ».

Source : Enquête de 2019 relative à la mise en œuvre de la Recommandation du Conseil de l'OCDE sur l'eau ; 27 réponses reçues, dont 26 de la part d'Adhérents.

Diverses institutions réalisent les évaluations de différents risques liés à l'eau. Pour la plupart des Adhérents, les dangers hydrométéorologiques tels que les ouragans, les typhons et les inondations fluviales ne sont pas suivis par les services chargés des risques liés à la qualité de l'eau. Certains pays, comme le **Japon** et la **Finlande**, disposent d'entités publiques qui évaluent l'ensemble des risques liés à l'eau. En Irlande, le service météorologique Met Éireann, qui dépend du ministère du Logement, de l'Urbanisme et des Collectivités locales (Department of Housing, Planning and Local Government – DHPLG), travaille avec l'Office des travaux publics (Office of Public Works – OPW), agence responsable de la gestion des risques liés aux inondations, à l'élaboration d'un Service national de prévision et d'alerte en cas d'inondation, qui sera chargé de prévoir les inondations fluviales et côtières, tandis que le DHPLG coordonnera les mesures prises en cas d'inondations plus conséquentes. La diversité des responsabilités des risques liés à l'eau, y compris au sein d'une même institution, peut donner lieu à un cloisonnement des analyses. Une bonne pratique pourrait être, pour les pouvoirs publics, de mettre en place des approches unifiées tenant compte du fait qu'une catégorie de risques liés à l'eau, comme les inondations côtières ou fluviales, peut entraîner d'autres types de risques, tels que la pollution de l'eau. La plupart des Adhérents recourent désormais à des « évaluations nationales des risques » multi-aléas afin de promouvoir une démarche pangouvernementale et coordonnée pour définir un enchaînement chronologique entre divers types d'événements. Plusieurs d'entre eux utilisent ces outils pour prioriser leurs investissements dans la réduction des risques de catastrophe (OCDE, 2018[3]).

### *5.2.1. Stratégies de protection financière*

L'évaluation des risques a pour fonction essentielle d'orienter la conception des stratégies de protection financière contre les risques liés à l'eau. Les assureurs privés couvrent aussi bien les dégâts causés par les inondations que la responsabilité en cas de pollution de l'eau. Dans la plupart des pays adhérents, les polices d'assurance classiques comportent une garantie optionnelle contre les inondations en tant que risque unique ou bien en association avec d'autres risques de catastrophe. Au **Japon** et en **Turquie**, par exemple, les polices d'assurance habitation classiques couvrent les inondations. En **Suisse**, dans 22 cantons, l'habitat résidentiel et les immeubles commerciaux doivent impérativement être assurés. Au **Canada** et aux **Pays-Bas**, les assureurs ne proposent des garanties contre les inondations à destination de l'habitat résidentiel que depuis peu (OCDE, 2016[5]).

Dans certains pays adhérents, le secteur public soutient financièrement la couverture assurantielle du risque d'inondation, soit en tant qu'assureur direct, soit en tant que réassureur. En France, la Caisse centrale de réassurance (CCR) réassure l'ensemble des risques de catastrophe à hauteur de 50 % maximum. En Espagne, le Consorcio de Compensación de Seguros (CCS) [1] couvre directement le risque d'inondation (et les autres risques de catastrophe) dans le cadre d'une extension obligatoire des contrats d'assurance habitation, d'assurance vie et d'assurance accident proposées par les compagnies privées, ce qui permet aux ménages espagnols de bénéficier d'un niveau de garantie relativement élevé contre les inondations. En Europe, le CCS constitue un exemple de bonne gestion des risques de catastrophe, qui permet aux autorités publiques responsables de la gestion des risques d'inondation de coopérer étroitement. En Corée, un dispositif public (opéré par un assureur privé) assure le parc résidentiel contre les risques de tempête et d'inondation. Aux États-Unis, enfin, le Programme national d'assurance contre les inondations (National Flood Insurance Program – NFIP) propose une couverture directe contre les inondations (OCDE, 2016[5]).

Les mesures d'indemnisation, d'assurance et de lissage des revenus visant à aider les agriculteurs à faire face aux sécheresses peuvent aussi différer grandement selon les pays, comme le révèle la comparaison de l'**Australie**, du **Canada** et de la **France** (OCDE, 2016[6]). Le **Canada** dispose d'instruments de gestion des risques qui indemnisent les agriculteurs en cas de réduction de leurs marges en fonction des récoltes passées et quelle que soit l'origine des pertes, y compris lorsqu'elles sont dues à la sécheresse. Le pays s'est également doté d'un programme d'assurance multirisque qui compense la baisse de rendement causée par les sécheresses. La **France** possède quant à elle un système d'assurance subventionné qui indemnise les agriculteurs en cas de perte de rendement due à tout un éventail de phénomènes climatiques, dont les sécheresses. Lorsqu'elle est disponible, l'assurance permet de mutualiser et de transférer les risques en cas de sécheresse, mais uniquement pour les agriculteurs dépendant des précipitations (cultures non irriguées). Aucun des trois pays précités ne prévoit d'indemnisation en cas de pénurie d'eau. Au Canada, en France et, dans une certaine mesure, en **Australie**, la panoplie d'outils de gestion des risques comprend également des instruments de lissage des revenus dans le temps. Cependant, la conception, le dosage et le degré de soutien public accordé à ces instruments de lissage varient considérablement selon les pays : subventionnement ex ante de la constitution d'une épargne de précaution pour la gestion des risques (**Canada**, **France**) ; dispositifs d'échelonnage de l'impôt sur le revenu assortis ou non de subventions (**Australie**, **Canada**, **France**) ; ou subventionnement ex post des taux d'intérêt pour le refinancement des exploitations agricoles en cas de catastrophe naturelle (**Australie**, **France**) (OCDE, 2016[6]).

## 5.3. Sensibilisation aux risques

La Recommandation appelle les Adhérents à investir dans *« la sensibilisation des populations, des communautés et des entreprises exposées ou affectées »*. Le Graphique 5.4 montre que tous les répondants considèrent que les mesures de sensibilisation aux risques liés à l'eau doivent cibler la population dans son ensemble.

### Graphique 5.4. Mesures de sensibilisation aux risques liés à l'eau

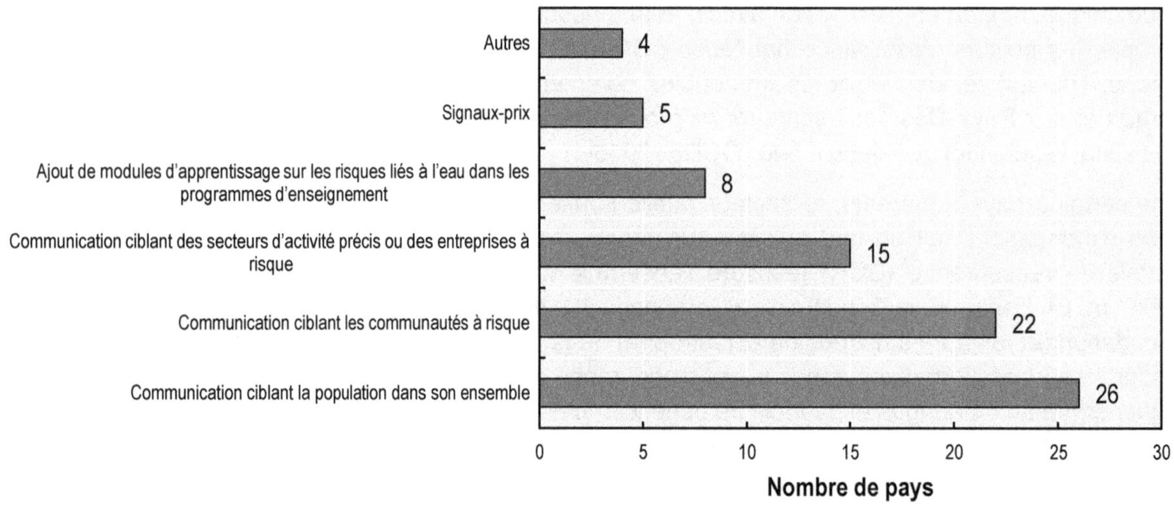


Note : Réponses à la question : « Quelles mesures votre pays a-t-il prises pour sensibiliser la population aux risques liés à l'eau ? ». Des réponses multiples étaient admises.
Source : Enquête de 2019 relative à la mise en œuvre de la Recommandation du Conseil de l'OCDE sur l'eau ; 27 réponses reçues, dont 26 de la part d'Adhérents.

D'après les résultats de l'Enquête de 2019 relative à la mise en œuvre de la Recommandation du Conseil de l'OCDE sur l'eau, presque tous les Adhérents ayant pris part à l'enquête mènent des campagnes de communication sur les risques à destination des populations exposées, tandis que 56 % ciblent les secteurs d'activité ou les entreprises à risque de manière à réduire les éventuelles perturbations au minimum. À l'inverse, seulement 30 % des répondants prévoient des modules d'apprentissage sur les risques liés à l'eau dans les programmes d'enseignement. Cette pratique est suivie en **Autriche**, en **Irlande**, en **République slovaque** et en **Corée**. Les signaux-prix, tels que les redevances de prélèvement reflétant les risques de pénurie d'eau, sont mis en œuvre par moins de 20 % des Adhérents.

Divers types de campagnes de sensibilisation aux risques d'inondation sont mises en œuvre pour mieux faire concorder la perception des risques et les connaissances scientifiques actuelles. Ainsi, au **Royaume-Uni**, tous les citoyens peuvent recevoir par courriel l'historique d'inondation de leur lieu de résidence tiré des archives de l'Agence pour l'environnement. Ce service est gratuit sous réserve que les données soient rassemblées en moins de 18 heures. Par ailleurs, le pays travaille à ce que les connaissances scientifiques soient plus accessibles au grand public. En **France**, des jeux interactifs ainsi que des présentations culturelles et historiques sont organisés dans le cadre de festivals sur la thématique des rivières réunissant des dizaines de milliers de participants afin d'informer le public sur les risques d'inondation (OCDE, 2014[7]).

La fourniture de cartes des zones inondables aux résidents et aux entreprises exposés constitue une bonne pratique à mettre en œuvre pour sensibiliser la population aux risques liés à l'eau. Pourtant, seulement 66 % des Adhérents ont déclaré mettre ce type de cartes à la disposition du public (OCDE, 2016[8]). Dans certains cas, les informations relatives à l'exposition aux risques naturels ne sont pas divulguées pour éviter la volatilité des marchés de l'immobilier. Au **Japon**, les municipalités veillent à ce que les ménages reçoivent en main propre des cartes des zones inondables indiquant comment rejoindre des zones d'évacuation préalablement définies (OCDE, 2009[9]).

D'après le Graphique 5.5, les Adhérents ont généralement pour bonne pratique de faire de la communication des risques une responsabilité partagée. À l'échelle des pays, les pouvoirs publics communiquent autour des risques d'importance nationale, tandis que les autorités locales adaptent leurs messages en fonction de la situation sur le terrain. Aux **Pays-Bas**[2], par exemple, le Profil national de risque est un document public visant à une meilleure compréhension de tous les risques et menaces, dont les risques liés à l'eau et notamment les inondations fluviales et côtières, les phénomènes météorologiques extrêmes et la sécheresse. L'État, l'Office des eaux et le plan Delta ont pour responsabilité commune d'informer les citoyens à propos des risques d'inondation dans les zones où ils vivent et travaillent. Un outil en ligne permet aux utilisateurs d'entrer un code postal pour visualiser leur niveau d'exposition au risque d'inondation.

Les Adhérents continuent de distribuer des brochures d'information à la population afin de communiquer autour des risques locaux. En **France**, par exemple, les municipalités concernées par un plan de prévention du risque inondation (PPRi) sont tenues de diffuser un document d'information communal sur les risques majeurs (DICRIM) comprenant une carte locale des risques ainsi que des mesures de sûreté à destination des exploitants d'infrastructures publiques sensibles et de la population (Ferrer, 2018[10]).

## Graphique 5.5. Acteurs responsables de la communication des risques

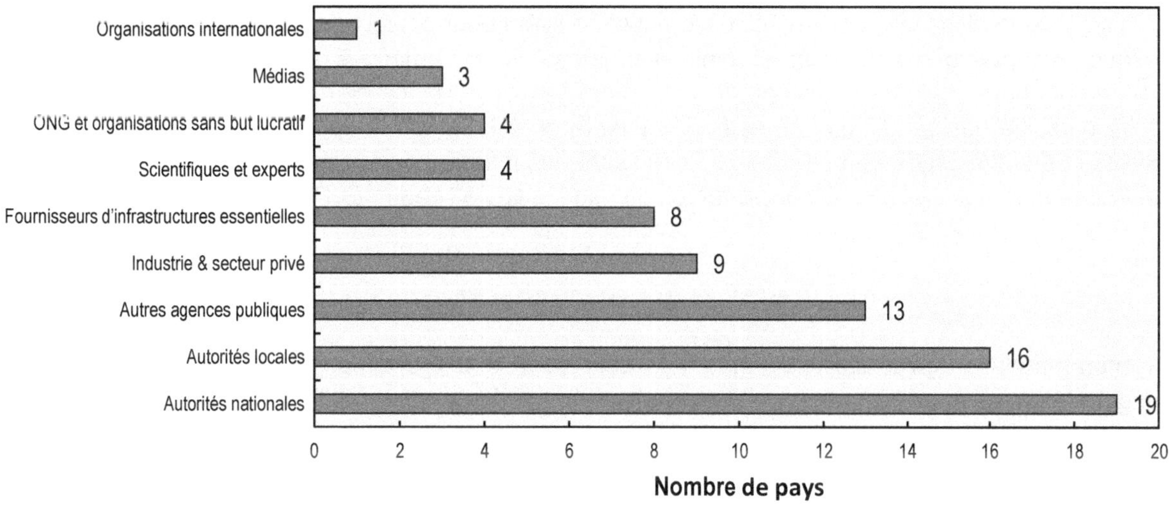


Note : Nombre total de pays répondants : 19/19
Source : Questionnaire de l'OCDE sur les politiques et les pratiques en matière de communication des risques, 2015

Si, dans les pays adhérents, la communication des risques relève d'une responsabilité partagée entre les autorités nationales et infranationales, moins de 50 % d'entre eux s'appuient sur le secteur privé et les organisations de la société civile (OCDE, 2016[8]) pour sensibiliser la population aux risques liés à l'eau. Des efforts supplémentaires doivent encore être réalisés dans la plupart de ces pays afin que la communication des risques s'inscrive dans une démarche sociétale globale.

## 5.4. Fixer et réviser régulièrement des niveaux acceptables de risques liés à l'eau

La Recommandation encourage les Adhérents à œuvrer pour « la fixation et la révision régulière des niveaux acceptables de risques liés à l'eau, reflétant les valeurs pour la société ».

Les objectifs relatifs à la réduction des risques varient selon les usages de l'eau. Par exemple, les grands barrages doivent être conçus pour résister à une crue milléniale ou au niveau maximal de crue. Les habitations et routes principales doivent pouvoir résister à une crue centennale, tandis que les routes secondaires et les installations de loisirs peuvent être conçues pour résister uniquement à une crue décennale. Étonnamment, la ville de New York n'est protégée que contre les crues centennales, tandis que d'autres agglomérations comme Londres, Shanghai ou Amsterdam sont toutes protégées contre les crues millénales (Amsterdam est même conçue pour résister aux crues décamillénales).

De même, s'agissant des approvisionnements en eau, la fourniture de l'eau potable urbaine doit être assurée de manière à répondre à la demande 95 % du temps, et cette eau ne doit pas être vectrice de maladies pour l'homme 99 % du temps ; tandis que la demande d'eau d'irrigation de haute qualité destinée à l'horticulture permanente peut n'être satisfaite que 90 % du temps en répondant à des critères de qualité inférieurs, s'agissant du niveau de salinité notamment ; enfin les approvisionnements en eau de faible qualité destinée aux cultures annuelles et au pâturage ne sont tenus de satisfaire la demande que 50 % du temps et sont soumis à un seuil de salinité tolérable plus élevé.

Les exigences environnementales liées à l'eau peuvent également être traduites sous la forme d'un pourcentage. Par exemple, les forêts alluviales de gommiers rouges que l'on rencontre en **Australie** au bord du fleuve Murray nécessitent d'être inondées pendant au moins un mois 70 % des années, tandis que les écosystèmes forestiers alluviaux plus secs nécessitent d'être inondés pendant au moins deux mois ou plus que 25 % des années. Le niveau de risque acceptable (qui, dans ce cas, est un cas de pénurie pour les écosystèmes nécessitant d'être périodiquement inondés) varie donc selon les usages.

Aux Pays-Bas, le plan Delta est une initiative publique ayant pour objectif de définir à quel niveau se situe le risque acceptable d'inondation et d'aiguiller les décisions relatives aux investissements et aux financements pour atteindre ce niveau de protection. La gouvernance de ce programme montre l'intérêt de faire participer les parties prenantes pour définir le niveau de risque acceptable (voir chapitre 6). Les analyses coûts-avantages et multicritères fournissent des informations utiles pour évaluer les risques de catastrophe et définir des niveaux acceptables de risques liés à l'eau (HELP, 2019[11]).

## 5.5. Mesures de prévention et d'atténuation des risques

La Recommandation invite les Adhérents à investir dans « la prévention et l'atténuation des risques, conjuguant des mesures de protection structurelles (ouvrages de génie civil qui réduisent à titre préventif l'exposition au risque en protégeant des actifs ou des populations, ou qui endiguent la variabilité des phénomènes naturels) et des mesures non structurelles visant à prévenir et réduire les risques (y compris par le recours à des solutions fondées sur les écosystèmes et les infrastructures vertes, s'il y a lieu) ainsi que, lorsque le besoin s'en fait sentir, des incitations et des outils favorisant l'adoption de mesures privées d'autoprotection et de renforcement de la résilience ».

Le Graphique 5.6 indique que 85 % des répondants investissent dans des dispositifs structurels tels que les digues, les barrages et les voies navigables qui protègent les populations vivant à proximité de cours d'eau ou des côtes, et que les investissements publics prévalent toujours sur les investissements privés. Les partenariats public-privé se révèlent parfois pertinents, lorsque les partenaires mutualisent les risques et les possibles retombées financières de manière équitable et adéquate. La barrière de la Tamise (**Royaume-Uni**) constitue un bon exemple de partenariat public-privé finançant des infrastructures de protection contre les marées de tempête et les grandes marées. La barrière de la Tamise protège des inondations 1.3 million de personnes, 330 milliards USD de constructions et d'infrastructures ainsi que de hauts lieux historiques et culturels.

Graphique 5.6. Mesures de prévention et d'atténuation prises pour réduire les risques liés à l'eau

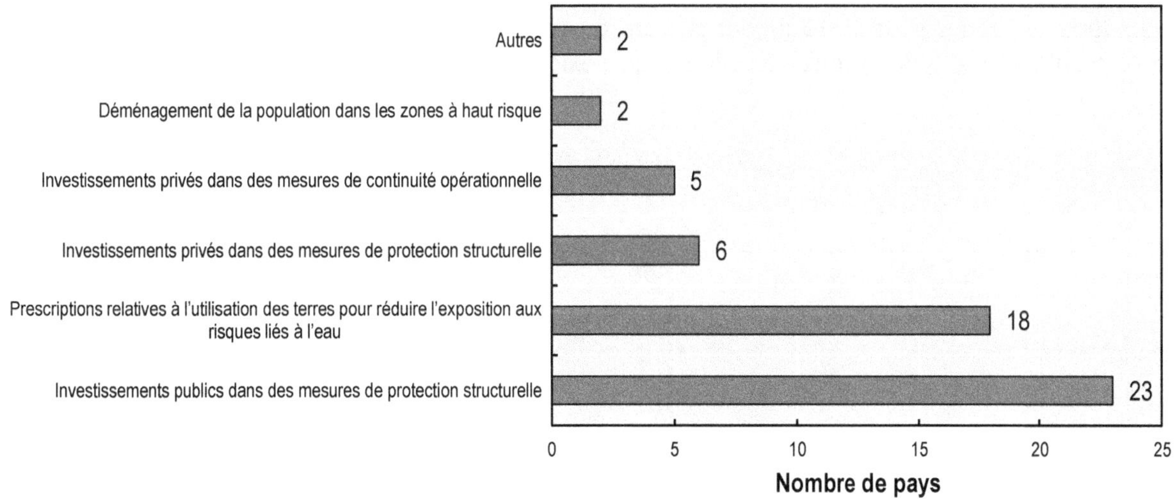


Note : Réponses à la question : « Quelles mesures de prévention et d'atténuation votre pays a-t-il prises pour réduire les risques liés à l'eau ? ». Des réponses multiples étaient admises.
Source : Enquête de 2019 relative à la mise en œuvre de la Recommandation du Conseil de l'OCDE sur l'eau ; 27 réponses reçues, dont 26 de la part d'Adhérents.

Dans la gestion des inondations, les approches écosystémiques – telles que la remise en état des bassins versants en amont ou le développement des espaces verts en ville – peuvent venir compléter voire, dans certains cas, remplacer les mesures de protection structurelles. De plus en plus de pays de l'OCDE encouragent ces approches pour gérer les risques d'inondation (voir Encadré 5.1). Certains d'entre eux ont adopté des mesures de soutien financier pour favoriser leur adoption. Aux **États-Unis**, le Corps du génie de l'armée de terre a simplifié la procédure d'octroi de permis relatifs à l'utilisation des espaces naturels côtiers comme zones tampon de façon à encourager cette mesure et gommer l'avantage comparatif dont disposaient les projets d'infrastructures matérielles, pour lesquels les permis sont délivrés plus rapidement (OCDE, 2019[12]). En **Europe**, le programme-cadre de recherche et d'innovation de l'UE Horizon 2020 a dédié environ 185 millions EUR à la recherche ainsi qu'à des applications pilotes entre 2014 et 2020 (Parlement européen, 2017[13]).

### Encadré 5.1. Utiliser des approches écosystémiques pour gérer les risques liés à l'eau

Les pays engrangent de l'expérience dans l'utilisation d'approches écosystémiques pour gérer les risques liés à l'eau. La grande majorité des répondants à l'enquête de 2019 relative à la mise en œuvre de la Recommandation du Conseil de l'OCDE sur l'eau confirment que leurs pays intègrent des approches écosystémiques dans leurs stratégies nationales de gestion de l'eau. La recherche, comme le retour d'expérience des premiers projets mis en œuvre, prouvent les multiples avantages des approches écosystémiques. Par exemple, la protection des marais côtiers peut rendre des services écosystémiques en réduisant le volume des crues, en piégeant le carbone et les éléments nutritifs, en entretenant la qualité de l'eau et en offrant un habitat aux poissons, aux coquillages et crustacés ainsi qu'à la faune et à la flore sauvages. Les toits végétalisés et les parcs urbains peuvent quant à eux être utilisés pour absorber l'eau de crue et faire baisser la température tout en offrant un espace de loisirs et en améliorant le bien-être.

Bien que les approches écosystémiques soient mises en avant dans les stratégies de gestion de l'eau, la plupart des initiatives menées sur le terrain ne le sont que dans le cadre de projets pilotes et à petite échelle (à l'exception du programme « Plus d'espace pour le fleuve » aux **Pays-Bas**). Seuls deux répondants à l'enquête de 2019 jugent la mise en œuvre actuelle des approches écosystémiques absolument adéquate, tandis que 17 estiment qu'il existe une marge de progression (Graphique 5.7).

### Graphique 5.7. Niveau de sensibilisation, capacités techniques et mise en œuvre de solutions naturelles

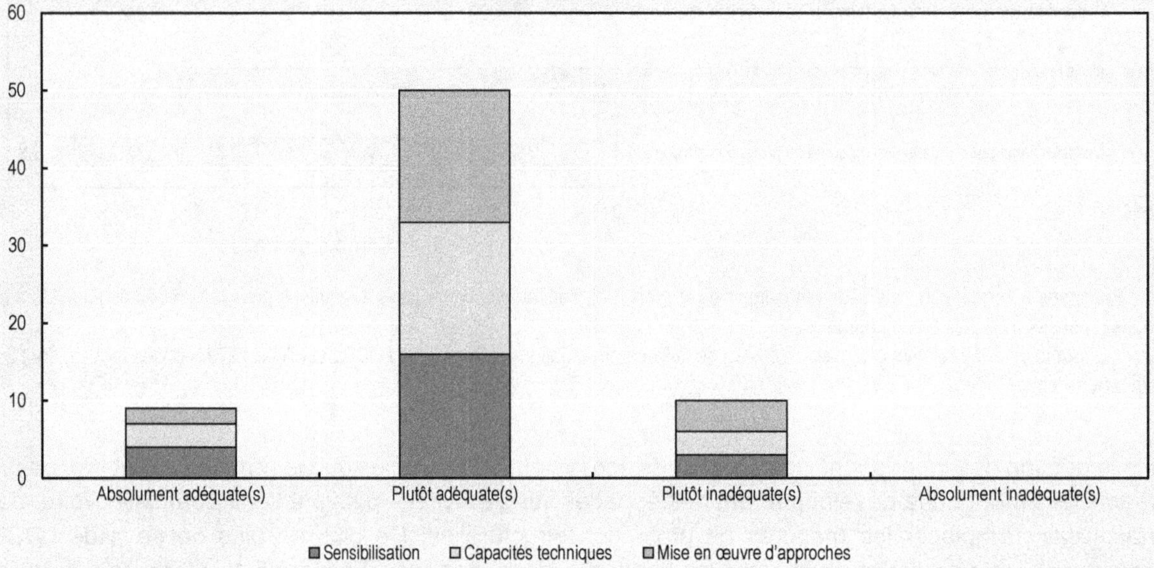


Note : Réponse à la question « Dans quelle mesure les éléments suivants liés aux approches écosystémiques de la gestion de l'eau dans votre pays/bassin versant sont-ils adéquats ? ». Des réponses multiples étaient admises.
Source : Enquête de 2019 relative à la mise en œuvre de la Recommandation du Conseil de l'OCDE sur l'eau ; 27 réponses reçues, dont 26 de la part d'Adhérents.

Au total, 70 % des répondants affirment avoir fait des plans d'occupation des sols un outil d'aménagement de l'espace permettant de renforcer la résilience socio-économique face aux risques liés à l'eau. Plusieurs Adhérents ont pour bonne pratique de classer diverses catégories de constructions et d'utilisations en fonction de leur vulnérabilité face aux inondations. Ainsi, plus la valeur économique d'une construction ou d'une utilisation – comme les infrastructures liées aux transports, à la communication ou à l'énergie – est élevée, moins le risque d'inondation devra être élevé dans la zone où se situent ces équipements. Un aménagement de l'espace inadéquat peut avoir d'importantes conséquences socio-économiques. Aux **États-Unis**, par exemple, 38 % des demandes d'indemnisation déposées entre 1978 et 2004 à la suite d'inondations concernaient des constructions à haut risque (OCDE, 2016[5]).

Comme indiqué dans le Graphique 5.6, faire déménager les populations installées dans les zones à haut risque peut permettre de remédier aux conséquences des décisions d'aménagement de l'espace prises par le passé. Après le passage de l'ouragan Sandy, l'État de New York a lancé un programme de rachat immobilier visant à ce que les propriétaires puissent vendre leurs biens au prix du marché d'avant la catastrophe. Afin d'empêcher la détérioration des biens situés au sein d'un ensemble, le programme accordait une majoration de 10 % aux résidents qui acceptaient de s'engager collectivement dans le dispositif. En Australie, un programme volontaire d'échange de terrains a permis aux habitants de la ville de Grantham d'être relogés à une plus haute altitude à la suite de l'inondation soudaine meurtrière de 2011 (OCDE, 2016[5]).

Un nombre relativement faible d'Adhérents fait état de programmes soutenus par l'État visant à promouvoir l'investissement privé dans des mesures de continuité opérationnelle face aux risques liés à l'eau. Quelques exemples pertinents peuvent cependant être cités, à l'image d'un programme mené à l'échelle du bassin de la Loire, en France, pour proposer aux entreprises de réaliser un diagnostic de vulnérabilité face aux inondations (OCDE, 2017[14]).

Concernant le secteur agricole, 28 pays adhérents déclarent avoir mis en place des dispositifs de gestion des risques d'inondation reposant sur un ensemble de mesures d'atténuation et d'adaptation. Par exemple, la **Colombie**, le **Costa Rica**, l'**Espagne**, l'**Estonie**, l'**Italie**, la **Lettonie**, la **Nouvelle-Zélande**, la **Norvège** et le **Portugal** se sont dotés de cadres nationaux de gestion des risques spécifiques aux inondations, qui comprennent des plans pour le secteur agricole. D'autres pays recourent à des outils de gestion des inondations différents, comme les cartes des zones inondables (**Japon** et **Pologne**) et les systèmes d'alerte (**Corée**, **Japon** et **Turquie**). La **France** et le **Japon** utilisent les terres agricoles ou les rizières pour stocker l'eau ou ralentir sa progression et ainsi atténuer les risques d'inondation dans les zones urbaines.

Les risques d'inondation sont également traités indirectement par les politiques agricoles et de l'eau poursuivant d'autres objectifs. Par exemple, le **Mexique**, la **Pologne** et le **Portugal** soutiennent le boisement et la remise en état des zones humides pour ralentir la progression de l'eau dans les terres agricoles, ce contribue à réduire les risques d'inondation. La **Finlande**, la **Hongrie** et la **Suède** soutiennent quant à elles les zones humides, ce qui participe aussi indirectement à l'atténuation des inondations. Enfin, les programmes de lutte contre l'érosion et le ruissellement en vigueur en **République tchèque** et en **Norvège** visent également à faire baisser le risque d'inondations.

Au total, 24 Adhérents recourent à des paiements pour aider les agriculteurs à se préparer aux sécheresses et à réduire leurs impacts. Certains programmes encouragent les pratiques qui contribuent à limiter l'érosion et à retenir l'humidité dans le sol, les réservoirs et dispositifs d'irrigation qui conservent l'eau, et les services de vulgarisation agricole ainsi que les programmes de formation axés sur la préparation, l'adaptation et le retour à la normale en cas de sécheresse. Par exemple, le **Royaume-Uni** accorde des subventions pour la construction de réservoirs et les **États-Unis** encouragent les infrastructures d'irrigation, comme les technologies améliorées non agricoles d'acheminement de l'eau, pour lutter contre les problèmes de pénurie d'eau. En 2019, l'**Australie** a créé l'Autorité nationale des réseaux de distribution de l'eau (National Water Grid Authority – NWGA) afin d'instaurer un cadre national pour les investissements dans les infrastructures destinées à renforcer la sécurité et la fiabilité des approvisionnements en eau, qui seront financés via un ensemble de subventions et de prêts. À l'échelle internationale, une attention accrue est portée sur le renforcement de l'efficacité des investissements dans la réduction des risques liés aux catastrophes. Le Groupe d'experts de haut niveau sur l'eau et les catastrophes (High-level Experts and Leaders Panel on Water and Disasters – HELP) dispense des conseils pratiques en matière d'investissements et de financement dans le domaine de la réduction des risques liés aux catastrophes (HELP, 2019[11]).

## 5.6. Mesures d'intervention en cas d'urgence

La Recommandation invite les Adhérents à investir dans des « capacités d'intervention en cas d'urgence pour ce qui concerne aussi bien les dangers et menaces connus que les événements nouveaux, imprévus et complexes ».

À l'appui de l'enquête de 2019 sur la mise en œuvre de la recommandation de l'OCDE, le Graphique 5.8 montre que les répondants ont adopté diverses mesures d'intervention en cas d'urgence qui reflètent la nature pluridimensionnelle des risques liés à l'eau. Plus de 90 % des répondants ont mis en place des systèmes d'alerte précoce.

Graphique 5.8. Préparation aux situations d'urgence et mesures d'intervention face aux risques liés à l'eau

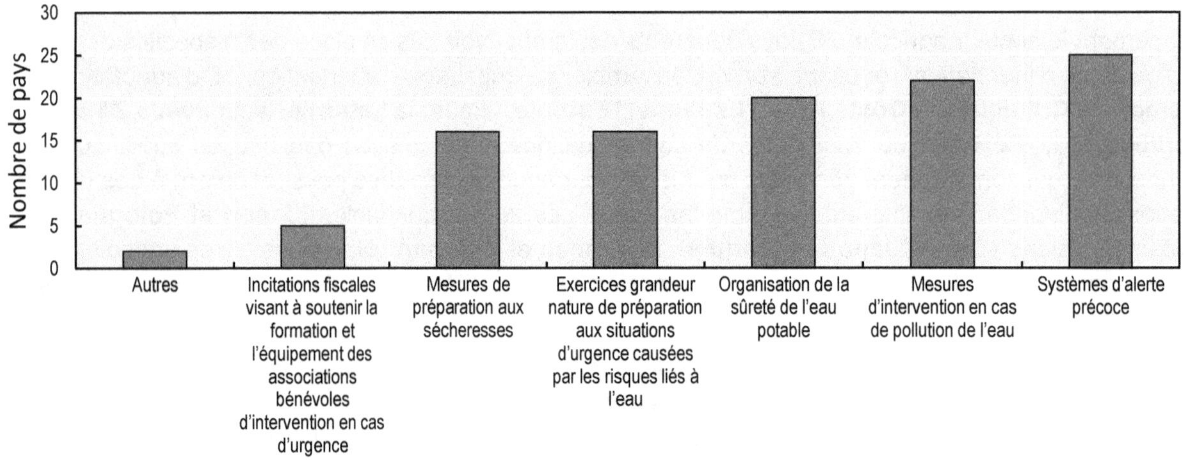


Note : Réponses à la question : « Quelles mesures d'intervention en cas d'urgence existent pour faire face aux risques liés à l'eau ? ». Des réponses multiples étaient admises.
Source : Enquête de 2019 relative à la mise en œuvre de la Recommandation du Conseil de l'OCDE sur l'eau ; 27 réponses reçues, dont 26 de la part d'Adhérents.

Les systèmes d'alerte précoce offrent un délai précieux aux individus et aux populations exposées pour prendre des mesures de précaution. En **France**, par exemple, la plateforme Vigicrue collecte des informations sur les niveaux d'eau presque en temps réel et lance des alertes aux inondations pour l'ensemble des fleuves et de leurs affluents sur le territoire national. Depuis sa création, ce système a évolué progressivement pour couvrir les alertes aux fortes chutes de pluie et aux marées de tempête. Ces alertes sont largement diffusées grâce à des partenariats bien établis avec les médias. Des enquêtes répétées ont montré que 96 % des citoyens français connaissent la carte de vigilance.

L'Agence météorologique du **Japon** établit des prévisions de crues et coopère avec le ministère de l'Aménagement de l'espace, des Transports et du Tourisme ainsi que les différentes préfectures du pays pour diffuser des alertes aux inondations. Le Système européen de sensibilisation aux inondations (EFAS) est le premier système européen opérationnel dédié au suivi et à la prévision des inondations en **Europe**. Il fournit des informations complémentaires et adresse des alertes précoces jusqu'à 10 jours en avance à des partenaires, dont font partie les services hydrologiques nationaux et régionaux et le Centre de coordination de la réaction d'urgence de la Commission européenne. La **Corée**, le **Costa Rica** et la **Turquie** recourent également aux systèmes d'alerte précoce aux inondations dans le secteur agricole. Les Adhérents accordent par ailleurs une attention particulière aux mesures d'intervention d'urgence relatives à la pollution de l'eau et à la sûreté de l'eau potable. En **Autriche**, en **Finlande**, en **Irlande**, en **République slovaque** et en **Suède**, la formation et l'équipement des bénévoles engagés dans les associations spécialisées dans les interventions d'urgence jouent également un rôle déterminant.

La conduite d'exercices de simulation de situations d'urgence permet aux pays de mettre leurs faiblesses en évidence. L'exercice EU SEQUANA mené en Île-de-**France** en 2016, par exemple, avait pour objectif de tester la coordination entre les agences chargées de la gestion de crise en cas de crue centennale de la Seine, événement dont la probabilité d'apparition sur une année est de 1/100. Cet exercice avait pour objectif d'améliorer la préparation à la gestion de crise mais aussi de sensibiliser la population aux risques d'une crue majeure.

En Italie, où les inondations représentent le risque naturel le plus fréquent, l'État accorde des avantages fiscaux aux organisations bénévoles certifiées dans la protection civile. Ces avantages recouvrent des allègements fiscaux pour l'achat d'équipements, la préparation technique et la formation afin de garantir la sûreté et la sécurité des bénévoles. Le remboursement des salaires est également prévu pour les employeurs autorisant leurs salariés bénévoles à se mobiliser pour des interventions ou des formations. Dans le secteur de l'agriculture, les exploitants ont accès à des programmes d'aide en cas de catastrophe. Dans l'**Union européenne**, les agriculteurs touchés par les sécheresses et les inondations peuvent bénéficier d'une aide au niveau européen et national. En **Israël**, les agriculteurs reçoivent des paiements dont le montant est déterminé par le Règlement sur l'impôt sur la propriété et le fonds d'indemnisation (Property Tax and Compensation Fund Regulation) les années où l'état de sécheresse est déclaré, et les infrastructures agricoles touchées par les inondations font l'objet indemnités fixées par la loi sur les catastrophes naturelles (Natural Disaster Law). Le **Japon** et la **Nouvelle-Zélande** prévoient des aides pour les opérations de nettoyage après des inondations majeures.

## 5.7. Politiques sociales et mécanismes financiers

La Recommandation incite les Adhérents à investir dans « des politiques sociales et des mécanismes financiers visant à atténuer les répercussions des pertes sur le bien-être et assurer un redressement et une reconstruction rapides pour réduire la vulnérabilité future ». Les aides financières à destination des ménages, des entreprises et, dans certains, de certaines instances infranationales touchés par des catastrophes liées à l'eau permettent d'atténuer les difficultés et de réduire les perturbations économiques et sociales au minimum.

Les pays recourent très largement à des dispositifs publics d'indemnisation lorsque les risques d'inondation sont inassurables. Aux **Pays-Bas**, la loi sur les catastrophes naturelles et leur indemnisation permet à l'État d'indemniser les ménages touchés par des inondations d'eau douce. Le montant des indemnités octroyées est décidé au cas par cas, bien que la somme totale de 450 millions EUR fixée par la loi ne puisse être dépassée. Au **Canada**, les dégâts causés par des inondations sont généralement exclus des polices d'assurance habitation. Les provinces et territoires peuvent apporter une aide financière aux ménages ayant essuyé des pertes (OCDE, 2016[5]).

Certains pays adhérents prévoient également des aides financières et des indemnisations publiques lorsque le risque d'inondation est couvert par les assurances. Ainsi, en **Belgique**, les entreprises et les ménages touchés peuvent se rapprocher de la Caisse nationale des Calamités s'ils estiment que le montant de l'indemnisation proposé par les assureurs privés est insuffisant. Nonobstant le vide juridique existant en **Allemagne**, les États fédéraux ont aidé par le passé les ménages à faire face aux dégâts causés par des inondations majeures. Les **États-Unis**, qui subventionnent l'assurance contre les inondations, proposent des prêts fédéraux aux propriétaires occupants (pouvant aller jusqu'à 200 000 USD) et aux entreprises (jusqu'à concurrence de 2 millions USD) pour les aider à rénover les bâtiments endommagés ou à en changer. Tous les ménages et entreprises touchés par des inondations ne peuvent bénéficier de ces prêts qu'une fois, bien que de nouveaux prêts puissent être accordés par la suite sous réserve que les propriétaires occupants ou les entreprises aient souscrit une garantie inondation (OCDE, 2009[15]).

En **Autriche**, le budget de l'État prévoit un fonds pour les catastrophes (KatFonds) pouvant couvrir les pertes à hauteur de 60 %, et qui représente la principale source de financement des mesures d'atténuation. Cependant, un certain vide juridique est source d'ambiguïté et d'incertitudes quant aux aides que l'État pourra accorder dans différents cas de figure. On peut imaginer que ce KatFonds ne pourrait accorder qu'une faible indemnisation, voire aucune indemnisation à certains citoyens (OCDE, 2017[16]). En France, une initiative public-privé financée par une majoration des primes d'assurance habitation permet d'indemniser les sinistres provoqués par les catastrophes sans peser directement sur les finances publiques. En vertu du principe constitutionnel de solidarité, chacun doit pouvoir accéder au marché de l'assurance et bénéficier d'une garantie contre les catastrophes. (OCDE, 2014[7]).

Outre les pertes subies par les ménages et les entreprises à la suite de catastrophes liées à l'eau, les pouvoirs centraux et infranationaux supportent les coûts relatifs aux secours et à la réhabilitation des conditions de vie, à la reconstruction des biens publics ainsi qu'à l'indemnisation et aux aides financières. Ces coûts anticipés sont gérés via des investissements publics dans des mesures – rentables – de réduction des risques. L'exemple du **Japon** illustre à quel point les travaux réalisés pour réguler les crues peuvent être efficaces. À la suite du passage du typhon Ida, en 1958, la construction d'un canal de dérivation a permis d'abaisser le niveau du fleuve Kano d'environ 1.85 mètre. En 2019, le typhon Hagibis a frappé la même région avec encore plus d'intensité sans qu'aucune crue ne soit constatée, ce qui a permis d'éviter des dégâts estimés à environ 7 millions USD.

## 5.8. Transparence, responsabilité et sensibilisation du public

La Recommandation appelle les Adhérents à investir dans « la transparence, la responsabilité et la sensibilisation du public concernant les décisions portant sur les risques liés à l'eau ».

La transparence et l'accès aux informations sur les risques liés à l'eau sont essentiels pour sensibiliser le public à propos de l'exposition aux dangers liés à l'eau à l'échelle locale, et alimenter le débat public autour des politiques d'aménagement de l'espace. Ces deux éléments permettent aussi de contextualiser les alertes à destination du public, d'étayer les plans d'intervention en cas d'urgence et de responsabiliser les pouvoirs publics. Le manque d'accès à des informations précises sur les dangers nuit aux efforts de sensibilisation du grand public, ce qui compromet les mesures de réduction des risques.

Il est nécessaire de pouvoir accéder aux données sur les dangers de l'eau pour pouvoir établir des cartes des zones inondables, qui constituent l'un des outils utilisés pour sensibiliser le public aux risques et orienter les mesures de prévention en matière d'aménagement urbain. En **Suisse** et au **Royaume-Uni**, des cartes de dangers détaillées sont disponibles en ligne pour chaque canton et comté. En **France**, les communes soumises à un plan de prévention des risques doivent diffuser les informations dont elles disposent en établissant notamment une carte des zones dangereuses situées sur leur territoire, de manière à sensibiliser le public aux risques.

Les données relatives aux dangers qui menacent certaines aires géographiques particulières viennent étayer scientifiquement les décisions d'aménagement de l'espace susceptibles de faire baisser ou augmenter la valeur foncière. Les mesures favorisant la transparence des données relatives aux dangers sont essentielles à la crédibilité de ces décisions. Parmi les bonnes pratiques observées, on retrouve les plateformes et commissions qui réunissent de multiples parties prenantes pour suivre l'élaboration des cartes d'aléas et ainsi corroborer ou contester leur assise scientifique. En **Autriche**, l'adoption de ces cartes repose sur des consultations publiques, qui sont essentielles pour éviter les dérives (OCDE, 2017[16]).

La responsabilisation des agents publics en tant que gestionnaires des risques liés à l'eau peut favoriser la mise en œuvre effective des politiques. De bonnes pratiques sont observées en **Autriche** et en **France**, où les autorités locales peuvent être tenues responsables des dommages aux personnes et aux biens si des permis de construire ont été délivrés dans des zones inondables connues (OCDE, 2017[16]).

## 5.9. Cohérence des politiques

La Recommandation appelle les Adhérents à « améliorer la cohérence des politiques en matière d'adaptation au changement climatique, de gestion de l'eau, de gestion des sols, d'aménagement de l'espace, de protection des écosystèmes et de la biodiversité et de réduction des risques de catastrophe ».

Les politiques menées en matière d'adaptation au changement climatique, de gestion de l'eau, de gestion des sols, d'aménagement de l'espace, de protection des écosystèmes et de la biodiversité et de réduction des risques doivent être cohérentes pour faire apparaître les incompatibilités et les synergies entre différents domaines (OCDE, 2018[17]). Par exemple, une mauvaise utilisation des sols peut faire considérablement augmenter les pertes en cas d'inondation (OCDE, 2016[5]). Les instruments de réglementation tels que l'aménagement de l'espace peuvent réduire l'exposition des nouveaux biens aux risques liés à l'eau mais aussi limiter l'impact de ces risques en créant des zones tampons et de rétention, comme les zones humides. Parmi les exemples de cohérence des démarches menées dans les domaines de l'aménagement de l'espace, de la gestion des risques de catastrophe et de l'adaptation au changement climatique, citons le Cadre national d'aménagement de l'espace (National Planning Framework) en vigueur en **Irlande**, qui comporte des objectifs précis liés à l'adaptation à la hausse du niveau de la mer (OCDE, 2019[12]).

Une étude des stratégies d'adaptation mises en œuvre dans les pays de l'OCDE (OCDE, 2014[18]) montre que, dans l'élaboration des stratégies ou des plans d'adaptation, l'eau est quasiment toujours traitée comme un secteur prioritaire ou un thème transversal vital pour tout un éventail de domaines d'action (énergie, agriculture, infrastructures, biodiversité et santé). L'adaptation au changement climatique est aussi systématiquement prise en compte dans les politiques de l'eau en vigueur. Ces deux démarches sont importantes pour assurer la cohérence et l'efficacité.

## 5.10. Risques liés à l'eau associés au changement climatique pour l'agriculture

La Recommandation encourage les Adhérents à « tenir compte des spécificités des risques liés à l'eau associés au changement climatique pour l'agriculture, en particulier en favorisant un cadre d'action propice à l'adaptation de l'agriculture et des écosystèmes aquatiques et en combinant les niveaux et les échelles auxquels les politiques à l'égard du climat, de l'eau et de l'agriculture interagissent ».

Le secteur agricole est particulièrement vulnérable aux risques et catastrophes liés à l'eau (OCDE, 2017[19]). Les catastrophes liées à l'eau ont des conséquences directes pour les agriculteurs en ce qu'elles entraînent des pertes de production au niveau des cultures et de l'élevage, et qu'elles endommagent les terres, les machines ou les installations agricoles. Elles peuvent aussi engendrer des pertes indirectes du fait de l'interruption des activités au niveau des exploitations.

Les récentes catastrophes liées à l'eau illustrent bien ce propos. En 2018, le **Japon** a connu des pluies torrentielles qui ont provoqué les inondations les plus meurtrières depuis 1982 et causé des dégâts chiffrés à 3 milliards USD pour le secteur agricole (MAFF, 2019[20]). Les fortes précipitations et crues survenues en 2019 dans le Middle West aux **États-Unis** ont coûté plusieurs milliards USD, lessivé les sols et entraîné de gros retards au niveau des semis et plantations. Les sécheresses nuisent aussi considérablement à l'agriculture. L'extrême sécheresse qui a touché l'Europe centrale et du nord en 2018 a provoqué une baisse des rendements céréaliers pouvant aller jusqu'à 50 % pour certaines cultures. D'aucuns avancent qu'aux États-Unis, les pertes de production de maïs pourraient doubler au cours des décennies à venir si la fréquence des précipitations extrêmes et des inondations venait à augmenter, ce qui entraînerait des dégâts supplémentaires dont le total est estimé à 3 milliards USD par an (Rosenzweig et al., 2002[21]).

En réaction aux phénomènes météorologiques extrêmes, dont les fortes précipitations, qui affectent le secteur agricole, la plupart des Adhérents tiennent compte des **impacts du changement climatique** dans leurs politiques agricole et de l'eau[3]. Presque tous les pays ont entrepris de soutenir la R-D publique sur le changement climatique dans les domaines de l'agriculture et de l'eau. Plus précisément, une majorité d'Adhérents procèdent à des évaluations des conséquences régionales des précipitations et de la disponibilité de l'eau, suivies d'une analyse de l'impact du changement climatique sur la production agricole (Graphique 5.9).

### Graphique 5.9. Thèmes centraux de la recherche publique relative à la disponibilité de l'eau en agriculture

Nombre d'Adhérents investis dans des campagnes de recherche publique, 2009-2019

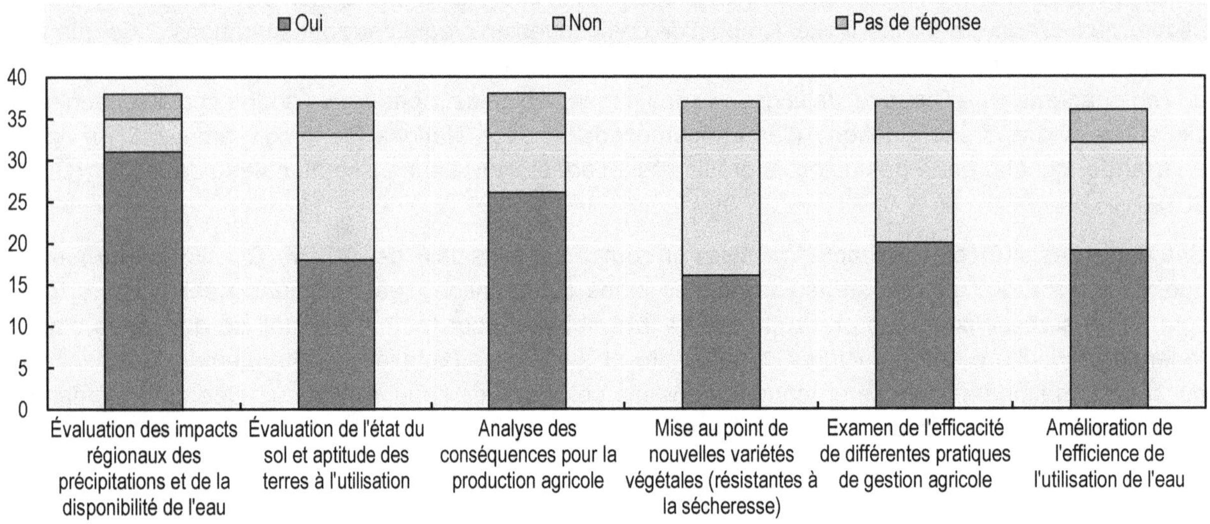


Source : (Gruère, Shigemitsu et Crawford, 2020[22])

Certains Adhérents ont intégré les questions relatives au changement climatique dans leurs politiques agricole et de l'eau. Par exemple, la **Colombie** élabore actuellement un Plan de gestion complet du changement climatique pour le secteur agricole, qui vient s'ajouter à une loi sur le changement climatique, au Plan d'adaptation national au changement climatique et à la Feuille de route sur l'adaptation ; la **Lettonie** a quant à elle adopté un Plan d'adaptation au changement climatique à l'horizon 2030 qui contient une section dédiée à l'agriculture. Ce plan regroupe sept mesures de politique agricole et deux mesures consacrées à la gestion de l'eau. Cependant, le degré de prise en compte du changement climatique dans les politiques varie considérablement selon les Adhérents et reflète probablement les impacts attendus dans chacun des pays concernés. Seuls 8 répondants ont rapporté avoir accordé plus de poids au changement climatique dans leurs décisions relatives à la gestion de l'eau en agriculture entre 2009 et 2019. Les questions relatives au changement climatique ont bénéficié d'un niveau d'intérêt constant dans 13 pays adhérents au cours des 10 dernières années (Gruère, Shigemitsu et Crawford, 2020[22]).

Plus généralement, les résultats de l'analyse d'alignement montrent que la plupart des Adhérents, en particulier les pays bénéficiant de ressources en eau relativement importantes, doivent encore progresser pour faire coïncider leurs mesures de gestion des risques liés à l'eau en agriculture avec la Recommandation du Conseil de l'OCDE sur l'eau et s'adapter ainsi aux fortes fluctuations des approvisionnements en eau dues au changement climatique (Gruère, Shigemitsu et Crawford, 2020[22]).

## 5.11. Risques liés à l'eau dans les villes

La Recommandation appelle les Adhérents à « tenir compte des spécificités des risques liés à l'eau dans les villes, en reconnaissant que les zones urbaines et leur arrière-pays sont interconnectés par les bassins hydrographiques et les nappes phréatiques, et en particulier utiliser les politiques urbaines et le financement des infrastructures pour encourager un urbanisme sensible à la problématique de l'eau ».

Étant donné que les zones urbaines accueillent environ 50 % de la population mondiale (cette proportion devrait passer à 60 % à l'horizon 2050), il est essentiel de garantir une bonne gouvernance de l'eau dans les villes. Les projections montrent également que la demande mondiale d'eau va augmenter d'environ 55 % d'ici à 2050, ce qui va donner lieu à une concurrence accrue entre les différents usagers de l'eau, à savoir l'agriculture, l'énergie et les populations urbaines. Si les villes maintiennent le statu quo s'agissant de la gouvernance de l'eau, les risques liés à une surabondance, à des pénuries et à la pollution de l'eau vont venir menacer la sécurité de l'eau (OCDE, 2016[23]). Pour remédier à cela, il importe de sensibiliser les citoyens et les décideurs ; d'ouvrir le dialogue avec les parties prenantes, en particulier les promoteurs immobiliers et les investisseurs institutionnels à long terme, afin de parvenir à un consensus autour du niveau de risque acceptable et de garantir le consentement à payer pour les services de l'eau ; et de renforcer les données et les informations relatives à l'eau pour parvenir à des systèmes d'alerte précoce, de suivi et d'évaluation plus fiables. Au niveau des bonnes pratiques, le Plan local d'adaptation du milieu urbain pour une ville résiliente (BLUEAP) mis en place à Bologne, en **Italie**, rassemble 150 parties prenantes, 70 idées de projet et 6 actions pilotes à venir, avec des solutions pour faire face à la rareté de l'eau. En **France**, l'Observatoire parisien de l'eau propose une plateforme consultative rassemblant de multiples parties prenantes préalablement aux débats devant le Conseil de Paris. Toujours en **France**, les technologies de l'information et de la communication servent à diffuser les données relatives à la qualité et à la quantité des ressources en eau dans d'un certain nombre de villes, dont Marseille, tandis que des campagnes de communication, comme « Max 100 », à Copenhague, au **Danemark**, ont été utilisées pour sensibiliser les citoyens et encourager les économies d'eau (OCDE, 2016[23]).

La grande qualité des services urbains de l'eau dans les pays de l'OCDE est menacée par un retard au niveau des investissements qui empêche la modernisation, le renouvellement et l'entretien des infrastructures liées à l'eau. Il est nécessaire de se pencher sur les questions liées aux investissements publics, et en particulier la coordination multiniveaux et les problèmes de capacité ; d'encourager les approches intersectorielles en matière d'infrastructures ; d'adopter une démarche englobant de multiples objectifs ; de gérer les arbitrages entre les usagers de l'eau dans les zones rurales et urbaines et entre les générations actuelles et futures afin de déterminer qui doit payer pour quel service ; et de réduire les besoins d'investissement en garantissant la stabilité des cadres réglementaires pour des financements plus rapides et plus efficaces. Des outils financiers seront également requis pour accompagner la transformation numérique dans le secteur de l'eau, au niveau des systèmes d'approvisionnement urbains, principalement. Ces mêmes outils seront nécessaires pour que les mesures d'adaptation au changement climatique renforcent la résilience des villes s'agissant des inondations ou de la revégétalisation des espaces verts en ville, par exemple. Aux **États-Unis**, le Centre de financement des infrastructures de l'eau et de la résilience de l'Agence de protection de l'environnement (Environmental Protection Agency – EPA) a été créé en 2015 pour aider les communes à utiliser efficacement les fonds fédéraux et locaux dédiés aux infrastructures de l'eau, étudier les différentes possibilités de financement et mettre en avant les meilleures pratiques (OCDE, 2016[23]).

Dans les villes, les questions relatives à l'eau sont tributaires de décisions prises dans d'autres secteurs et vice versa, en particulier l'agriculture, l'énergie, les finances, les déchets, les transports et l'utilisation des sols. Il convient de veiller à ce que l'eau soit reconnue comme un facteur clé de la croissance durable dans les villes. Il est indispensable d'adopter une telle vision stratégique pour renforcer la cohérence des politiques et aller vers l'harmonisation des mesures liées à l'eau urbaine, limiter la tentation du fractionnement, qui conduirait à ce que les entités responsables de la gestion de l'eau n'aient pas à supporter les coûts correspondants, et favoriser les approches pangouvernementales reposant sur la coordination horizontale et verticale. Aux **Pays-Bas**, par exemple, les communes procèdent à des « évaluations de l'eau » pour intégrer les enjeux et coûts liés à l'eau dans les décisions d'aménagement de l'espace ; en **Allemagne**, la ville de Cologne coordonne l'aménagement des eaux et de l'espace dans les nouvelles zones à bâtir afin d'éviter les dégâts que pourraient causer des inondations consécutives à de fortes précipitations ; en France, Eau de Paris a pris des mesures concrètes pour promouvoir l'agriculture biologique et ainsi préserver l'eau et les ressources naturelles en signant des contrats avec des associations d'agriculteurs (OCDE, 2016[23]).

L'eau ignore les frontières administratives. Des approches multiniveaux sont nécessaires du bassin versant jusqu'à l'échelle locale en fonction de l'objectif poursuivi (protection contre les sécheresses ou les inondations, distribution de l'eau, assainissement, évacuation, etc.). Ce type d'approche fonctionnelle est par ailleurs essentiel dans la prise en compte des interactions entre les zones urbaines (où la plupart des individus vivent) et les régions qui les entourent (zones rurales et bassins hydrographiques) et qui les alimentent. Cela permettrait également d'optimiser le coût d'opportunité des investissement et contribuerait à utiliser l'eau efficacement. Des partenariats entre zones rurales et zones urbaines, qui profiteraient aux villes, aux communautés en amont et en aval et aux écosystèmes, représenteraient une solution gagnant-gagnant. Du côté des bonnes pratiques, citons les comités rassemblant de multiples parties prenantes comme le comité technique créé à Montréal, au **Canada**, qui est composé de représentants d'organisations communautaires, de l'industrie, du secteur public, d'autres échelons de l'administration et de la municipalité, pour améliorer la qualité des eaux rejetées au niveau des zones de captage. Il arrive également que les compagnies des eaux passent des contrats avec les communautés du bassin hydrographique afin de préserver la qualité de l'eau et le dynamisme économique, comme c'est le cas à New York, aux **États-Unis** (OCDE, 2016[23]).

## Références


Ferrer, L. (2018), *Analysis of a risk prevention document using dependdability techniques: a frist step towards an effectiveness model.* [10]

Gruère, G., M. Shigemitsu et S. Crawford (2020), « Agriculture and water policy changes: Stocktaking and alignment with OECD and G20 recommendations », *Documents de l'OCDE sur l'alimentation, l'agriculture et les pêcheries*, n° 144, Éditions OCDE, Paris, https://dx.doi.org/10.1787/f35e64af-en. [22]

HELP (2019), *Principles on Investment and Financing for Water-related Disaster Risk Reduction*, https://www.mlit.go.jp/common/001295211.pdf. [11]

MAFF (2019), *Annual Report on Food, Agriculture and Rural Area in Japan FY 2018 (en japonais).* [20]

OCDE (2019), *Applying the OECD Principles on Water Governance to Floods: A Checklist for Action*, Études de l'OCDE sur l'eau, Éditions OCDE, Paris, https://dx.doi.org/10.1787/d5098392-en. [1]

OCDE (2019), *Hausse du niveau des mers : Les approches des pays de l'OCDE face aux risques côtiers*, Éditions OCDE, Paris, https://dx.doi.org/10.1787/9789264312999-fr. [12]

OCDE (2018), « Coherent approaches to achieving sustainable societies », dans *Policy Coherence for Sustainable Development 2018 : Towards Sustainable and Resilient Societies*, Éditions OCDE, Paris, https://dx.doi.org/10.1787/9789264301061-4-en. [17]

OCDE (2018), *National Risk Assessments: A Cross Country Perspective*, Éditions OCDE, Paris, https://dx.doi.org/10.1787/9789264287532-en. [3]

OCDE (2017), *Boosting Disaster Risk Prevention through Innovative Risk Governance: Insights from Austria, France and Switzerland.* [16]

OCDE (2017), *OECD Toolkit for Risk Governance: Program to reduce business vulnerability to floods in Loire basin (France)*, https://www.oecd.org/governance/toolkit-on-risk-governance/goodpractices/page/businessvulnerabilityreductiontofloodprogrammeintheloirebasin.htm# (consulté le 14 février 2020). [14]

OCDE (2017), *Water Risk Hotspots for Agriculture*, Études de l'OCDE sur l'eau, Éditions OCDE, Paris, http://dx.doi.org/10.1787/22245081. [19]

OCDE (2016), *Financial Management of Flood Risk*, Éditions OCDE, Paris, https://dx.doi.org/10.1787/9789264257689-en. [5]

OCDE (2016), *Gestion des risques de sécheresse et d'inondation dans l'agriculture : Enseignements pour les politiques publiques*, Études de l'OCDE sur l'eau, Éditions OCDE, Paris, https://dx.doi.org/10.1787/9789264254459-fr. [6]

OCDE (2016), *Recommandation du Conseil de l'OCDE sur l'eau*, https://www.oecd.org/fr/environnement/ressources/Recommandation-du-Conseil-sur-leau.pdf. [2]

OCDE (2016), *Trends in Risk Communication Policies and Practices*, OECD Reviews of Risk Management Policies, Éditions OCDE, Paris, https://dx.doi.org/10.1787/9789264260467-en. [8]

OCDE (2016), *Water Governance in Cities*, Études de l'OCDE sur l'eau, Éditions OCDE, Paris, https://dx.doi.org/10.1787/9789264251090-en. [23]

OCDE (2014), *Étude de l'OCDE sur la gestion des risques d'inondation : la Seine en Île-de-France 2014*, Éditions OCDE, Paris, https://dx.doi.org/10.1787/9789264207929-fr. [7]

OCDE (2014), *L'eau et l'adaptation au changement climatique : Des politiques pour naviguer en eaux inconnues*, Études de l'OCDE sur l'eau, Éditions OCDE, Paris, https://dx.doi.org/10.1787/9789264200647-fr. [18]

OCDE (2009), *OECD Reviews of Risk Management Policies: Japan 2009 : Large-Scale Floods and Earthquakes*, OECD Reviews of Risk Management Policies, Éditions OCDE, Paris, https://dx.doi.org/10.1787/9789264050303-en. [9]

OCDE (2009), *OECD Reviews of Risk Management Policies: Japan 2009 : Large-Scale Floods and Earthquakes*, OECD Reviews of Risk Management Policies, Éditions OCDE, Paris, https://dx.doi.org/10.1787/9789264050303-en. [15]

Parlement européen (2017), *Nature-based solutions: Concept, opportunities and challenges*, http://www.europarl.europa.eu/thinktank/en/document.html?reference=EPRS_BRI(2017)608796 (consulté le 29 octobre 2019). [13]

Rosenzweig, C. et al. (2002), « Increased crop damage in the US from excess precipitation », *Global Environmental Change*, vol. 12, pp. 197–202. [21]

UK Environment Agency (2009), *Flooding in England: A National Assessment of Flood Risk*. [4]

## Notes

[1] www.consorseguros.es/web/inicio

[2] www.overstroomik.nl

[3] Enquête de 2019 de l'OCDE sur les réformes des politiques agricole et de l'eau.

# 6 Efficacité de la gouvernance de l'eau

Ce chapitre décrit les progrès accomplis par les Adhérents en ce qui concerne la gouvernance de l'eau, dans le respect de la Recommandation du Conseil de l'OCDE sur l'eau et des Principes de l'OCDE sur la gouvernance de l'eau. Il examine comment les pays allouent et distinguent les rôles et responsabilités, et comment ils gèrent l'eau à l'échelle (aux échelles) appropriée(s). Il montre aussi comment encourager la cohérence des politiques et une coordination intersectorielle efficace, et comment adapter le niveau de capacité à la complexité des défis à relever dans le domaine de l'eau.Le chapitre s'intéresse ensuite à l'utilisation des données et des informations pour guider les politiques. Il indique comment mobiliser efficacement les financements pour l'eau tout en promouvant des pratiques de gouvernance de l'eau innovantes et en généralisant les pratiques d'intégrité et de transparence. Il s'intéresse à la façon de promouvoir l'engagement des parties prenantes ainsi que de gérer la complexité de la gouvernance et les arbitrages. Enfin, il décrit les mécanismes permettant d'assurer le suivi et l'évaluation des politiques et de la gouvernance de l'eau.

La Recommandation appelle les Adhérents à renforcer « l'efficacité et l'efficience de la gouvernance de l'eau, ainsi que la confiance et l'engagement à son égard, en tenant compte des spécificités de la gouvernance liée à la gestion des eaux souterraines ». La sixième partie de cette Recommandation fait écho aux *Principes de l'OCDE sur la gouvernance de l'eau*, adoptés par les ministres à l'occasion de la réunion du Conseil au niveau des Ministres de 2015 [C/MIN(2015)12].

Trois grandes mesures ont été prises pour favoriser la mise en œuvre de la sixième partie de la Recommandation. Premièrement, l'OCDE a fait en sorte que les Principes soient traduits dans 18 langues, et que toutes les traductions soient disponibles en ligne[1]. Deuxièmement, le CPDR a, au travers de son Initiative pour la gouvernance de l'eau, mis au point des indicateurs de la gouvernance de l'eau, composés d'un cadre d'auto-évaluation appliqué à onze villes, bassins ou pays, ainsi que d'une liste de points à vérifier. Troisièmement, plus de 50 anecdotes relatives à la gouvernance de l'eau ont été recueillies et analysées en tant que « pratiques évolutives » afin d'en tirer des enseignements et d'identifier les meilleures pratiques dans ce domaine.

## Encadré 6.1. Principes de l'OCDE sur la gouvernance de l'eau

Les principes de l'OCDE sur la gouvernance de l'eau ont pour objectif de participer à l'élaboration de politiques publiques tangibles et axées sur les résultats, sur la base de trois dimensions de la gouvernance de l'eau qui sont complémentaires et se renforcent (Graphique 6.1) :

- L'*efficacité* se réfère à la contribution de la gouvernance à la définition d'objectifs et de cibles de politique de l'eau claires et durables à différents niveaux de gouvernement, afin de mettre en œuvre ces objectifs, et d'atteindre les cibles ou les objectifs escomptés.
- L'*efficience* se réfère à la contribution de la gouvernance à la maximisation des bénéfices de la gestion durable de l'eau et du bien-être au moindre coût pour la société.
- La *confiance et l'engagement* se réfèrent à la contribution de la gouvernance à l'instauration de la confiance publique et à l'inclusion des parties prenantes grâce à la légitimité démocratique et l'impartialité pour la société dans son ensemble.

### Graphique 6.1. Aperçu des Principes de l'OCDE sur la gouvernance de l'eau

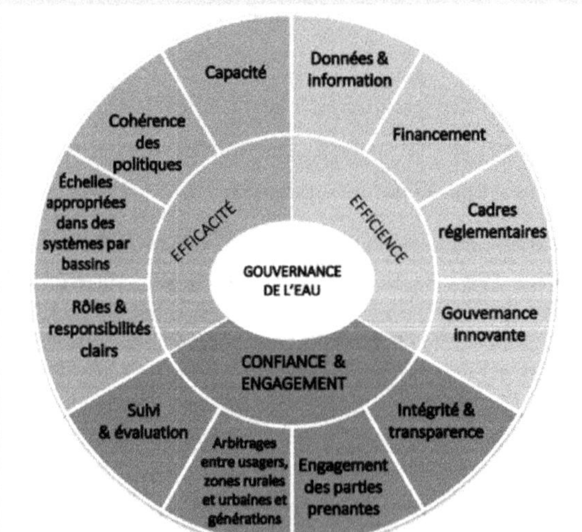


Source : Principes de l'OCDE sur la gouvernance de l'eau, 2015. http://www.oecd.org/fr/gov/politique-regionale/Principes-OCDE-gouvernance-eau_brochure.pdf

Pour encourager la mise en œuvre des Principes de l'OCDE sur la gouvernance de l'eau, deux outils ont été mis au point trois ans après leur adoption. Ces derniers reposent sur une approche complète, ascendante et pluri-acteurs au sein de l'Initiative de l'OCDE sur la gouvernance de l'eau (IGE) et consistent en un cadre d'indicateurs sur la gouvernance de l'eau et un ensemble de pratiques évolutives destinées à l'apprentissage par comparaison, qui s'appuie sur les leçons tirées de l'observation de différents pays et contextes.

Le cadre d'indicateurs de l'OCDE sur la gouvernance de l'eau vise à encourager l'auto-évaluation à l'échelle nationale, locale ou des bassins versants de cadres de gouvernance (quoi), d'institutions (qui) et d'instruments (comment), pour déterminer quelles améliorations leur apporter au fil du temps. Ce cadre (Graphique 6.2) est composé de 36 indicateurs (moyens et processus) associés à un système de feux tricolores ainsi que d'une liste de plus de 100 points à vérifier. Son utilisation permet d'élaborer un plan d'action pour l'amélioration de la gouvernance de l'eau à court, moyen et long terme. Ce cadre a fait l'objet d'essais pilotes de la part d'institutions à différentes échelles et dans divers contextes géographiques et socio-économiques : **Autriche, Cabo Verde, Colombie Écosse, Espagne, Malaisie, Maroc, Pays-Bas, Pérou, République démocratique du Congo et Royaume-Uni**.

## Graphique 6.2. Cadre d'indicateurs de la gouvernance de l'eau

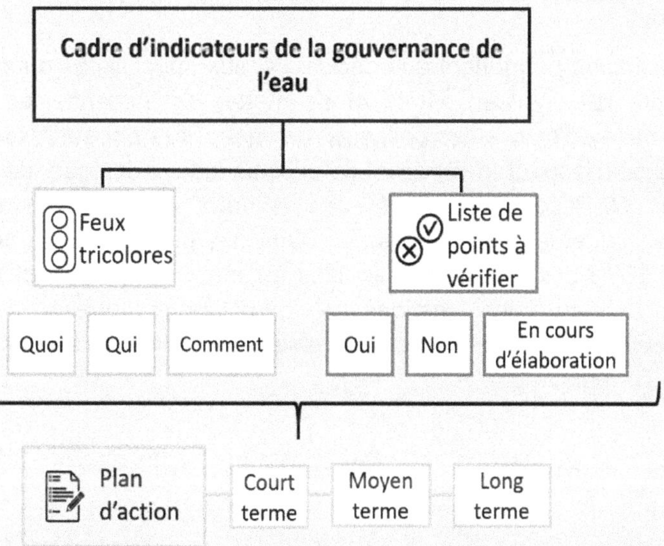


Source : (OCDE, 2018[1])

L'évaluation en dix étapes (Graphique 6.3) donne la marche à suivre dans la phase de préparation, durant l'évaluation (diagnostic) et après l'évaluation (mesures). L'auto-évaluation est un outil de dialogue entre les parties prenantes permettant de comprendre si, au niveau des institutions chargées de l'eau, les moyens d'actions et les instruments de gouvernance fonctionnent bien ou nécessitent des améliorations. Cette auto-évaluation devrait être réalisée à l'occasion d'ateliers rassemblant de multiples parties prenantes organisés pour évaluer le système de gouvernance de l'eau à l'aide des feux tricolores et de la liste de points à vérifier et élaborer le plan d'action. La phase d'action consiste à relier les mesures prises aux cadres, stratégies et plans existants ; à établir une démarche de responsabilisation avec pour objectif de suivre les progrès dans le temps et de maintenir le dialogue ; et à renouveler l'auto-évaluation tous les trois ans (OCDE, 2018[1]).

## Graphique 6.3. Cadre d'évaluation en dix étapes

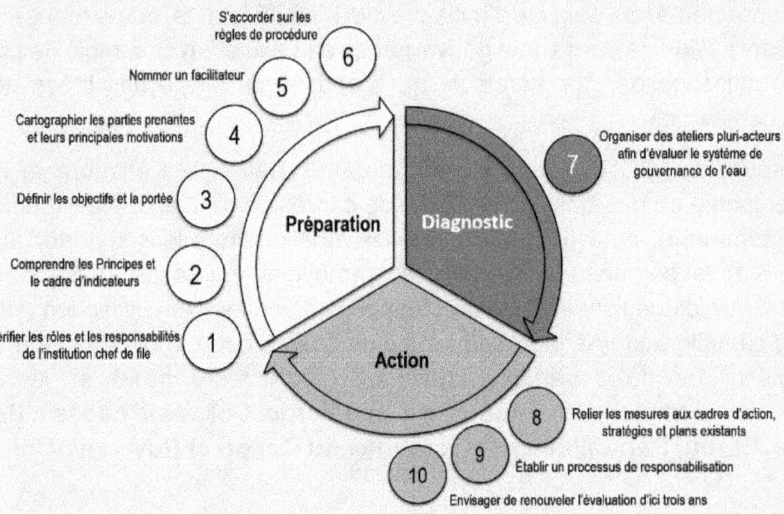


Source : (OCDE, 2018[1])

Les 54 *Pratiques évolutives* permettent aux décideurs, aux spécialistes du sujet et aux autres parties prenantes d'apprendre les uns des autres et de mettre en évidence les pièges à éviter lors de l'élaboration et de la mise en œuvre des politiques de l'eau. Elles ont été rassemblées pour donner des exemples susceptibles d'inspirer des réformes ambitieuses ainsi que de meilleures politiques et pratiques. Au moins 70 % des exemples sont liés aux « ressources en eau » ainsi qu'à l'« assainissement et la qualité de l'air », tandis que 60 % des pratiques ont trait à la « distribution d'eau potable » et environ 30 % aux " catastrophes liées à l'eau ». La plupart des exemples (45 pratiques évolutives) sont liés aux multiples fonctions de l'eau. Les pratiques évolutives couvrent les cinq continents (Amérique, Afrique, Asie, Europe, Océanie), mais plus de la moitié (52 %) proviennent de l'Union européenne (Graphique 6.4).

## Graphique 6.4. Carte des essais pilotes et des pratiques évolutives

Source : Cadre d'indicateurs de l'OCDE sur l'eau, OCDE, 2019. http://www.oecd.org/cfe/regionaldevelopment/OECD-Water-Governance-Indicator-Framework_Fran%C3%A7ais.pdf

## 6.1. Allouer et distinguer clairement les rôles et responsabilités

La Recommandation demande aux Adhérents d'« allouer et distinguer clairement les rôles et responsabilités en matière de conception des politiques de l'eau, de mise en œuvre, de gestion opérationnelle et de réglementation, et encourager la coordination entre les autorités responsables ».

Dans tous les pays, la gestion de l'eau est fragmentée entre de multiples acteurs et secteurs, quel que soit le contexte constitutionnel et institutionnel.

De nombreux Adhérents ont entrepris de grandes réformes afin de coordonner et/ou de clarifier les rôles et responsabilités. L'**Irlande**, par exemple, a mis en œuvre une réforme de la gouvernance de l'eau qui confère des responsabilités distinctes à trois composantes publiques. Premièrement, le ministère du Logement, de l'Urbanisme et des Collectivités locales est chargé de la politique de l'eau et de la législation qui en découle ; deuxièmement, l'Agence de protection de l'environnement conduit la recherche et les mesures scientifiques et communique les résultats obtenus aux autres agences ; troisièmement, les autorités locales sont chargées de la mise en application des mesures prises au niveau local et de l'engagement du public (OCDE, 2018[1]). Une gouvernance multi-niveaux fondée sur des mécanismes de coordination adéquats peut également réduire les déséquilibres, la complexité et les chevauchements pour certaines fonctions de l'eau. En **France**, par exemple, la Commission mixte inondation (CMI) réunit le Conseil d'orientation pour la prévention des risques naturels majeurs (COPRNM) et le Comité national de l'eau (CNE) afin de coordonner la gestion des inondations entre les différents échelons de l'administration et les parties prenantes issues de la société civile et de la protection de l'environnement, de l'aménagement urbain et de l'utilisation des sols (OCDE, 2019[2]). En **Pologne**, la loi sur l'eau de 2017 a créé une nouvelle structure pour les organes de gestion de l'eau. Depuis 2018, l'entreprise publique Polish Waters est chargée de la gestion de l'eau – les décisions relatives aux ressources étant déléguées à 11 autorités régionales de gestion de l'eau (unités régionales de Polish Waters) – au niveau de 50 bassins et 330 inspections de l'eau (qui correspondent aux plus petites entités de Polish Water).[2]

La multiplicité des acteurs varie selon les domaines visés par les politiques de l'eau. Au **Mexique**, par exemple, les communes sont directement ou indirectement responsables des services de distribution et d'assainissement. Elles peuvent aussi déléguer cette responsabilité à des opérateurs privés ou à des entreprises publiques. Les **Pays-Bas** comptent 21 autorités régionales de l'eau, qui gèrent les systèmes régionaux de manière à garantir le niveau et la qualité de l'eau ainsi que le traitement des eaux usées. Ces autorités régionales de l'eau correspondent à des entités publiques décentralisées dotées d'une personnalité juridique et de ressources financières particulières (OCDE, 2014[3]). Toujours aux **Pays-Bas**, un Accord administratif sur l'eau a été signé en 2011 par le ministère des Infrastructures et de la Gestion de l'eau, les autorités régionales de l'eau, les compagnies de distribution d'eau potable, les provinces et les communes afin d'encourager les gains d'efficience tout au long de la chaîne de l'eau à hauteur de 750 millions EUR par an jusqu'en 2020, grâce à une collaboration plus étroite et une redistribution des rôles et responsabilités (OCDE, 2015[4]).

Au cours des dernières décennies, la décentralisation des politiques de l'eau a permis de réaffecter aux autorités infranationales des compétences de plus en plus complexes et à forte intensité de ressources. L'enquête 2016 de l'OCDE menée dans 48 villes[3] montre qu'en terme d'élaboration des politiques, certaines missions incombent très nettement aux autorités locales, à savoir les services d'assainissement (67 %), la distribution de l'eau potable (56 %), la sécurité de l'eau (56 %) et la collecte des eaux usées (52 %). Sans exception au niveau des fonctions de l'eau, la majorité des villes indiquent que les autorités locales sont responsables de la communication des informations ainsi que du suivi et des évaluations. Cette affirmation se vérifie tout particulièrement pour la distribution de l'eau potable (58 %). Comparé au volume de réponses désignant l'administration centrale et les autres administrations infranationales, les répondants ont massivement indiqué que les autorités locales financent les services d'assainissement (58 %) ; la sécurité de l'eau et l'eau potable (48 %) ; la collecte des eaux usées (46 %) ; et le traitement des eaux usées (40 %) (OCDE, 2016[5]).

## 6.2. Gérer l'eau à l'échelle (aux échelles) appropriée(s)

La Recommandation invite les Adhérents à « gérer l'eau à l'échelle (aux échelles) appropriée(s) dans le cadre de systèmes unifiés de gouvernance par bassin afin de refléter les conditions locales, et encourager la coordination entre ces différentes échelles ».

Le secteur de l'eau est particulièrement sensible aux questions d'échelle. La logique de l'eau et les limites hydrologiques ne coïncident pas avec les frontières et les périmètres administratifs. La gestion des services de l'eau et des ressources s'effectue à diverses échelles géographiques, aussi bien du point de vue écologique que politique.

Au sein de l'**Union européenne**, la directive-cadre sur l'eau (DCE) de 2000 souligne à quel point il importe de gérer l'eau à l'échelle des bassins versants et de créer des districts hydrographiques dont les contours ne dépendent pas de frontières administratives ou politiques mais du bassin versant de la rivière, considéré comme une unité naturelle géographique et hydrologique. Pour pouvoir mettre en œuvre cette directive, la plupart des États membres de l'UE ont créé ou renforcé des organisations dédiées aux bassins hydrographiques qui, parfois, existaient de longue date, comme en **France** (six agences de l'eau[4]). En **Espagne**, les conseils au niveau des bassins versants (*confederaciónes hidrográficas*) sont des autorités décentralisées dépendant du ministère de la Transition écologique et du Défi démographique, qui ont pour responsabilité de gérer les bassins versants communs à plusieurs régions autonomes. En outre, chaque bassin dispose d'un conseil auquel participent les autorités de la région autonome. Les conseils des bassins hydrographiques examinent les plans de gestion élaborés par les confederaciónes hidrográficas avant leur adoption par le Conseil des ministres, après consultation du Conseil national de l'eau (OCDE, 2015[4]). D'autres organes clés viennent compléter le système de gouvernance de l'eau dans chaque district hydrographique, comme les Comités des autorités compétentes et les Conseils de l'eau. Aux **Pays-Bas**, l'application de la directive-cadre sur l'eau repose sur sept organes au niveau des bassins versants gérés par des administrateurs dans les provinces, les autorités régionales de l'eau et les communes. Ces autorités chargées d'organiser la participation du public ont créé des « groupes d'information » composés de représentants des groupes d'intérêts et des propriétaires terriens, afin de rendre compte et de commenter les plans de gestion des bassins versants à l'échelle appropriée. Des comités de l'eau investis d'un rôle consultatif ont aussi vu le jour pour passer en revue les objectifs et mesures régionaux (OCDE, 2014[3]). En **Allemagne**, les *Länder* sont principalement chargés de mettre en application la législation sur l'eau et délèguent généralement de nombreuses tâches relatives à la gestion de l'eau à des organes administratifs locaux. Ils doivent parvenir à un consensus autour des bassins versants partagés, en l'occurrence pour préparer des plans de gestion de ces bassins. À l'instar de ce que l'on observe pour le bassin de la Ruhr, des pouvoirs sont délégués à des associations d'usagers afin de promouvoir une approche cohérente. La loi-cadre sur l'eau est portée au niveau fédéral (*Bundestag*, gouvernement fédéral), mais plusieurs domaines sont régis par une réglementation spéciale au niveau des *Länder*. Le terme de « conflit de lois » revient souvent pour décrire le contexte juridique. Le gouvernement fédéral est également responsable des conventions internationales sur les fleuves transfrontaliers (comme le Rhin, le Danube, l'Oder ou l'Elbe) (OCDE, 2015[4]). La gouvernance à l'échelle des bassins versants est tout aussi importante dans les autres régions.

D'autres Adhérents, tels que l'**Autriche**, qui compte sur son territoire trois grands bassins versants transfrontaliers, ont opté pour une gouvernance différente, qui est axée sur l'aire du bassin versant afin de garantir la coordination et la coopération à l'échelle du bassin versant. La loi sur l'eau autrichienne désigne le ministère fédéral comme étant l'institution chargée de concevoir et de mettre en œuvre les plans de gestion des bassins versants et des risques d'inondation. Les différentes actions figurant dans le programme de mesures sont assignées à l'autorité compétente en fonction de l'échelle de l'intervention (OCDE, 2018[1]).

Parmi les Adhérents latino-américains, le **Mexique** fait lui aussi figure de pionnier s'agissant de la gouvernance des bassins versants ; le pays a commencé par créer des commissions des bassins versants dans les années 40 pour mettre en œuvre les plans de développement axés sur l'eau dans le pays. Comme suite à l'adoption de loi des eaux nationales (LAN), en 1992, le Mexique a créé 13 organisations sur les bassins versants en se fondant sur l'hydrologie des régions. De ce fait, les mesures sont appliquées conformément aux besoins de chaque région hydrographique, puisqu'elles sont mises en place par l'organisation adéquate (OCDE, 2013[6]).

C'est souvent dans le domaine de la gestion des eaux souterraines que les décisions décentralisées sont les plus efficaces. Aux **États-Unis**, par exemple, l'**État du Nebraska**, qui a réussi à gérer efficacement l'irrigation reposant sur l'utilisation de l'eau souterraine, s'appuie sur des mesures de gestion locale définies par les Districts de ressources naturelles (Natural Resource Districts) (OCDE, 2015[7]). Les **États du Kansas et du Texas** ont recours à des agences locales semblables que sont, respectivement, les Districts de gestion des eaux souterraines (Groundwater Management Districts – GMD) et les Districts de conservation des eaux souterraines (Groundwater Conservation Districts – GCD) (Ibid).

Une gouvernance à diverses échelles peut également réduire les déséquilibres, la complexité et les chevauchements s'agissant de certaines fonctions de l'eau. En particulier, les organisations ou institutions axées sur les bassins versants ont un rôle d'intermédiaire important à jouer pour la coopération intercommunale ou interrégionale dans le domaine des inondations, comme l'illustrent les travaux des comités de rivière en Wallonie (**Belgique**) ou l'élargissement de la portée de la gestion des inondations par les communes en **France** (OCDE, 2019[2]).

## 6.3. Encourager la cohérence des politiques et une coordination intersectorielle efficace

La Recommandation demande aux adhérents d'« encourager la cohérence des politiques au travers d'une cohérence intersectorielle efficace, en particulier entre les politiques de l'eau et celles visant l'environnement, la santé, l'énergie, l'agriculture, l'industrie, l'aménagement de l'espace et l'usage des sols ».

Les politiques menées dans des secteurs tels que l'énergie, l'agriculture, l'utilisation des sols, le développement territorial, la santé, les travaux publics/infrastructures, l'économie et la finance peuvent avoir d'importantes répercussions sur la durabilité économique, sociale et environnementale du secteur de l'eau, qui nécessite une coordination horizontale efficace ainsi que de la cohérence entre les diverses mesures. Dans la pratique, toutefois, la fragmentation sectorielle des missions que doivent remplir les ministères et agences publiques fait que les décideurs sont constamment confrontés à des objectifs contradictoires pouvant les inciter à se retrancher dans des approches cloisonnées.

Les pouvoirs publics ne peuvent faire l'impasse sur la cohérence des politiques s'ils souhaitent remplir toute la palette d'objectifs de l'ensemble des secteurs de l'économie sans compromettre la durabilité des ressources en eau. Une meilleure gouvernance de l'eau s'impose pour favoriser les mécanismes interinstitutionnels de coordination horizontale et encourager les synergies et la complémentarité entre différents domaines d'action liés à l'eau. La plupart des Adhérents ont beaucoup travaillé pour coordonner les mesures prises dans le secteur de l'eau et dans d'autres domaines d'action, notamment l'aménagement de l'espace, le développement régional, l'agriculture et l'énergie ; ainsi que pour aller vers une planification stratégique nationale plus cohérente. Par exemple, la loi uniformisée de planification environnementale adoptée en 2018 aux **Pays-Bas** a annulé et remplacé tous les autres plans stratégiques, et a été élaborée conjointement par le gouvernement central et les provinces pour mieux faire coïncider les politiques relatives à l'aménagement de l'espace, à l'environnement, à l'eau, aux paysages, à l'agriculture, au patrimoine culturel et aux infrastructures énergétiques. Au **Portugal**, la Stratégie énergétique nationale à long terme est préparée par le ministère de l'Économie, en coopération avec le ministère de l'Environnement et de l'Aménagement de l'espace ; en France, le Schéma directeur d'aménagement et de gestion des eaux (SDAGE) facilite la coordination entre l'exploitation hydroélectrique et la protection des environnements aquatiques (OCDE, 2015[4]). Dans un grand nombre de secteurs, il existe également des plans de développement juridiquement contraignants, tels que le plan local d'urbanisme et le schéma de cohérence territoriale. En **Irlande**, des comités de coordination veillent à la cohérence des mesures prises par les autorités nationales responsables de l'eau, de l'environnement et de l'agriculture. En outre, le Comité consultatif sur la politique de l'eau (Water Policy Advisory Committee) créé en 2014 est présidé par le ministère du Logement, de l'Urbanisme et des Collectivités locales (Department of Housing, Planning and Local Government) mais appelle également le ministère de l'Agriculture, de l'Alimentation et des Affaires (Department of Agriculture, Food and the Marine) à se coordonner avec le Programme de développement rural (Rural Development Programme) (OCDE, 2018[1]). En **Corée**, la Commission présidentielle de l'eau, qui implique des responsables de huit ministères concernés par la gestion de l'eau, dont le ministère de l'Environnement, encourage la cohérence des politiques et la coordination intersectorielle, conformément à la loi-cadre sur la gestion de l'eau (République de Corée, 2020[8]).

Ces dernières années, des engagements précis ont été pris et des mesures ont été instaurées pour coordonner les politiques agricole et de l'eau. En 2017, les ministres de l'Agriculture des pays du G20 se sont engagés à prendre des mesures pour améliorer l'utilisation de l'eau dans le secteur agricole, et notamment à encourager la cohérence de leurs politiques dans ce domaine (Gruère, Ashley et Cadilhon, 2018[9]). La même année, la Commission européenne a renouvelé ses efforts de coordination des mesures dans les domaines de l'eau et de l'agriculture via le groupe de réflexion sur l'eau et l'agriculture après avoir considéré les progrès à réaliser dans ces deux domaines. Pour cela, elle a organisé trois ateliers thématiques, créé une plateforme de connaissances sur l'agriculture et l'eau, et mis au point un outil visant à une meilleure gestion des éléments nutritifs au niveau des exploitations. L'enquête de 2019 sur la mise en œuvre a également révélé que 21 répondants avaient pris des mesures pour aller vers une plus grande cohérence des politiques agricole et de l'eau (Graphique 6.5).[5]

## Graphique 6.5. Cohérence entre la gestion de l'eau et d'autres plans sectoriels Réunions encadrées par un organe directeur Partage des informations et des connaissances

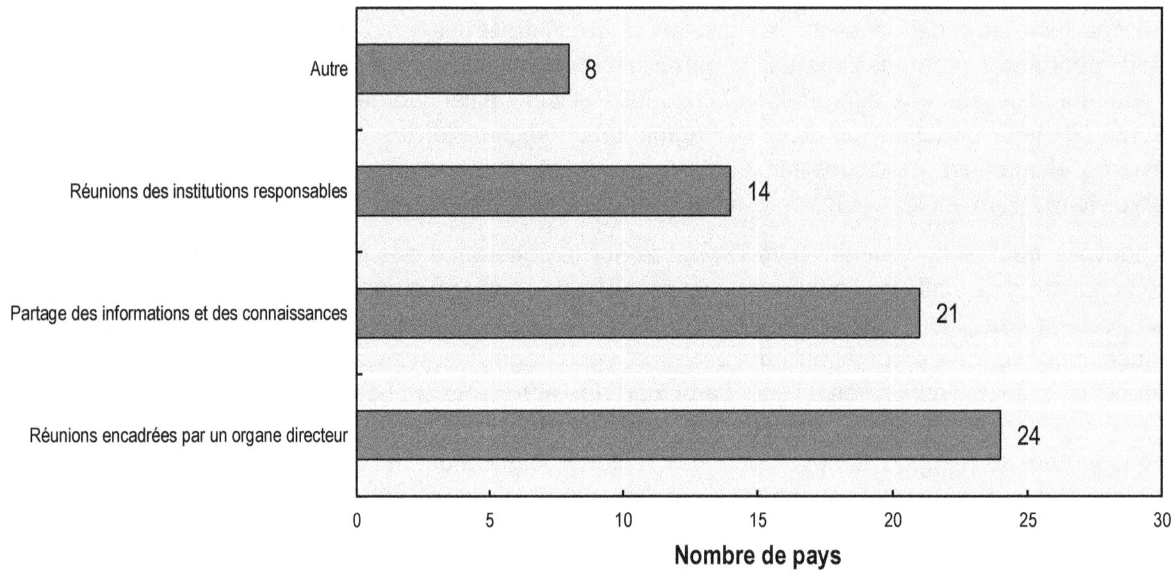


Note : Réponses à la question : « Comment votre pays veille-t-il à la cohérence entre la gestion de l'eau et d'autres plans mis en place dans les secteurs de l'agriculture, de l'utilisation des sols et du développement urbain, ou de l'énergie ? ». Des réponses multiples étaient admises.
Source : Enquête de 2019 relative à la mise en œuvre de la Recommandation du Conseil de l'OCDE sur l'eau ; 27 réponses reçues dont 26 de la part d'Adhérents.

Parvenir à une complémentarité des politiques suppose d'encourager une approche stratégique globale recouvrant le secteur de l'eau et les domaines qui s'y rapportent. Au **Mexique**, par exemple, le Comité technique de la Commission nationale de l'eau (CONAGUA) coordonne les politiques de l'eau et définit des stratégies communes à de multiples ministères et agences (ministère de l'Environnement et des Ressources naturelles, SEMARNAT ; ministère du Développement social, SEDESOL ; ministère de l'Agriculture, de l'Élevage, du Développement rural, de la Pêche et de l'Alimentation, SAGARPA ; Trésor ; Énergie ; Commission nationale forestière, CONAFOR ; et Institut mexicain des technologies de l'eau, IMTA) (OCDE, 2015[4]). La **France** a quant à elle créé le Comité interministériel pour le développement durable par décret en 2003. Chaque année, ce comité réunit les ministres chargés de l'intérieur, des affaires sociales, de l'emploi, des affaires étrangères, des affaires européennes, de la défense, de la jeunesse, de l'éducation, de la recherche, de l'économie, des finances, de l'industrie, des transports, du logement, du tourisme, de la santé, de l'agriculture, de la culture, de la réforme de l'État, du développement territorial, de la ville et des collectivités locales, des sports et de l'Outre-mer. Il prépare en outre un rapport annuel d'évaluation sur la mise en œuvre de la stratégie et des plans d'action (OCDE, 2015[4]).

## 6.4. Adapter le niveau de capacité à la complexité des défis à relever dans le domaine de l'eau

La Recommandation demande aux Adhérents d'« adapter le niveau de capacité des institutions responsables à la complexité des défis à relever dans le domaine de l'eau, et à l'ensemble des compétences requises pour exercer leurs fonctions ».

Le développement des compétences, de l'expertise technique et des connaissances, d'une part, et la disponibilité du personnel et de délais suffisants, d'autre part, constituent des prérequis pour une gouvernance efficace de la politique de l'eau. Dans un contexte de décentralisation de la politique de l'eau notamment, les pouvoirs publics sont confrontés à une question fondamentale, à savoir si les instances infranationales sont prêtes ou suffisamment matures pour endosser les responsabilités associées à des tâches dédiées ou décentralisées. Tout décalage entre la capacité requise pour supporter les responsabilités dans le domaine de l'eau et les capacités organisationnelles, techniques, procédurales, collaborationnelles et infrastructurelles des autorités responsables se répercutera sur la mise en œuvre des politiques nationales de l'eau. Le renforcement des institutions et des capacités à tous les niveaux est indispensable pour que les politiques de l'eau puissent relever les défis de l'avenir.

Afin de pallier les déficits de capacités, la Région flamande (**Belgique**) a entrepris de passer au crible les installations hydrauliques des administrations locales afin de rationaliser la consommation d'eau dans les bâtiments ; cette initiative s'inscrit dans une démarche de réduction de la consommation d'eau de 30 % dans les villes. Ce projet s'accompagne d'une réforme structurelle visant à adapter les profils de compétences des techniciens pour remédier aux déficits de capacités observés dans l'administration locale (OCDE, 2018[1]). Pour répondre aux difficultés de mise en œuvre des politiques à l'échelle locale, l'**Irlande** a créé une Unité scientifique et de gestion des bassins versants qui a permis de renforcer la base de connaissances dans le domaine de la gestion des bassins versants et de cibler convenablement les ressources (OCDE, 2018[1]). En **Australie**, le Conseil des gouvernements australiens (Council of Australian Governments – CoAG) a publié, en 2017, des modules de formation de l'Initiative nationale de l'eau (National Water Initiative – NWI) sur la prise en compte du changement climatique et des phénomènes météorologiques extrêmes dans l'aménagement et la gestion des eaux (Considering climate change and extreme events in water planning and management) et la participation des populations autochtones dans l'aménagement et la gestion des eaux (Engaging Indigenous peoples in water planning and management). La NWI doit être passée en revue régulièrement pour évaluer les progrès réalisés au niveau de ses objectifs et missions. La dernière évaluation a reconnu l'importance de garder le cap dans les secteurs de la réforme où les capacités se renforcent, en particulier dans les domaines de l'eau urbaine, des intérêts des populations autochtones vis-à-vis de l'eau et de la gestion des eaux de l'environnement (OCDE, 2019[10]).

Dans le secteur de l'eau, le renforcement des capacités concerne à la fois les moyens d'action « durs » et « souples ». L'idée selon laquelle les équipements, les ressources et les intrants ne permettront pas à eux seuls d'améliorer durablement la gouvernance de l'eau fait son chemin. Les moyens d'actions « durs », qui ciblent généralement les installations, les équipements et les infrastructures doivent venir compléter des capacités dites « souples », à savoir des connaissances et des compétences en management ainsi qu'une expertise sociale et des compétences telles que l'animation, l'intégrité ainsi qu'une coordination et une communication efficaces. Le renforcement des capacités souples a été au cœur des actions menées en **Autriche**, où des associations professionnelles encouragent l'éducation et la formation des professionnels de l'eau, des institutions et des parties prenantes dans leur ensemble. En **Irlande**, l'Agence de protection de l'environnement (Environmental Protection Agency – EPA) a pour responsabilité de soutenir et conseiller les autorités locales au travers du Réseau pour le respect et l'application de la législation environnementale en Irlande (Network for Ireland's Environmental Compliance and Enforcement – NIECE). Il s'agit là d'une mission délicate étant donné que l'EPA est également chargée de superviser les activités des autorités locales autour de la mise en œuvre de la législation environnementale (OCDE, 2018[1]).

Selon l'enquête de l'OCDE relative aux activités existantes dans le domaine du développement des capacités (Scoping Existing Capacity Development Activities) menée auprès des membres de l'Initiative de l'OCDE sur la gouvernance de l'eau, la plupart des répondants (72 %) ont déjà intégré tout ou partie des Principes sur la gouvernance de l'eau dans leurs activités liées au développement des capacités, que la gouvernance fonctionne comme un module indépendant ou en conjonction avec d'autres thématiques. Cependant, on ne dispose que de peu d'informations sur les conséquences à long terme du développement des capacités sur l'amélioration des résultats d'ensemble de la gouvernance de l'eau. De plus, le manque de financements empêche de développer les capacités de manière plus homogène.

## 6.5. Utiliser des données et informations pour guider les politiques

La Recommandation demande aux Adhérents de « produire, mettre à jour, et partager des données et informations relatives à l'eau qui soient opportunes, cohérentes, comparables et utiles à l'action des pourvoir publics, et les utiliser pour guider, évaluer et améliorer les politiques de l'eau ».

L'amélioration de la gouvernance de l'eau nécessite des données (faits quantifiables et qualitatifs liés à l'eau) et des informations (données interprétées liées à l'eau) hydrologiques, techniques, sociales, économiques et financières. Il importe de pouvoir produire et accéder à des informations cohérentes, comparables et facilement disponibles afin d'analyser objectivement chaque situation et élaborer des stratégies de l'eau qui améliorent les résultats des politiques en termes d'efficacité économique, d'équité et de durabilité environnementale. De nombreux adhérents se sont dotés de systèmes d'information et de bases de données unifiés sur l'eau, à l'image de l'**Espagne** (une base de données nationale en accès libre regroupe les informations relatives aux 25 plans de gestion de district hydrographique [6]), du **Portugal** (Système d'information national sur les ressources en eau – SNIRH), de l'**Australie** (Système d'information sur les ressources en eau – Water Resources Information System, AWRIS), et de la **France** (Système d'information des services publics d'eau et d'assainissement – SISPEA) (OCDE, 2018[1]). En Espagne, le secteur de l'eau subit actuellement une transformation numérique afin d'améliorer la qualité des données et des informations. Cela devrait permettre d'associer de nouvelles technologies (intelligence artificielle, apprentissage profond, mégadonnées) à des méthodes d'exploitation avancées au niveau de la production (bassin, station d'épuration des eaux usées, eaux souterraines), du transport et de la distribution de l'eau potable et des réseaux d'assainissement. Cette transformation numérique devrait concerner toutes les parties prenantes simultanément : différents niveaux de la fonction publique, le secteur privé, les autorités réglementaires, les prestataires de services, d'autres groupes concernés et la population devraient arriver à percevoir le résultat final de ce modèle de gouvernance des données de bout en bout.

Dans le cadre de la démarche de notification et de respect des normes de la directive-cadre de l'**Union européenne** sur l'eau, le Système d'information européen sur l'eau (WISE) propose un portail d'information sur web rassemblant des informations allant des eaux intérieures aux eaux marines, réparties dans les sections suivantes : politiques de l'eau de l'UE, données et thèmes, modélisation et projets et recherche. Le système d'information WISE repose sur un partenariat entre la Commission européenne (DG Environment, Centre commun de recherche et Eurostat) et l'Agence européenne pour l'environnement, appelés « groupe des quatre » (Go4). Cet outil a été mis à la disposition du public en 2007 (OCDE, 2015[4]).

Des données pertinentes sur les ressources en eau et les services de l'eau sont essentielles pour créer des stratégies de gouvernance de l'eau sur mesure, mesurer les résultats et détecter de possibles goulets d'étranglement. Les gouvernements centraux peuvent éprouver des difficultés à promouvoir et évaluer les ressources en eau et les stratégies de service sans remontées d'informations de la part des autorités infranationales. Au **Mexique**, par exemple, neuf États sont convenus de mettre au point un système d'information sur la quantité (disponibilité et étendue géographique) et la qualité de l'eau pour les différents bassins versants et bassins d'affluents de leur région en 2004 (OCDE, 2013[6]).

La production et l'échange d'informations sont également indispensables pour établir une relation de confiance et une vision partagée entre les autorités responsables et les parties prenantes. Les offices statistiques nationaux jouent un rôle clé dans la production de ces données et/ou l'harmonisation des indicateurs permettant d'établir des comparaisons entre les unités et dans le temps. Les autorités infranationales et les agences de développement régional/local jouent aussi un rôle important de collecte et d'utilisation des données pour éclairer le processus d'élaboration des politiques de l'eau. En 2013, la **Turquie** a créé un Système d'information national sur l'eau en ligne, qui rassemble des données nationales sur la qualité de l'eau et sa quantité, les régimes d'allocation et les risques liés à l'eau. Ce système d'information présente les données sur l'eau à l'échelle des bassins versants et vise à encourager tous les acteurs des secteurs liés à l'eau à s'investir dans la production de données. Il permet en outre de mettre en évidence des manques de données ou des doublons et rassemble des données, cartes, statistiques et documents qui s'articulent autour de neuf modules : infrastructures environnementales, gestion des bassins versants, changement climatique, eaux souterraines, eaux superficielles, qualité de l'eau, sécheresse, inondations et allocation de l'eau (OCDE, 2018[1]). L'**Irlande** suit quant à elle une approche différenciée de la caractérisation, qui résulte dans des données et des observations structurées aux échelles nationale, des bassins versants (46), des bassins d'affluents (583) et des entités hydrologiques (4 829). Ces données sont compilées dans une nouvelle application informatique nommée Water Framework Directive (WFD) Application, qui est gérée par l'Agence irlandaise de protection de l'environnement ; tous les organismes publics concernés par la gestion et la protection de l'eau en Irlande y ont accès (OCDE, 2018[1]). En **Israël**, l'instauration de nouveaux tarifs pour les secteurs d'activité produisant des effluents dont la concentration en substances polluantes est élevée a favorisé le développement d'un système d'information de pointe sur la qualité de l'eau. Lorsque ces tarifs ont été créés, en 2011, les technologies utilisées pour assurer le suivi de ces effluents ont considérablement progressé. Les nouveaux systèmes de mesure en ligne fournissent de précieuses informations qui aiguillent la gestion des services de l'eau, comme les modifications de prévisions relatives à la consommation d'eau, la détection de fuites en quasi-temps réel, etc. Tout cela a permis aux compagnies des eaux et aux sociétés de traitement des eaux usées d'améliorer la qualité des services de l'eau (les fuites d'eau ont enregistré une baisse de 30 % environ il y a dix ans et ont atteint une moyenne nationale inférieure à 11 %) (OCDE, 2018[1]). Pour continuer à améliorer les services de l'eau, les parties prenantes doivent impérativement avoir accès à ce type d'informations ainsi qu'à un système efficace de suivi, d'alerte précoce, d'aide à la décision en matière de gouvernance du secteur de l'eau et de protection contre les phénomènes météorologiques extrêmes.

## 6.6. Mobiliser efficacement les financements pour l'eau

La Recommandation demande aux Adhérents de « veiller à ce que les cadres de gouvernance permettent de mobiliser les financements pour l'eau, et allouer les ressources financières de manière efficace et transparente dans un délai convenable ».

Des recettes insuffisantes ou instables dans le secteur de l'eau empêchent de mettre en œuvre efficacement les politiques de l'eau dans les pays adhérents.

La coordination entre les différents niveaux de l'administration est nécessaire pour recenser, faire coïncider et accélérer les besoins de financement. En effet, les stratégies nationales ne prévoient pas toujours de règles précises concernant le financement de l'eau.

L'observation d'un certain nombre de pays donne des pistes précieuses à suivre pour améliorer la gouvernance pluri-niveaux et la planification des besoins de financement. En vertu de la loi sur les ressources en eau du **Canada**, par exemple, plusieurs niveaux de l'administration partagent la charge financière des projets liés à l'eau en vertu des accords de la loi sur l'eau : des accords conclus pour des programmes particuliers permettent aux instances participantes de contribuer au financement, à l'information et à l'expertise dans des proportions définies à l'avance. S'agissant des activités en cours, comme les accords relatifs à l'étude de la quantité d'eau conclus avec chaque province, le partage des coûts s'effectue en fonction des besoins de données de chaque partie. En général, le gouvernement fédéral couvre la moitié des coûts et le gouvernement provincial concerné verse l'autre moitié. Les études portant sur l'aménagement sont menées à l'échelle interprovinciale, internationale ou des autres bassins versants présentant un intérêt important pour l'État fédéral. La mise en œuvre des recommandations s'effectue sur le plan fédéral, provincial et fédéral-provincial. En général, l'État fédéral ; les provinces et les communes cofinancent les grands travaux d'infrastructure (OCDE, 2015[4]).

Aligner les plans stratégiques pluriannuels sur les budgets annuels et les priorités des pouvoirs publics à moyen permet d'assurer la continuité des politiques de l'eau, y compris lorsqu'elles traversent plusieurs cycles politiques. Au **Portugal**, les autorités ont établi des plans stratégiques sur six ans qui orientent la mise en œuvre de la politique sur les services de l'eau et coïncident avec les fonds accordés par l'UE sous la houlette du Fonds de cohésion et d'autres programmes européens. Ce plan, révisé tous les six ans, conserve la même structure à des fins de cohérence (OCDE, 2018[1]).

## 6.7. Mettre en œuvre et appliquer la réglementation sur l'eau

La Recommandation demande aux Adhérents de « veiller à ce que les cadres réglementaires pour la gestion rationnelle de l'eau soient mis en œuvre et appliqués de façon efficace dans la poursuite de l'intérêt public ».

Des cadres réglementaires exhaustifs, cohérents et prévisibles construits sur des moyens d'action et des institutions efficaces sont essentiels pour définir les règles, les normes et les directives qui permettront aux politiques de l'eau de produire leurs résultats. Une réglementation pertinente permet de garantir le bon fonctionnement de l'économie tout en satisfaisant à d'importants objectifs sociaux et environnementaux. Elle contribue également à assoir la confiance du public envers l'efficacité des décideurs.

Les Adhérents ont adopté différents types de cadres réglementaires pour optimiser les résultats de diverses fonctions liées aux services de l'eau. Outre l'autorégulation, les principaux modèles réglementaires comprennent (OECD, 2009) : la réglementation par les pouvoirs publics ; la réglementation par contrat, qui précise les régimes réglementaires dans des instruments juridiques (modèle français) ; la réglementation indépendante (modèle anglo-américain) ; et l'externalisation des fonctions réglementaires à des tiers, qui consiste à déléguer à des sous-traitants des activités telles que la révision des tarifs, les analyses comparatives et le règlement des conflits.

Les Adhérents ont massivement adopté un troisième modèle – qui consiste à créer des organes de réglementation spécialement dédiés aux services de l'eau et de l'assainissement – pour relever certains défis posés par les services de l'eau (Graphique 6.6). Ce modèle a également accompagné la réforme du secteur de l'eau entreprise par de nombreux Adhérents ces 20 dernières années, en particulier la transformation des opérateurs de l'eau en sociétés et l'uniformisation des services de l'eau (dans des pays tels que l'**Irlande** ou le **Portugal**). Par la force des choses, ces organes de réglementation interagissent avec tout un éventail d'institutions. Dans les pays et territoires passés en revue par l'OCDE en 2014 dans le cadre de l'enquête sur l'application d'une réglementation plus efficace dans le secteur des services de l'eau (*Applying Better Regulation in the Water Service Sector*) les autorités de réglementation font partie d'un cadre plus vaste à l'échelle nationale ou infranationale. En général, ce cadre réglementaire fait intervenir les ministères sectoriels (de l'Environnement ou des Ressources naturelles) chargés des politiques de l'eau, les services sanitaires responsables des normes de qualité de l'eau et les ministères de l'environnement chargés de la gestion des effluents. Diverses agences publiques, comme les agences de protection de l'environnement, interviennent sur des thématiques précises de la réglementation de l'eau.

### Graphique 6.6. Statut des agences de réglementation de l'eau dans certains pays membres et non membres de l'OCDE

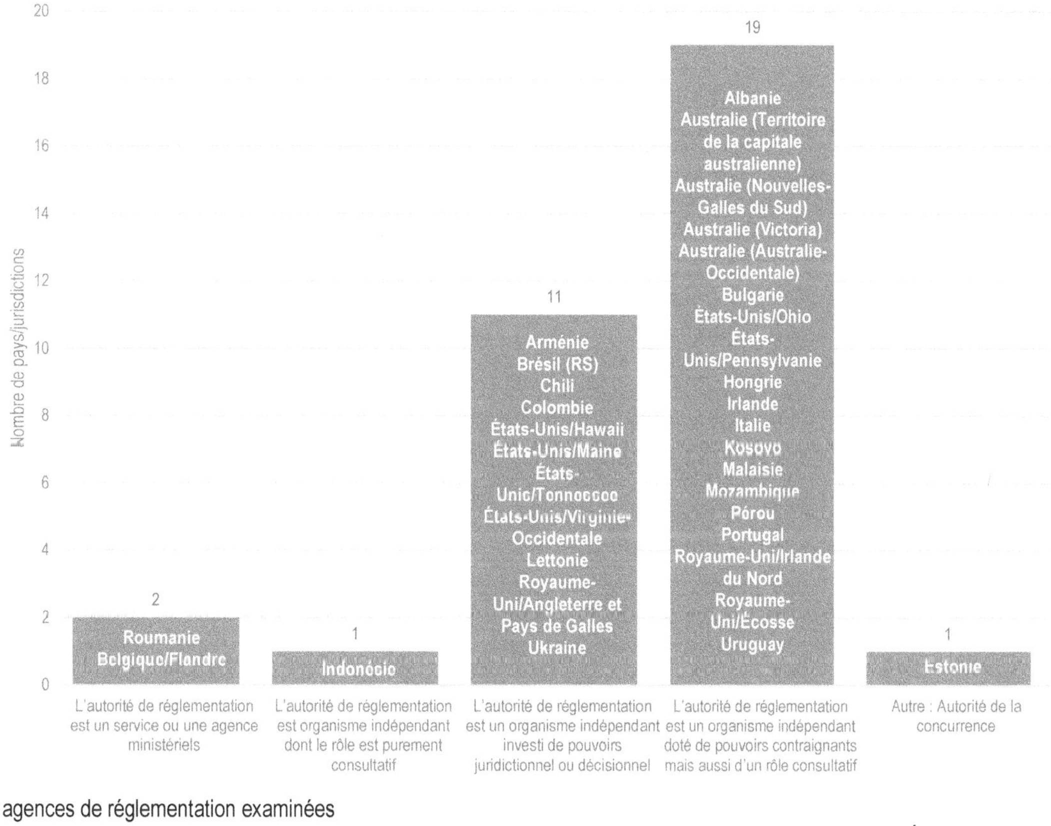


Note : 32 agences de réglementation examinées
Source : OCDE (2015), The Governance of Water Regulators, OECD Studies on Water, Éditions OCDE, Paris, https://doi.org/10.1787/9789264231092-en.

Les données relatives aux indicateurs de l'OCDE sur la gouvernance des régulateurs sectoriels (OECD, 2018)[7] montrent les résultats des autorités de réglementation de l'eau à plusieurs niveaux essentiels pour un cadre réglementaire adéquat. Cette base de données recense les informations relatives à 16 organismes de réglementation de l'eau dans les pays suivants : **Australie, Belgique, Chili, Corée Danemark, Estonie, Hongrie, Irlande, Israël, Italie, Lettonie, Pays-Bas, Portugal, République slovaque, République tchèque et Royaume Uni**. Les objectifs et fonctions de ces 16 organismes sont définis dans la loi. Cela garantit la prévisibilité du cadre juridique et institutionnel pour le secteur. Plusieurs organismes prennent des mesures afin de garantir leur transparence en tant qu'institution, au même titre que la transparence de leurs règles et procédures (Tableau 6.1, lignes a-d). Cela peut supposer de rendre compte de leurs activités (16 autorités sur 16), de publier des plans d'action prospectifs (11 sur 16), de publier l'ensemble de leurs décisions, résolutions et accords (15 sur 16) et de présenter leur cheminement jusqu'à la prise de décision en fournissant des pièces justificatives et des données (14 sur 16). De nombreuses autorités de réglementation recourent également à des outils tels que les mécanismes d'évaluation et de consultation pour favoriser la qualité de leurs procédures et mettent les résultats obtenus à la disposition du public (lignes e-h). Souvent, les autorités de réglementation vont au-delà de leurs obligations juridiques en termes de transparence et de mobilisation des parties prenantes. Par exemple, toutes les autorités passées en revue rendent compte de leurs activités, même si elles ne sont pas tenues de le faire d'un point de vue juridique (**Estonie, Grande-Bretagne, République tchèque**) (ligne a). De même, les autorités de réglementation ont rarement pour obligation de donner suite aux commentaires que transmettent les parties prenantes et, pourtant, elles sont 13 sur 16 à s'y astreindre, et huit d'entre elles ne sont juridiquement pas tenues de le faire (**Australie, Belgique, Danemark, Estonie, Irlande, Italie, Pays-Bas, Royaume-Uni**).

**Tableau 6.1. Modalités de gouvernance des autorités de réglementation du secteur de l'eau**

| | AUS | BEL | CHL | CZE | DNK | EST | HUN | IRL | ISR | ITA | KOR | LVA | NLD | PRT | SVK | GBR | Légende |
|---|---|---|---|---|---|---|---|---|---|---|---|---|---|---|---|---|---|
| a. L'autorité de réglementation est-elle juridiquement tenue de publier un rapport d'activité ? | ● | ● | ● | ♦ | ● | ♦ | ● | ● | ● | ● | ● | ● | ● | ● | ● | ♦ | Oui : ●<br>Non, mais l'autorité de règlement le fait : ♦ |
| b. La publication d'un plan d'action prospectif constitue-t-elle une obligation légale en vue d'améliorer la transparence des activités de l'autorité de réglementation ? | ● | - | - | ● | - | ● | - | ● | ● | ● | ● | ● | ● | - | ● | ● | Oui : ●<br>Non/sans objet : - |
| c. La publication de l'ensemble des décisions, résolutions et accords constitue-t-elle une obligation légale en vue d'améliorer la transparence des activités de l'autorité de réglementation ? | ● | - | ● | ● | ● | ● | ● | ● | ● | ● | ● | ● | ● | ● | ● | ● | Oui : ●<br>Non/sans objet : - |
| d. L'autorité de réglementation doit-elle motiver ses décisions (au moyen de justificatifs et de données) ? | ● | - | ● | ♦ | - | ● | ● | ● | ♦ | ♦ | ● | ● | ● | ● | ● | ● | Oui, pour toutes les décisions : ●<br>Oui, mais pas pour toutes les décisions : ♦<br>Non : - |
| e. L'autorité de réglementation publie-t-elle ses projets de décision et collecte-t-elle les retours des parties prenantes ? | ♦ | - | - | ● | ♦ | ♦ | - | ♦ | ● | ♦ | ● | ● | ● | ● | ● | ♦ | Oui, conformément à la loi : ●<br>Oui, même en l'absence d'obligation légale : ♦<br>Non : - |
| f. L'autorité de réglementation propose-t-elle un retour d'information relatif aux commentaires que transmettent les parties prenantes ? | ♦ | ♦ | - | ● | ♦ | ♦ | - | ♦ | - | ♦ | ● | ● | ♦ | ● | ● | ♦ | Oui, conformément à la loi : ●<br>Oui, même en l'absence d'obligation légale : ♦<br>Non : - |
| g. La consultation du public à propos des activités pertinentes constitue-t-elle une obligation légale ? | ● | - | ● | - | ● | ● | ● | ● | ● | ● | ● | ● | ● | ● | ● | ● | Oui : ●<br>Non/sans objet : - |
| h. L'autorité de réglementation collecte-t-elle des informations relatives à la qualité du processus réglementaire ? | ● | ● | ● | - | ● | ● | ● | ● | ● | ● | ● | ● | ● | ● | - | ● | Oui : ●<br>Non/sans objet : - |

Source : OCDE (2018) Base de données sur la gouvernance des régulateurs sectoriels

## 6.8. Promouvoir des pratiques de gouvernance de l'eau innovantes

La Recommandation demande aux Adhérents de « promouvoir l'adoption et la mise en œuvre de pratiques de gouvernance de l'eau innovantes entre les autorités responsables, les différents échelons de l'administration et les parties prenantes concernées ».

L'innovation est importante dans le secteur de l'eau et peut accompagner la transition vers un avenir plus durable et plus sûr. La proportion dans laquelle les innovations peuvent être efficacement mises en œuvre et transposées à plus grande échelle fait l'objet de cadres de gouvernance à visée facilitatrice.

Il est communément admis que la mise en œuvre de systèmes innovants suppose d'améliorer la gouvernance de l'eau aux différents échelons de l'administration, au niveau des secteurs et des parties prenantes intervenant dans la gestion de l'eau à des fins diverses. Plusieurs Adhérents ont instauré des « pactes » pour réaliser des objectifs communs à divers niveaux de l'administration et renforcer les capacités. Aux **Pays-Bas**, par exemple, le ministère des Infrastructures et de l'Environnement, trois autorités régionales de l'eau, cinq villes (La Haye, Dordrecht, Gouda, Rotterdam et Zwolle) et sept autres partenaires (centres de recherche et entreprises) ont signé un accord relatif à l'adaptation au changement climatique (Climate Adaptation City Deal). L'objectif était de créer un environnement d'apprentissage du changement climatique à l'échelle urbaine pour les quatre prochaines années. Ce dispositif a notamment permis de promouvoir des idées innovantes pour s'attaquer aux risques d'inondation, inscrire l'aménagement des eaux et l'aménagement de l'espace dans une démarche unifiée, et renforcer la coopération en général (Charbit et Romano, 2017[11]). Ce type de pratique a également été observé au niveau des contrats passés par la ville de Paris (**France**), les autorités de sa zone d'influence et les agriculteurs pour promouvoir la coopération entre les aires d'approvisionnement en eau et le cœur urbain. L'opérateur de l'eau de la ville, Eau de Paris, prend part à deux programmes – Phyt'Eaux Cités et Preri – visant à préserver et à améliorer la qualité de l'eau au niveau de ses zones de captage, en partenariat avec l'agence de l'eau Seine-Normandie. Le premier programme, Phyt'Eaux Cités, encourage les populations vivant en banlieue, les parcours de golf, les jardineries et les réseaux de transport à réduire ou à stopper leur utilisation de pesticides dans les bassins de l'Yvette, de l'Orge et de la Seine. Le second programme, Preri, vise à prévenir les risques industriels à proximité de la Seine et de l'Yerres en identifiant et en surveillant les sites potentiellement dangereux du point de vue des déchets industriels (OCDE, 2016[5]).

Les bonnes pratiques incluent la promotion de méthodes innovantes pour coopérer, mettre en commun les ressources et les capacités, créer des synergies entre les secteurs et chercher des gains d'efficacité. À titre d'exemple, un comité réunissant de multiples parties prenantes (représentants du secteur associatif, secteur industriel, secteur public, autres échelons de l'administration et services municipaux) a été créé à Montréal (**Canada**) pour améliorer la qualité de l'eau rejetée dans sa zone d'attraction. La ville de New York (**États-Unis**) a également passé un accord avec des localités de son bassin versant et d'autres autorités afin de préserver la qualité de l'eau et le dynamisme économique de la région via des partenariats entre zones urbaines et zones rurales (OCDE, 2016[5]). La coopération fondée sur une participation de l'État à un niveau plus élevé donne naissance à des consortiums (**Espagne, Italie**), qui correspondent à des organisations autonomes dotées d'un conseil d'administration et de personnel qui se consacre au cycle de l'approvisionnement en eau potable (de la production à la distribution) (par exemple, le Partenariat pour l'eau du Grand Bilbao est un consortium réunissant 43 communes, le gouvernement de la province de Biscaye, la Communauté autonome du Pays basque et le gouvernement central). Par ailleurs, en **France**, le Conseil communautaire est un organe élu pouvant agir pour le compte des communes au sujet de problématiques précises dans le domaine de l'eau et, en **Espagne**, l'Autorité métropolitaine de Barcelone encourage une vision commune au niveau des autorités locales ainsi que la mise en commun des infrastructures et des dépenses (OCDE, 2016[5]).

Des pratiques innovantes s'observent déjà au niveau du partage de nouvelles formes de données et d'informations dans le cadre de collaborations entre diverses parties prenantes, comme les universités et certains systèmes publics. En 2017, la **Turquie** a notamment intégré son Système national d'information sur l'eau au système « E-gouvernement », portail public d'information en ligne dédié à la qualité des services publics. Cette initiative a pour objectif ultime de développer l'apprentissage social de la politique de l'eau et d'encourager les acteurs non gouvernementaux (universités, ONG, etc.) à utiliser les données mises à disposition (OCDE, 2018[1]). Aux **Pays-Bas**, le système Waves est une initiative de données ouvertes lancée par l'Office des eaux pour promouvoir l'apprentissage social dans le pays. Le système Waves met à la disposition du public de grands volumes de données relatives aux résultats de chaque autorité responsable des ressources en eau. Tous les deux ans, l'Office des eaux des Pays-Bas analyse les données produites et publie un rapport comparant les résultats de toutes les autorités. Outre les données ouvertes et les rapports, le site internet propose également des outils permettant de réaliser de simples analyses (OCDE, 2018[1]). Les **Pays-Bas** recourent également à la participation en ligne pour constituer des observatoires citoyens dédiés à la gestion des risques d'inondation (OCDE, 2015[12]). Le **Portugal** utilise quant à lui les systèmes de données ouvertes sous la forme d'une application mobile développée par l'Autorité de régulation des services de l'eau et des déchets (Entidade reguladora dos serviços de aguas e resíduos – ERSAR). Cette application a pour but de donner des informations pertinentes aux usagers des services de l'eau et des déchets au Portugal, comme la qualité du service rendu à chaque usager, à des fins de comparaison entre différentes zones géographiques. (OCDE, 2015[12]).

## 6.9. Généraliser les pratiques d'intégrité et de transparence

La Recommandation demande aux Adhérents de « généraliser les pratiques d'intégrité et de transparence dans les politiques de l'eau, au sein des institutions relatives à l'eau et dans les cadres de gouvernance de l'eau pour une plus grande redevabilité et confiance dans les processus décisionnels ».

L'intégrité et la transparence sont deux notions essentielles pour susciter et renouveler la confiance envers les pouvoirs publics et les institutions relatives à l'eau. L'intégrité constitue un prérequis absolu pour veiller à ce que les ressources existantes et les décisions servent la société et améliorent l'équité, l'efficience et la durabilité.

La promotion de l'intégrité et de la transparence nécessite l'appui des autorités à leur niveau le plus élevé ainsi qu'un environnement institutionnel favorable pour les acteurs chargés de mettre en œuvre les mesures correspondantes. Aussi, l'intégrité et la transparence sont fondamentales pour l'ensemble des politiques et institutions liées à l'eau, la législation et la réglementation à divers niveaux, les projets et programmes d'investissement, ainsi que pour les modèles économiques d'entités publiques et privées investies dans la gestion des ressources en eau et dans la prestation de services liés à l'eau. La Commission internationale pour la protection du Danube (International Commission for the Protection of the Danube River – ICPDR), qui s'écoule à travers dix pays européens (**Allemagne, Autriche, République tchèque, République slovaque, Hongrie, Croatie, Roumanie et Bulgarie**) a œuvré en ce sens et mis au point des règles de procédure pour généraliser des pratiques intègres et transparentes et, de cette manière, responsabiliser davantage la commission et favoriser la confiance envers son processus de décision. La portée de ces règles va des bases des traités aux règles organisationnelles qui s'appliquent aux membres du personnel du secrétariat permanent. Par ailleurs, la commission s'investit en faveur d'une participation active des parties prenantes et de la société civile par le biais d'organisations observatrices ainsi que par des consultations publiques concernant l'élaboration de plans de gestion du bassin versant (OCDE, 2018[1]).

Au cours de la dernière décennie, les évaluations comparatives se sont développées aux **Pays-Bas** à la suite d'un appel à plus de transparence et de responsabilisation dans le secteur de l'eau. Les dispositifs existants varient selon le nombre d'organisations étudiées et au niveau de la notation, de l'apprentissage et de l'échange de bonnes pratiques et de la mise au point d'indicateurs de performances. Outre ces outils, l'association de consommateurs Consumentenbond joue également un rôle de premier plan s'agissant de la protection des intérêts des consommateurs dans tous les domaines liés à l'eau et à l'assainissement, et en particulier la qualité des services.

## 6.10. Promouvoir l'engagement des parties prenantes

La Recommandation demande aux Adhérents de « promouvoir l'engagement des parties prenantes afin qu'elles contribuent à l'élaboration et à la mise en œuvre des politiques de l'eau de manière éclairée et orientée sur les résultats ».

Le secteur de l'eau touche un vaste ensemble de parties prenantes issues des secteurs public et privé ainsi que d'organisations à but non lucratif. Outre les décideurs et les pouvoirs publics, les citoyens, les acteurs privés, les usagers finaux, les banques d'investissement et les fournisseurs d'infrastructures et prestataires de services sont concernés par les résultats des politiques de l'eau, c'est pourquoi leur engagement doit être recherché (Encadré 6.1).

### Encadré 6.2. L'engagement des parties prenantes

L'engagement des parties prenantes désigne le processus par lequel toute personne ou tout groupe de personnes intéressé(e) ou concerné(e) par une problématique liée à l'eau, et/ou étant en mesure d'en influencer l'issue positivement ou négativement, s'investissent dans les activités correspondantes et la prise de décision, ainsi que la manière dont la politique de l'eau peut affecter directement ou indirectement les acteurs concernés. Cela implique que toutes les parties prenantes, y compris les groupes vulnérables ou dotés de faibles ressources, puissent véritablement s'investir dans les décisions relatives à l'utilisation, à la protection, à la gestion et à l'allocation des ressources en eau (OCDE, 2015[12]). Il convient également d'opérer une distinction entre la participation du public et l'engagement des parties prenantes. La première recouvre toute une palette de procédures et de méthodes conçues pour consulter, impliquer et informer les populations locales et les citoyens (c'est-à-dire le « public », à savoir principalement la société civile et les consommateurs). La seconde offre des perspectives plus larges à diverses catégories d'acteurs, dont les différents échelons de l'administration, le secteur privé, les instances de réglementation, les prestataires de services, les donneurs, les investisseurs et les autres groupes intéressés, au-delà de la société civile sous ses différentes formes (organisations non gouvernementales, mouvements citoyens, etc.).

On distingue six niveaux d'engagement des parties prenantes en fonction des démarches et intentions poursuivis (Graphique 6.7). La *communication* implique de mettre les informations et données relatives à l'eau à la disposition d'autres parties et de sensibiliser au moyen d'un dialogue ouvert avec le public ciblé autour d'un thème précis. La *consultation* vise à interroger les parties prenantes pour réunir leurs commentaires, avis, informations, conseils, expériences et idées. La *participation* suppose d'associer les parties prenantes au processus de décision et donc de les faire participer aux échanges et aux activités. La *représentation* implique une prise de décision collective tenant compte des préférences des différentes parties prenantes et qui, souvent, rend compte de leurs perspectives et de leurs intérêts s'agissant de la gestion d'un projet ou d'une organisation. Les *partenariats* consistent en une collaboration validée en amont entre des institutions, des organisations ou des citoyens qui décident d'unir leurs ressources et leurs compétences au service d'un projet commun ou d'une difficulté à résoudre. La *co-production et les co-décisions* se caractérisent par un équilibre des pouvoirs au niveau du processus décisionnel aboutissant à une politique ou à un projet. Ces deux notions transforment la relation entre les parties prenantes, en leur offrant davantage de contrôle et de participation, et permettent de faire concorder les résultats de la politique ou du projet avec leurs aspirations et besoins.

## Graphique 6.7. Les différents niveaux d’engagement des parties prenantes

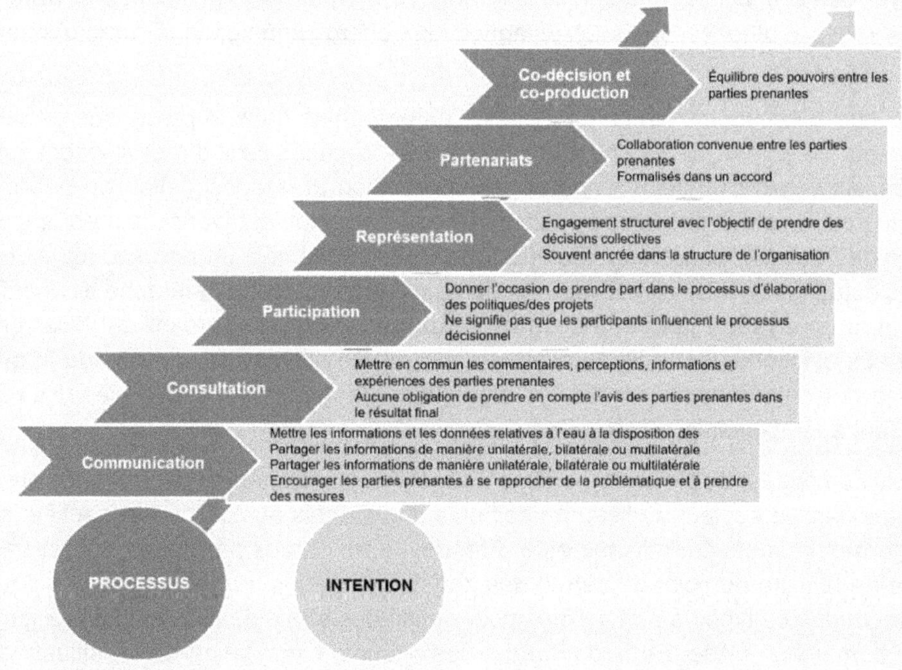


Source : OCDE (2015), Stakeholder Engagement for Inclusive Water Governance, OECD Studies on Water, Éditions OCDE, Paris. http://dx.doi.org/10.1787/9789264231122-en

Source : Cadre d’indicateurs de l’OCDE sur l’eau, OCDE, 2019. http://www.oecd.org/cfe/regionaldevelopment/OECD-Water-Governance-Indicator-Framework_Fran%C3%A7ais.pdf

Le fait d’évaluer l’efficacité et les résultats de l’engagement des parties prenantes peut faire la lumière sur sa contribution à une meilleure gouvernance de l’eau. La réalisation d’évaluations des coûts et avantages de l’engagement des parties prenantes peut fournir les indications nécessaires pour orienter efficacement la prise de décision ainsi que la mise en œuvre des politiques/projets au moyen de données tangibles et d’analyses. Les coûts de l’engagement des parties prenantes dépendant des différentes phases du processus et concernent la production et la communication des informations nécessaires, des dépenses opérationnelles (installations, déplacements, personnel, heures supplémentaires, etc.) ou des objections quant aux décisions finales, ainsi que des retards au niveau de l’élaboration ou de la mise en œuvre des décisions. De manière générale, les avantages peuvent être classés en quatre catégories : l’acceptabilité et la durabilité (mise en œuvre effective, application adéquate de la réglementation, acceptabilité sur le plan politique, appropriation de la décision et de ses résultats) , l’équité et la cohésion sociales (crédit, confiance, satisfaction des consommateurs, responsabilité sociale des entreprises) ; le développement des capacités (sensibilisation, partage des informations, formation de l’opinion) ; et l’efficience économique (économies, rentabilité, gain de temps, avantages économiques plus larges tels que la cohérence des politiques, synergie des projets).

En Allemagne, le Dialogue national sur l’eau repose sur une gouvernance multi-niveaux, qui suppose l’engagement de tous les échelons de l’administration et toutes les parties prenantes concernées, y compris au-delà du secteur de l’eau, ainsi que les citoyens, afin de bâtir une vision commune de la gestion de l’eau. Le premier Forum national de l’eau s’est tenu en octobre 2018 à Berlin et a été l’occasion de débattre des problèmes et des obstacles que rencontrent la gouvernance et la gestion de l’eau dans le pays. Ce forum a réuni 130 participants issus de secteurs très variés. Le ministère de l’Environnement doit élaborer un projet de Stratégie nationale de l’eau d’ici à 2021 en s’appuyant sur cette démarche d’échanges ainsi que sur un certain nombre de principes directeurs. Le Dialogue national de l’eau et la

Stratégie qui s'ensuivra répondent à une demande des parties prenantes, qui estiment que l'eau doit jouer un rôle plus important dans les politiques d'environnement et que la société doit accorder plus d'importance à sa qualité. The Strategy will thus recognise and enforce the political significance of water as the basis for life and its linkages to other sectors such as agriculture, energy and health (Gruère, Ashley et Cadilhon, 2018[9]).

L'Espagne implique aussi depuis longtemps les parties prenantes dans le processus décisionnel lié à la gestion des ressources en eau, démarche appuyée par les exigences de la directive-cadre sur l'eau (DCE). L'autorité du bassin versant du Júcar encourage l'information et la consultation du public ainsi que sa participation à la mise en place du plan de gestion du bassin versant, et favorise la mobilisation des parties concernées afin de donner à l'entité hydrologique de la Manche orientale un statut adéquat et ainsi parvenir à un consensus autour des décisions clés dans le domaine de l'eau. Cette démarche a conduit à l'adoption, par décret royal, du nouveau Plan de gestion de l'eau pour le bassin versant du Júcar en juillet 2014, conformément aux exigences de la DCE, ainsi que d'outils de suivi et de contrôle de la qualité et de la quantité de l'eau présente dans les entités hydrologiques ; de mesures d'économies des ressources ; et de mesures visant à remplacer le pompage de l'eau.

Un ensemble clair de règles, de plateformes et de dispositifs est indispensable pour que l'engagement des parties prenantes dans le secteur de l'eau ne soit plus réactif mais au contraire proactif et systématique. De telles plateformes existent en Belgique et en France, où les parties prenantes sont systématiquement consultées lors de la mise au point de cartes des zones inondables, par exemple. Les pouvoirs publics doivent aussi recourir à ce type de plateformes pour définir des stratégies et des plans à long terme dans le cadre d'une démarche unifiée. Étant donné que les risques d'inondation s'intensifient, la mobilisation des promoteurs immobiliers et des propriétaires fonciers va jouer un rôle de plus en plus important, à l'image du programme participatif de suivi des inondations créé par la compagnie de distribution d'eau potable et d'assainissement Vivaqua, en Belgique. Il est tout aussi important de veiller à ce que les parties prenantes en marge ou vulnérables s'engagent également de manière adéquate, comme cela est le cas en France avec le programme d'actions de prévention des inondations d'Alsace-Moselle, qui prévoit une répartition équitable des coûts et avantages des mesures de gouvernance des inondations.

Au sein de l'Union européenne, l'engagement des parties prenantes s'inscrit dans le cadre de la Stratégie commune de mise en œuvre définie par les ministères européens de l'Environnement et la Commission européenne pour aider les Adhérents à mettre en application les exigences de la DCE. Cette stratégie garantit la participation pleine et entière de parties prenantes telles que les usagers de l'eau, les pouvoirs publics, la communauté scientifique, les organisations internationales et les organisations non gouvernementales (société civile) à la préparation et à l'adoption de documents d'orientation et de consignes destinés à appuyer la mise en œuvre de la directive par les pays Adhérents. Elle permet par ailleurs de veiller à ce que les parties prenantes participent activement au processus de mise en œuvre et à la préparation des décisions, des activités et des résultats qui en découlent. Cette stratégie repose sur trois niveaux distincts, à savoir : les groupes de travail, un groupe de coordination stratégique et un groupe de directeurs de l'eau. Le plus souvent, un consensus est atteint au niveau des groupes de travail et du groupe de coordination stratégique. (OCDE, 2015[4]).

En 2008, le gouvernement de l'Ontario (Canada) a adopté la loi sur la protection du lac Simcoe, qui créé deux comités permanents mobilisant de multiples parties prenantes dans le processus décisionnel, le Comité scientifique du lac Simcoe et le Comité de coordination pour le lac Simcoe. Ces deux comités ont pour objectif d'orienter les mesures prises pour protéger le bassin versant et le lac. Le second est composé de représentants des communes, des communautés autochtones, de l'Office de protection de la nature de la région du lac Simcoe, de la province, des secteurs agricole et industriel, des groupes d'intérêts et du public. Le Plan de protection du lac Simcoe a été établi et rendu public en 2009, au terme d'une vaste campagne de mobilisation des parties prenantes. La démarche suivie a permis à diverses parties prenantes de participer à l'élaboration d'actions pouvant être mises en place, dont des mesures précises du plan ayant une valeur juridique pour la protection d'éléments fragiles du bassin versant.

Aux Pays-Bas, le plan Delta est le fruit d'une initiative commune du ministère des Infrastructures, des provinces, des conseils municipaux et des autorités régionales de l'eau, et repose sur une étroite coopération avec des organisations sociales et des entreprises. Ce programme, qui réunit donc de multiples parties prenantes, a deux objectifs prioritaires qui sont de protéger les Pays-Bas contre les inondations et de garantir la distribution d'eau potable au cours des 100 prochaines années. L'engagement des parties prenantes à l'égard de ce programme a permis d'adapter les stratégies et me niveau de participation de plusieurs parties aux échelles régionale (sous-programmes) et nationale. Fondé sur le dialogue entre les parties prenantes ainsi que sur des calculs et hypothèses techniques, le plan Delta est régi par plusieurs décisions déterminant quelles sont les mesures à prendre pour gérer les risques d'inondation (normes, stratégies), la stratégie pour l'eau douce, les niveaux de l'eau, la protection du delta et l'aménagement de l'espace.

## 6.11. Gérer la complexité de la gouvernance et les arbitrages

La Recommandation demande aux Adhérents de « promouvoir des cadres de gouvernance de l'eau permettant de gérer les arbitrages entre les usagers de l'eau, les zones rurales et urbaines, et les générations ».

Une communauté autochtone du bassin versant du fleuve Fitzroy (Australie) a rédigé une déclaration politique visant à protéger les valeurs traditionnelles et environnementales qui sous-tendent le patrimoine du bassin. Les Aborigènes se posent en gardiens traditionnels du Fitzroy depuis des siècles, mais le développement qui s'accroît dans le bassin versant menace l'avenir du fleuve et de ses riverains. As a result of the "Fitzroy River Declaration", which has been developed based on the OECD Principles, the Government of Western Australia committed to a catchment management plan for the River as well as designated national park areas in parts of the Fitzroy and Margaret Rivers for greater stakeholder engagement.[8]

Un dialogue constructif est l'un des éléments clés de la gestion des arbitrages entre les différents usagers de l'eau, entre zones rurales et urbaines et entre générations. En 2015, le Mexique a créé la Commission du bassin versant de la lagune de Tecocomulco pour venir appuyer le Conseil du bassin versant de la vallée de Mexico, avec pour objectif de supprimer les graves risques de détérioration auxquels la région était confrontée. Cette commission est composée de représentants de différents échelons de l'administration (État fédéral, État fédéré, communes), d'usagers de l'eau et d'organisations de la société civile. Ses responsabilités portent sur la préservation des terres et de l'eau ainsi que sur l'assainissement et les activités de formation afin de favoriser une gestion unifiée des ressources en eau et la résolution des conflits liés à l'eau dans la lagune. La commission s'appuie sur des échanges constructifs entre les différents secteurs, qui n'arrivaient pas à s'entendre jusqu'alors. Grâce à des réunions régulières tenues dans une atmosphère dynamique ainsi qu'à des accords de suivi, elle est citée comme un modèle de participation sociale. Les gouvernements régionaux s'en servent de référence pour mettre en œuvre leurs programmes de développement au niveau des bassins versants.

## 6.12. Suivre et évaluer les politiques et la gouvernance de l'eau

La Recommandation demande aux Adhérents de « promouvoir le suivi et l'évaluation régulière des politiques et de la gouvernance de l'eau, lorsque cela est jugé approprié, faire connaître les résultats au public et procéder à des ajustements lorsque cela est nécessaire ».

L'évaluation peut contribuer à déterminer si les politiques de l'eau portent leurs fruits et à tirer les leçons de l'expérience pour améliorer les pratiques à venir. L'Irlande, par exemple, a mené une étude exhaustive (en 2010 et 2014) pour évaluer dans quelle mesure les politiques mises en œuvre produisent les résultats escomptés. Cette démarche a donné lieu à la création d'une nouvelle structure de gouvernance à trois niveaux mettant davantage l'accent sur la collaboration, la clarté des rôles, les sciences exactes et les preuves, une gestion unifiée des bassins versants et l'engagement du public. En Australie, la loi sur l'eau (Water Act) de 2007 impose à la Commission de la productivité (Productivity Commission – PC) d'évaluer tous les trois ans les progrès et les résultats de l'Initiative nationale de l'eau (National Water Initiative – NWI) (dont les objectifs sont une gouvernance de l'eau solide et efficace ; une utilisation de l'eau plus efficace et productive ; une gestion de l'eau plus durable ; des avantages pour les populations régionale, rurale et urbaine, etc.) ainsi que la nécessité de réformer le secteur. La première évaluation, publiée en 2018, appelait le CoAG à renouveler l'Initiative nationale de l'eau d'ici à 2020, décision toujours en attente lors de la rédaction du présent document. Regular evaluations, especially when mandated, can also help reconsider the adequacy of existing policies and thereby facilitating the first steps towards necessary reforms (Gruère et Le Boëdec, 2019[13]).

Les données peuvent aussi donner des éclairages sur les effets et l'efficacité de mesures déjà mises en œuvre ou en prévision en termes de réduction des risques (par exemple, le système d'information géographique [GIS] de la Convention internationale pour la protection du Rhin [CIPR] dans le cas du bassin transfrontalier du Rhin). In **Poland**, **Belgium** (Flanders), **France** and **England** for instance, the government is using cost-benefit analyses to increase the efficiency of flood governance approaches (OCDE, 2019[2]). Cette démarche tient compte des risques politiques, sociaux et environnementaux. Au Portugal, l'Autorité de régulation des services de l'eau et des déchets (Entidade reguladora dos serviços de aguas e resíduos – ERSAR) a mis au point un système personnalisé d'indicateurs de performances (au nombre de 16 pour les services de distribution d'eau potable et 16 pour les services de gestion des eaux usées urbaines) pour soutenir la mise en œuvre des mesures relatives aux services de l'eau et estimer la qualité des services rendus. L'ERSAR évalue les résultats de ces indicateurs pour chaque prestataire de services et procède à des comparaisons entre prestataires. Les informations issues de cet exercice sont à la disposition du public et viennent alimenter les statistiques officielles nationales et européennes, ainsi que les débats et les décisions correspondants. Elles contribuent enfin à orienter l'élaboration et l'examen des plans stratégiques nationaux relatifs aux services de l'eau.

Une évaluation solide peut par ailleurs se révéler être un outil de gestion des risques efficace. Les cadres de suivi peuvent tirer parti d'indicateurs à différents niveaux, comme le système de suivi de la directive européenne inondation (tableau de bord de la directive inondation, arrêts de la cour européenne de justice en non-conformité, par exemple), supervision nationale (normes de sûreté en cas d'inondations) ou évaluations à l'échelle des communes (des risques et coûts des inondations, dans le cadre de l'aménagement de l'espace). Tout cela pousse à se demander comment les résultats du suivi et des évaluations peuvent être intégrés dans le processus de gestion des inondations de manière itérative, dans des délais et des formats adéquats. La France, par exemple, a approuvé les stratégies et les programmes d'action locaux relatifs aux territoires exposés aux inondations en 2016, conformément à leurs plans de gestion des risques d'inondation. Cependant, ces procédures de suivi et d'approbation peuvent parfois subir des décalages temporels et certaines stratégies locales ne peuvent pas être incluses dans les plans de gestion des risques d'inondation faute d'être finalisées au moment de la diffusion de ces plans.

## Références


Charbit, C. et O. Romano (2017), « Governing together: An international review of contracts across levels of government for regional development », *OECD Regional Development Working Papers*, n° 2017/04, Éditions OCDE, Paris, https://dx.doi.org/10.1787/ff7c8ac4-en. [11]

Gruère, G., C. Ashley et J. Cadilhon (2018), « Reforming water policies in agriculture: Lessons from past reforms », *Documents de l'OCDE sur l'alimentation, l'agriculture et les pêcheries*, n° 113, Éditions OCDE, Paris, https://dx.doi.org/10.1787/1826beee-en. [9]

Gruère, G. et H. Le Boëdec (2019), « Navigating pathways to reform water policies in agriculture », *Documents de l'OCDE sur l'alimentation, l'agriculture et les pêcheries*, n° 128, Éditions OCDE, Paris, https://dx.doi.org/10.1787/906cea2b-en. [13]

OCDE (2019), *Applying the OECD Principles on Water Governance to Floods: A Checklist for Action*, Études de l'OCDE sur l'eau, Éditions OCDE, Paris, https://dx.doi.org/10.1787/d5098392-en. [2]

OCDE (2019), *Water Governance in Argentina*, Études de l'OCDE sur l'eau, Éditions OCDE, Paris, https://dx.doi.org/10.1787/bc9ccbf6-en. [10]

OCDE (2018), *Implementing the OECD Principles on Water Governance: Indicator Framework and Evolving Practices*, Études de l'OCDE sur l'eau, Éditions OCDE, Paris, https://dx.doi.org/10.1787/9789264292659-en. [1]

OCDE (2016), *Water Governance in Cities*, Études de l'OCDE sur l'eau, Éditions OCDE, Paris, https://dx.doi.org/10.1787/9789264251090-en. [5]

OCDE (2015), *Les périls du tarissement : Vers une utilisation durable des eaux souterraines en agriculture*, Études de l'OCDE sur l'eau, Éditions OCDE, Paris, https://dx.doi.org/10.1787/9789264248427-fr. [7]

OCDE (2015), *Stakeholder Engagement for Inclusive Water Governance*, Études de l'OCDE sur l'eau, Éditions OCDE, Paris, https://dx.doi.org/10.1787/9789264231122-en. [12]

OCDE (2015), *Water Resources Governance in Brazil*, Études de l'OCDE sur l'eau, Éditions OCDE, Paris, https://dx.doi.org/10.1787/9789264238121-en. [4]

OCDE (2014), *Water Governance in the Netherlands: Fit for the Future?*, Études de l'OCDE sur l'eau, Éditions OCDE, Paris, https://dx.doi.org/10.1787/9789264102637-en. [3]

OCDE (2013), *Making Water Reform Happen in Mexico*, Études de l'OCDE sur l'eau, Éditions OCDE, Paris, https://dx.doi.org/10.1787/9789264187894-en. [6]

République de Corée (2020), *Article 21 of the « Framework Act of Water Management ». 26 May 2020 (partial amendment)*, Ministère des Législations gouvernementales de la République de Corée. [8]

## Notes

[1] https://www.oecd.org/fr/gouvernance/principes-de-locde-sur-la-gouvernance-de-leau.htm

[2] Enquête de 2019 de l'OCDE sur les réformes des politiques agricole et de l'eau.

[3] Acapulco, Amsterdam, Athènes, Barcelone, Belo Horizonte, Bologne, Budapest, Calgary, Chihuahua, Cologne, Copenhague, Cracovie, Culiacan, Daegu, Édimbourg, Glasgow, Grenoble, Hermosillo, Hong Kong, Chine, Kitakyushu, Lisbonne, Liverpool, Malaga, Marseille, Mexico, Milan, Montréal, Nantes, Naples, New York, Okayama, Oslo, Paris, Phoenix, Prague, Queretaro, Rio de Janeiro, Rome, San Luis Potosi, Saragosse, Singapour, Stockholm, Suzhou, Toluca, Turin, Tuxtla, Veracruz et Zibo.

[4] Les bassins versants des départements d'outre-mer de Guadeloupe, de Guyane, de Martinique et de la Réunion disposent d'un office de l'eau, qui est investi de missions équivalentes.

[5] Enquête de 2019 de l'OCDE sur les réformes des politiques agricole et de l'eau.

[6] https://servicio.mapama.gob.es/pphh-web/

[7] Les indicateurs sur la gouvernance des régulateurs sectoriels (OCDE, 2018) rendent compte des dispositifs de gouvernance mis en place par les régulateurs économiques dans les secteurs de l'énergie, des e-communications, du transport ferroviaire, du transport aérien et de l'eau.

[8] http://www.oecd.org/cfe/regional-policy/Water-Practice-41-OECD-Principles-Fitzroy-River-Australia.pdf

# 7 Assurer des financements, des investissements et une tarification durables pour l'eau et les services de l'eau

Ce chapitre présente l'expérience des Adhérents en ce qui concerne la mise en place de financements, d'investissements et d'une tarification durables pour la gestion des ressources en eau et les services de l'eau, conformément à la Recommandation du Conseil de l'OCDE sur l'eau. On y trouve une description des principes applicables pour financer la gestion des ressources en eau. Le chapitre examine comment les Adhérents tentent d'optimiser le bénéfice social des investissements en expérimentant des options susceptibles de réduire au minimum les besoins en financements, en dressant l'inventaire des équipements existants, en mettant en place une planification financière stratégique et en prévoyant une évaluation indépendante. Enfin, il s'intéresse à la diversification des sources de recettes et à l'exploitation de nouvelles sources de financement.

La Recommandation appelle les Adhérents à mettre en place « des mesures visant le financement durable des services de l'eau, des infrastructures de l'eau, de la gestion des ressources en eau et de la protection des écosystèmes aquatiques ». Selon l'enquête relative à la mise en œuvre de cette recommandation organisée par l'OCDE en 2019, 63 % des répondants (Graphique 7.1) ont conçu une stratégie de financement particulière pour leurs plans de gestion de l'eau.

### Graphique 7.1. Stratégies de financement associées aux plans de gestion de l'eau

Note : Réponses à la question : « Le plan de gestion de l'eau s'accompagne-t-il d'une stratégie de financement particulière pour couvrir les coûts de sa mise en œuvre ? ». Par exemple : en Espagne, le plan en question inclut des informations économiques détaillées pour chaque mesure, notamment la façon dont elle sera financée, l'autorité compétente chargée de son financement et de sa mise en œuvre, les coûts financiers et autres, ainsi que les projections en matière de planification et de financement pour les années futures. Le Canada et les États-Unis n'ont pas de plan national de gestion de l'eau : les activités de planification ont lieu au niveau des États fédérés et des échelons inférieurs.
Source : Enquête de 2019 relative à la mise en œuvre de la Recommandation du Conseil de l'OCDE sur l'eau ; 27 réponses reçues dont 26 de la part d'Adhérents.

Les projections par pays fournissent des estimations du niveau de financement requis pour répondre à la demande future d'infrastructures et de services de l'eau. Les besoins de financement dépendent de facteurs comme la croissance de la population urbaine, la nécessité de s'adapter au changement climatique ou l'évolution des exigences en matière de sécurité de l'eau (qui se traduit par une réglementation plus stricte). En Europe, par exemple, les investissements requis devraient augmenter de plus de 25 % d'ici à 2030 dans l'ensemble des pays membres de l'UE pour satisfaire à deux directives, l'une relative à la qualité des eaux destinées à la consommation humaine et l'autre au traitement des eaux urbaines résiduaires (Graphique 7.2) (OCDE, 2020[1]).

Graphique 7.2. Conséquences de l'application des directives de l'UE relatives à la qualité des eaux destinées à la consommation humaine et au traitement des eaux urbaines résiduaires

Besoins annuels en financements supplémentaires, en pourcentage du niveau actuel des dépenses

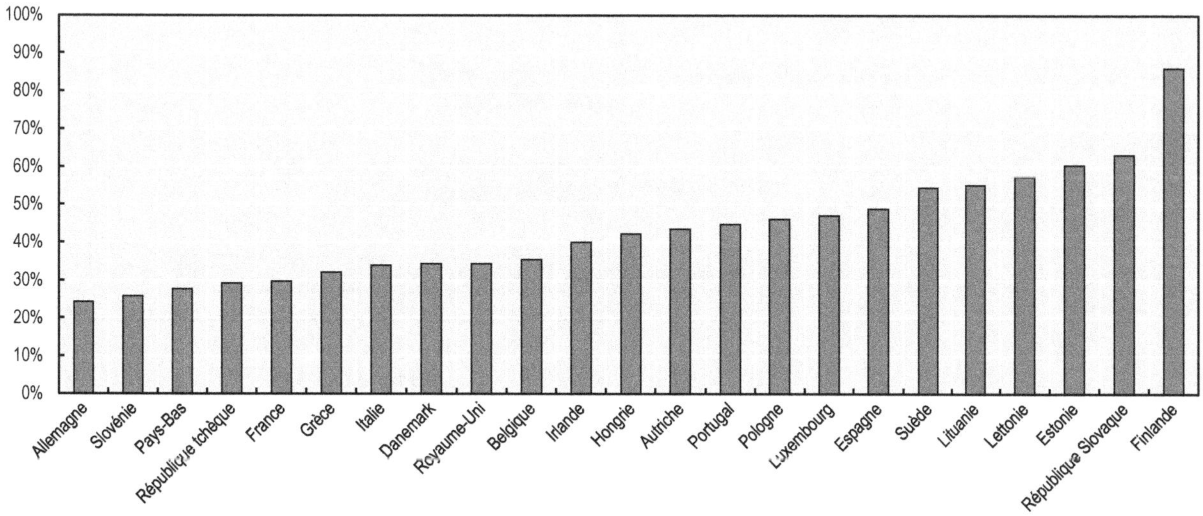


Source : (OCDE, 2020[1])

La question de la viabilité financière ne se limite pas aux services d'approvisionnement en eau et d'assainissement. Des financements supplémentaires sont ainsi nécessaires dans le secteur de l'agriculture pour rénover les structures d'irrigation existantes. Le **Japon** a par exemple énormément investi dans son infrastructure d'irrigation au cours des 50 dernières années, mais plus de 20 % des équipements de base sont aujourd'hui obsolètes (OECD, 2019[2]). À la lumière de ces difficultés, la Recommandation invite les Adhérents à respecter un ensemble de principes pour financer l'infrastructure de l'eau et gérer les ressources en eau, mais aussi à chercher à maximiser le bénéfice social des investissements et à diversifier les sources de recettes.

## 7.1. Principes à envisager pour financer la gestion des ressources en eau

Les Adhérents à la Recommandation doivent « envisager les quatre principes suivants pour financer la gestion des ressources en eau : pollueur-payeur, bénéficiaire-payeur, équité et cohérence entre les politiques ayant une incidence sur les ressources en eau ». Ces principes peuvent aider les pouvoirs publics à prendre des décisions concernant le financement de la gestion de l'eau (notamment lorsqu'ils élaborent des instruments), et à répartir les rares fonds publics (OCDE, s.d.[3]). Le Graphique 7.3 montre que la quasi-totalité des Adhérents qui ont répondu à l'enquête ont adopté le principe pollueur-payeur, et 17 sur 26 celui du bénéficiaire-payeur. Ils ont été beaucoup moins nombreux – respectivement 9 et 10 seulement sur 26 – à avoir envisagé les principes d'équité et de cohérence entre les politiques pour financer la gestion des ressources en eau. Des études plus poussées permettraient de déterminer si – et comment – ces principes sont pris en compte et appliqués concrètement.

### Graphique 7.3. Principes retenus pour financer la gestion des ressources en eau

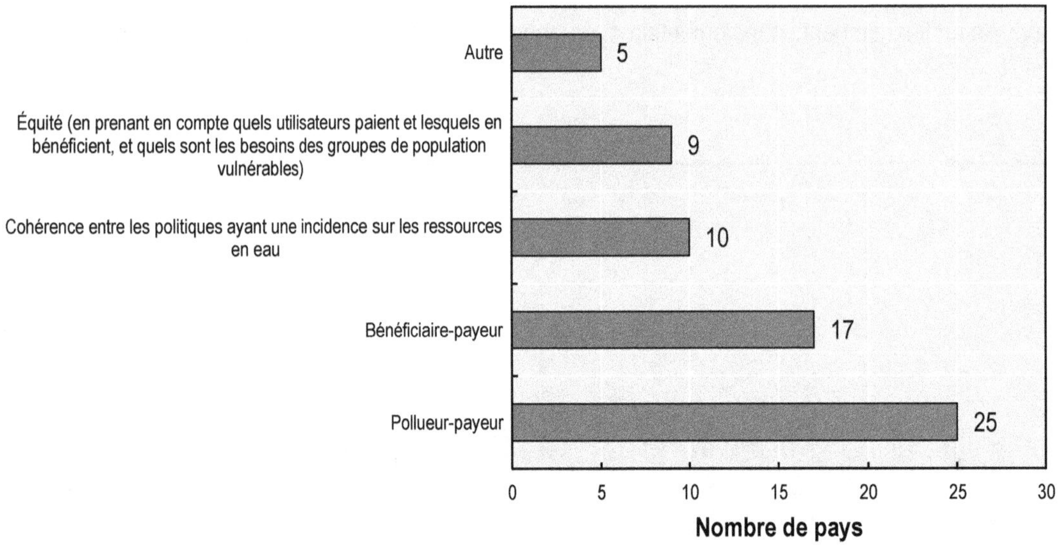


Note : Réponses à la question : « Les principes de financement suivants sont-ils envisagés dans les plans de gestion de l'eau ? ». Des réponses multiples étaient admises.
Source : Enquête de 2019 relative à la mise en œuvre de la Recommandation du Conseil de l'OCDE sur l'eau ; 27 réponses reçues dont 26 de la part d'Adhérents.

Selon l'enquête 2019 relative à la mise en œuvre de la Recommandation de l'OCDE, le *principe pollueur-payeur* a été retenu par plus de 90 % des répondants. Ce principe peut soit permettre de modifier les comportements dans le sens d'une réduction de la pollution, soit de générer des recettes utilisables pour atténuer la pollution et compenser les coûts portés par la société. Les cadres législatifs tels que les directives-cadres de l'**UE** relatives à l'eau et aux déchets ont également encouragé les Adhérents membres de l'Union européenne à adopter ce principe (Encadré 7.1). Celui-ci se reflète dans les instruments économiques (comme les taxes et les redevances, par exemple sur les prélèvements ou la pollution) mis en place par un grand nombre d'Adhérents (voir plus bas pour en savoir plus). Certains Adhérents – comme la **Belgique**, le **Canada**, l'**Espagne** et la **France** – exigent en outre des entreprises qu'elles paient pour gérer la pollution de l'eau et ont, pour ce faire, instauré des systèmes de responsabilité élargie des producteurs (OCDE, 2019[4]). Ces systèmes répercutent une partie des coûts de traitement sur les pollueurs et sont donc en phase avec le principe pollueur-payeur. Ils incitent financièrement les pollueurs à investir dans des processus de production moins polluants ou dans des substances/produits plus durables (Encadré 7.2).

Les recettes provenant de ces instruments mis en place par les pouvoirs publics sont ensuite utilisées de différentes manières. Au **Mexique**, par exemple, ces recettes ne servent pas uniquement à financer les dépenses liées à l'eau mais elles sont intégrées dans le budget global afin d'être réaffectées en fonction des priorités nationales, contribuant ainsi à une plus grande efficience des dépenses publiques.

### Encadré 7.1. Renforcement de l'application du principe pollueur-payeur dans l'Union européenne

L'article 9 de la directive-cadre de l'UE sur l'eau demande aux États membres d'intégrer le principe pollueur-payeur. Les pays doivent aussi réaliser au niveau de chaque bassin hydrographique une analyse économique en vue de définir des dispositifs de tarification de l'eau qui encouragent les utilisateurs à consommer les ressources de façon efficiente et qui permettent d'atteindre les objectifs de qualité de l'eau fixés par la directive. Les redevances prélevées par les organismes publics et les agences de l'eau doivent faciliter la réalisation de cet objectif et permettre de financer différentes actions destinées à préserver et restaurer les environnements aquatiques. De plus, en envoyant un signal-prix aux consommateurs d'eau, ces redevances les encouragent à utiliser l'eau de manière plus efficiente et à tenir mieux compte de leur impact sur les ressources hydriques et sur d'autres usages de l'eau. Les impacts sur le terrain dépendent de l'élasticité-prix de l'eau, qui varie selon des facteurs comme la rareté de cette ressource, le degré de connaissance des redevances liées à l'eau, et les préférences en matière de consommation de l'eau.

Sources : (OCDE, 2020[1]), contributions des pays.

### Encadré 7.2. Recouvrement des coûts de modernisation des stations d'épuration en Allemagne

La modernisation en Allemagne des stations d'épuration desservant une population de plus de 5 000 personnes (par l'ajout d'un quatrième niveau de traitement) coûterait 1.2 milliard EUR par an, soit 15.20 EUR par personne sur une année. Cela entraînerait une hausse moyenne de 14-17 % du prix du service d'assainissement, et aboutirait à un coût total de 36 milliards EUR sur 30 ans.

L'une des options de financement proposées est de mettre en place un système de responsabilité élargie des producteurs (REP). Selon ce dispositif de l'association allemande des fournisseurs d'eau, les entreprises pharmaceutiques installées dans un bassin fluvial contribueraient au coût du traitement des eaux usées à hauteur de leur niveau de pollution. Ce système fonctionnerait comme suit :

- Création d'un fonds national pour l'eau et d'une unité de coordination chargée de gérer le dispositif ;
- Installation par la compagnie d'assainissement d'un quatrième niveau de traitement dans les stations d'épuration, sous certaines conditions ;
- Les coûts d'investissement, d'exploitation et d'entretien liés à la modernisation des stations d'épuration sont communiqués à l'unité de coordination du fonds national pour l'eau.
- Chaque entreprise polluante doit contribuer au coût de la modernisation à hauteur de ses émissions polluantes sur une année, calculées à partir d'un coefficient de pollution (indicateur des atteintes à l'environnement causées par la substance polluante) et du volume annuel d'émissions polluantes.
- Les redevances versées par les entreprises polluantes sont distribuées à la compagnie d'assainissement afin de rembourser le coût de la modernisation de ses installations.

Sources : Civity (2018), Costs of a fourth treatment stage in wastewater treatment plants and financing based on the polluter pays principle (en allemand), Civity Management Consultants, Berlin, https://www.bdew.de/media/documents/PI_20181022_Kosten-verursachungsgerechte-Finanzierung-4-Reinigungsstufe-_Klaeranlagen.pdf ; communication personnelle (2019).

Le *principe du bénéficiaire-payeur* vise à partager les coûts de la gestion de l'eau entre les différents usagers tels que les entreprises, les ménages et l'agriculture. Une illustration de ce principe est le recours au paiement des services écosystémiques, en vertu duquel les fournisseurs d'un service sont rétribués (directement ou indirectement) par ceux qui en bénéficient. Les villes de Paris (**France**) et de Munich (**Allemagne**) ont ainsi mis sur pied des systèmes de paiement basés sur le volontariat qui permettent d'encourager les agriculteurs locaux à adopter des pratiques biologiques plus durables, et donc de rétribuer l'amélioration en amont de la qualité de l'eau (OCDE, 2015[5]). Au **Royaume-Uni**, l'autorité de régulation de l'eau a encouragé la compagnie des eaux à adopter des méthodes de gestion des bassins hydrographiques qui soutiennent l'amélioration des pratiques agricoles en amont, de façon à réduire la pollution en aval (Gruère, Ashley et Cadilhon, 2018[6]). L'expérience montre qu'il est difficile d'identifier les bénéficiaires (par exemple, les promoteurs immobiliers ou l'industrie du tourisme gérant des espaces de loisirs) et de diversifier les sources de recettes. En définitive, ce sont les autorités qui définissent les moyens d'action (par exemple, une taxe sur l'affectation des sols ou la valeur du foncier) permettant de cibler les bénéficiaires identifiés.

Le principe d'*équité* consiste à déterminer quels utilisateurs paient les coûts de la gestion de l'eau et en bénéficient. Le but est d'assurer une équité à la fois dans l'accès aux services de l'eau et dans la protection contre les risques qui y sont associés. Ce principe n'est envisagé que par un nombre limité d'Adhérents à la Recommandation de l'OCDE, notamment le **Costa Rica**, la **Corée** et la **Lituanie** (OECD survey, 2019). Lorsque les risques sont supportés de façon disproportionnée par une catégorie d'utilisateurs, certains pays encouragent la solidarité. Aux **Pays-Bas**, malgré une disparité des risques liés à l'eau selon les régions (par exemple, inondations ou élévation du niveau des eaux) et quel que soit le degré d'exposition aux risques, chaque citoyen assume une part du fardeau en payant des taxes qui servent à financer la gestion de ces risques (OCDE, 2014[7]). Le même principe est appliqué en **France** dans le régime Catastrophes naturelles (CatNat), qui prélève un montant forfaitaire sur chaque contrat d'assurance habitation et automobile des particuliers, quel que soit leur niveau d'exposition à des catastrophes naturelles ; ces sommes servent à financer les dégâts causés par des catastrophes ainsi que les investissements dans des dispositifs publics de réduction des risques (OCDE, 2018[8]). Si ce régime met réellement en avant le principe de solidarité, les contributions forfaitaires ont en revanche dissuadé les communautés et les ménages à risque de réduire leur exposition aux inondations et leur vulnérabilité face à ces événements.

Le principe de *cohérence entre les politiques* vise à s'assurer que les actions menées par les pouvoirs publics dans différents domaines (agriculture, énergie, occupation des sols, aménagement urbain ou commerce) n'ont pas d'effets négatifs sur la disponibilité/la qualité de l'eau et les écosystèmes d'eau douce, ni n'accroissent le coût de la gestion de l'eau. Au niveau institutionnel, ce principe peut être appliqué en confiant les tâches de gestion de la quantité et de la qualité de l'eau à un seul ministère, comme l'a fait la **Corée** en juin 2018 (OCDE, 2018[9]). Une autre approche peut consister à coordonner les travaux des unités s'occupant de politiques de l'eau différentes – mais connexes – au sein des ministères ; ainsi, au **Danemark**, les fonctionnaires du ministère de l'Environnement et de l'Alimentation chargés de verser les aides financières aux agriculteurs dans le cadre de la Politique agricole commune travaillent chaque jour en collaboration avec les agents chargés de réguler la pollution de l'eau. Seul un nombre limité d'Adhérents ont indiqué utiliser ce principe dans les plans de gestion de l'eau, notamment le **Chili**, **Israël** et le **Portugal** (OCDE, 2019[10]).

Si les quatre principes précités sont souvent envisagés par les Adhérents dans l'élaboration de leurs politiques publiques, ils sont en revanche utilisés de façon plus variable dans les stratégies et instruments de financement (OCDE, 2019[10]). Les Adhérents ont fréquemment du mal à identifier et cibler les pollueurs, à réaliser des estimations fiables des coûts de la pollution, et à faire appliquer les réglementations en vigueur. Ils doivent également faire face à une vive opposition politique qui les empêche d'appliquer comme il se doit les principes de pollueur-payeur et de cohérence entre les politiques (OCDE, 2017[11]). Pour citer un exemple, la plupart des pays de l'OCDE continuent de mener des politiques de soutien à l'agriculture qui sont propices à la pollution de l'eau (Henderson et Lankoski, 2019[12]) et de ne pas appliquer le principe pollueur-payeur dans ce secteur (Éditions OCDE, Paris et Le Boëdec, 2019[13]) (OCDE, 2012[14]).

## 7.2. Chercher à maximiser le bénéfice social des investissements

Pour assurer un financement durable du secteur de l'eau, la Recommandation appelle les Adhérents à « chercher à maximiser le bénéfice social des investissements ».

Les arguments justifiant le renforcement du financement durable des services de l'eau, des infrastructures de l'eau, de la gestion des ressources en eau et de la protection des écosystèmes aquatiques, dans le but de procurer de vastes bienfaits sur le plan social, économique et environnemental, ne manquent pas. Il n'en reste pas moins que la tâche peut être difficile dans un contexte où les Adhérents sont préoccupés par le manque de financements et soumis à l'obligation constante et croissante de moderniser leur infrastructure, de répondre aux inquiétudes environnementales et de faire face aux exigences réglementaires (OCDE, 2009[15]) (OCDE, 2012[16]).

### *7.2.1. Explorer des options susceptibles de réduire au minimum les besoins en financements*

Pour maximiser le bénéfice social des investissements, les Adhérents doivent « explorer des options susceptibles de réduire au minimum les besoins actuels et futurs en financements, tout en opérant les arbitrages et en exploitant les synergies entre les objectifs des politiques publiques et entre les enjeux à court et long termes ». Le but est d'aider les pouvoirs publics, les organisations de financement du développement et autres parties prenantes à prendre des décisions en connaissance de cause (OCDE, 2018[17]).

Les décisions en matière d'investissement doivent être étayées par des données, des méthodologies et des outils d'analyse fiables. Les analyses coûts-avantages sont un moyen efficace pour déterminer comment réduire les besoins en financements et évaluer les arbitrages nécessaires en matière d'investissement dans les projets sur l'eau. D'autres outils et méthodes peuvent s'avérer plus appropriés pour étudier les synergies pouvant être réalisées entre des projets connexes au niveau des bassins, ainsi que leur impact sur les ressources en eau (OCDE, 2018[17]). La ville d'Auckland (**Nouvelle-Zélande**) a recours à des sources de données novatrices et des méthodes permettant une gestion avancée des ressources. Elle utilise un Système d'information géographique (SIG) pour examiner les effets directs ou indirects de ses actions et investissements sur la qualité de l'eau douce (y compris l'entretien, la rénovation et le développement de l'infrastructure des eaux pluviales, la construction de routes et de pistes cyclables et l'aménagement de l'infrastructure du réseau). Des synergies ont ainsi pu être obtenues entre les différents objectifs des politiques publiques (OCDE, 2015[5]).

Une autre méthode pour réduire au minimum les besoins en financements tout en exploitant les synergies entre les objectifs des politiques publiques consiste à gérer la quantité ou la qualité de l'eau (par exemple le traitement des eaux de ruissellement polluées des villes) en se fondant sur les écosystèmes, ou sur la nature. Dans certains cas, et lorsque les problèmes de mise en œuvre ont été surmontés, cette méthode peut fournir simultanément d'autres avantages tels que : amélioration des services écosystémiques et de la biodiversité ; réduction de la pollution de l'air ; atténuation de l'effet d'îlot de chaleur (OCDE, 2020[18]). Ce type d'approche présente en outre les intérêts suivants : moindre intensité capitalistique ; coûts d'exploitation, d'entretien et de remplacement plus faibles ; réduction des dépenses incontournables associées aux infrastructures grises à forte intensité capitalistique ; enregistrement au fil du temps de gains de valeur grâce à la régénération de la nature et aux services rendus de ce fait par les écosystèmes (OCDE, 2020[1]).

Selon l'enquête 2019 relative à la mise en œuvre de la Recommandation du Conseil de l'OCDE sur l'eau, 90 % des Adhérents ont assorti leur plan national de gestion de l'eau d'approches écosystémiques. Celles-ci sont utilisées à parts plus ou moins égales pour gérer les risques d'inondations, la quantité d'eau et la qualité de l'eau (Graphique 7.4).

Graphique 7.4. Domaines d'action utilisant des approches écosystémiques

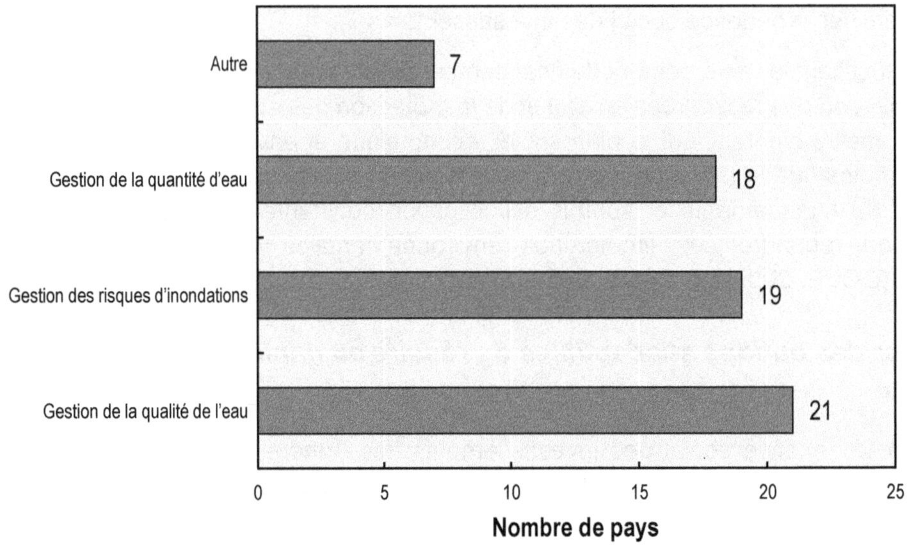


Note : Réponses à la question : « Dans quels domaines l'utilisation d'approches écosystémiques est-elle suggérée ? ». Des réponses multiples étaient admises.
Source : Enquête de 2019 relative à la mise en œuvre de la Recommandation du Conseil de l'OCDE sur l'eau ; 27 réponses reçues dont 26 de la part d'Adhérents.

La valeur économique et environnementale des approches écosystémiques a été démontrée dans certaines interventions clés des Adhérents. En **Australie**, par exemple, un projet pilote a permis de constater qu'au lieu de moderniser une station d'épuration, la restauration des corridors rivulaires endommagés situés à proximité permettrait d'obtenir des performances environnementales équivalentes à un coût plus faible (OCDE, 2015[5]). À Philadelphie (**États-Unis**), des solutions fondées sur la nature sont utilisées pour gérer les inondations de la ville provoquées par les fortes pluies. Les aménagements effectués, qui gèrent les surverses de réseau unitaire, rapportent quelque 2.6 milliards USD en avantages produits et réduction des coûts par rapport à la mise à niveau classique du réseau actuel des canalisations et des bassins (OCDE, 2015[5]).

### *7.2.2. Dresser l'inventaire des équipements existants*

La Recommandation invite les Adhérents à maximiser le bénéfice social des investissements dans l'eau « en dressant l'inventaire des équipements existants, en assurant leur entretien et en recherchant des gains d'efficience ». Une meilleure connaissance de l'état des équipements disponibles pour les services d'approvisionnement en eau et d'assainissement favorise une plus grande précision dans la formulation des plans et la prise de décisions en matière d'exploitation, d'entretien et de rénovation.

En **France**, l'Observatoire national des services d'eau et d'assainissement a estimé qu'au rythme actuel de la rénovation, il faudrait respectivement près de 160 ans et 140 ans pour remplacer totalement les réseaux d'approvisionnement en eau ainsi que ceux de collecte et d'épuration des eaux usées. Cette moyenne masque des disparités entre les campagnes et les zones à forte densité humaine, où la fréquence de rénovation est nettement plus élevée (OCDE, 2012[16]). La France a demandé aux autorités locales de répertorier les réseaux publics d'approvisionnement en eau et d'assainissement, mais rares sont celles qui l'ont fait à ce jour (OCDE, 2020[1]). Au **Japon**, le ministère de la Santé, du Travail et du Bien-être a estimé en 2012 que le remplacement des installations d'approvisionnement en eau coûterait environ 14 milliards USD par an jusqu'en 2050 pour moderniser l'infrastructure vieillissante (la plus grande partie d'ici 20 ans) et la mettre en conformité avec les normes sismiques en vigueur dans le pays (OCDE, 2012[16]). Au **Portugal**, l'autorité de régulation de l'eau et des services d'assainissement (ERSAR) a mis sur pied un projet pilote consistant à mesurer un ensemble d'indicateurs relatifs à la valeur et la gestion de l'infrastructure (OCDE, 2020[1]).

L'intelligence artificielle (IA) a également été utilisée par les compagnies des eaux pour permettre un fonctionnement plus efficient et conforme à la stratégie, notamment une meilleure planification et réalisation des projets et de l'infrastructure, un meilleur suivi et une meilleure compréhension de la perte de ressources en temps réel, une plus grande efficience des réseaux de collecte et de distribution, ainsi qu'une maximisation des recettes et de la satisfaction du client. Ces améliorations ont considérablement réduit les coûts de l'énergie, les intrants chimiques et la consommation d'eau, en même temps qu'elles ont permis de mieux répartir le temps de travail du personnel. Les autres usages de l'IA sont notamment les robots conversationnels, qui peuvent répondre aux questions et assurer un service fiable 24 heures/24 et 7 jours/7, pour la plus grande satisfaction des clients (OCDE, FAO, IIASA, 2020[19]).

### *7.2.3. Mise en place d'une planification financière stratégique*

La Recommandation invite les Adhérents à mettre en place « une planification financière stratégique qui assure l'adéquation entre les ressources financières et les objectifs d'action, et qui soit supportable par les catégories vulnérables de la société, notamment grâce à des mesures ciblées ad hoc ».

Il y a dix ans, la plupart des Adhérents avaient déjà ébauché une sorte de planification financière stratégique pour les services d'approvisionnement en eau et d'assainissement (OCDE, 2009[15]). Les États membres de l'**UE** sont invités, en vertu de la directive-cadre sur l'eau, à soumettre leurs plans afin de recevoir des fonds de la politique européenne de cohésion et développement régional. En **République tchèque**, les propriétaires d'installations d'approvisionnement en eau et d'épuration doivent élaborer et mettre en œuvre des plans de financement pour remplacer leur infrastructure. Le **Royaume-Uni** a mis au point une stratégie de haut niveau et un cadre de planification à long terme des ressources en eau pour les services publics d'approvisionnement de l'Angleterre et du Pays de Galles. Cette stratégie et ce cadre sont actualisés tous les cinq ans afin de s'assurer que les ressources en eau sont suffisantes pour répondre aux demandes anticipées des clients des différentes compagnies des eaux pendant au minimum 25 ans, même dans des conditions de sécheresse.[1]

Des mesures ad hoc permettant l'accessibilité financière des services par les catégories vulnérables de la société sont prises par un certain nombre d'Adhérents (voir plus bas pour en savoir plus).

### *7.2.4. Prévoir une évaluation indépendante*

La dernière recommandation pour maximiser le bénéfice social des investissements est que les Adhérents évaluent « de manière indépendante l'efficience et le rapport coût-efficacité des investissements ».

Des évaluations indépendantes peuvent être réalisées par un tiers (régulateur ou autorité désignée) pour vérifier que les décisions en matière d'investissement – qui peuvent avoir des impacts de toutes sortes – sont efficientes et présentent un bon rapport coût-efficacité. En **Australie**, la loi sur l'eau crée l'autorité indépendante du bassin Murray-Darling, chargée d'assurer la gestion durable des ressources en eau du plus grand bassin du pays, et confie à la Productivity Commission le soin d'évaluer l'efficacité de la mise en œuvre du plan de gestion du bassin tous les cinq ans (OCDE, 2019[20]). En **Angleterre et au Pays de Galles** (Royaume-Uni), l'autorité de régulation des services de l'eau (Water Services Regulation Authority,

OFWAT) examine les plans de la compagnie des eaux sur une période de cinq ans et utilise une réglementation incitative pour encourager l'augmentation de l'efficience et la réduction des coûts. En Écosse (**Royaume-Uni**), la commission du secteur de l'eau (Water Industry Commission, WICS) évalue le plan d'investissement tous les six ans et procède à un examen régulier tous les trois ans afin de vérifier que la compagnie des eaux – Scottish Water – a de la visibilité sur les améliorations futures tout en disposant d'une flexibilité suffisante pour procéder aux aménagements les plus urgents en fonction des priorités. De même, au **Portugal**, l'ERSAR évalue au début de chaque nouvelle période réglementaire les investissements effectués par les entreprises publiques de fourniture d'eau en gros (OCDE, 2015[21]).

## 7.3. Diversifier les sources de recettes et exploiter les nouvelles sources de financement

Une dernière recommandation pour assurer le financement durable de l'eau est que les Adhérents diversifient les sources de recettes et exploitent les nouvelles sources de financement en accord avec les objectifs d'action. Dans un premier temps, il leur est recommandé « d'associer les recettes tirées de la tarification de l'eau, des transferts budgétaires et des transferts internationaux (les 3Ts) pour recouvrer les coûts d'investissement, de fonctionnement et de maintenance des infrastructures de l'eau autant que possible et là où c'est efficient ».

Les Adhérents financent la gestion de l'eau en utilisant des sources diverses (Graphique 7.5), les plus fréquentes étant les transferts budgétaires et les recettes tirées des services d'approvisionnement en eau et d'assainissement.

### Graphique 7.5. Sources de financement de la gestion de l'eau utilisées par les Adhérents

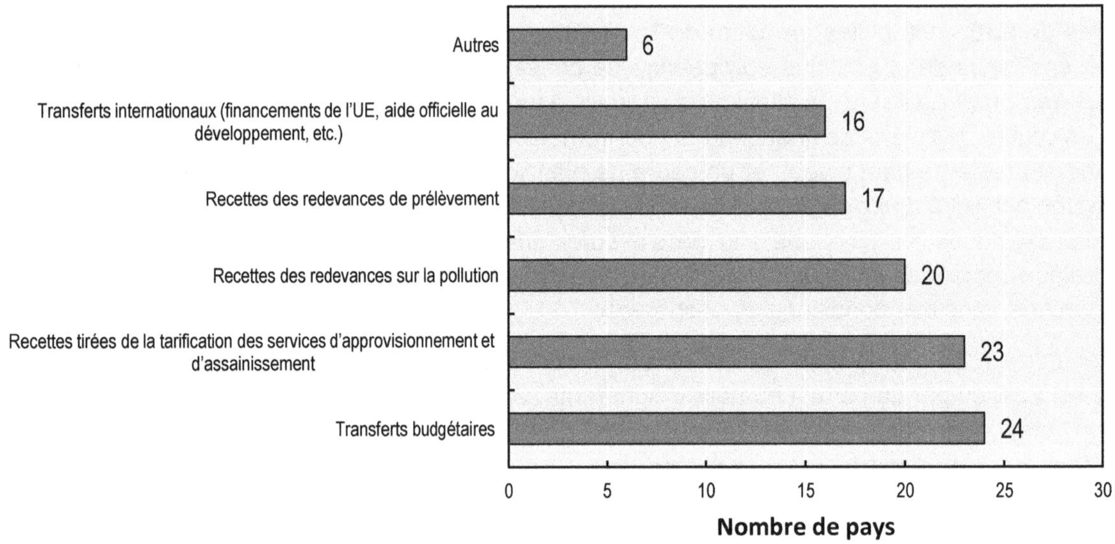


Note : Réponses à la question : « Quelles sources de recettes sont utilisées pour financer la gestion de l'eau ? ». Des réponses multiples étaient admises.
Source : Enquête de 2019 relative à la mise en œuvre de la Recommandation du Conseil de l'OCDE sur l'eau ; 27 réponses reçues dont 26 de la part d'Adhérents.

Au sein de l'UE, les parts respectives des transferts budgétaires et des recettes tirées de la tarification de l'eau sont assez différentes, comme le montre le Graphique 7.6. Dans certains pays adhérents comme le

**Danemark**, les recettes de la tarification l'emportent sur l'autre source de financement ; dans d'autres, comme les **Pays-Bas** et la **France**, leur part est nettement moins importante.

### Graphique 7.6. Utilisation des transferts budgétaires et des recettes tirées de la tarification de l'eau pour financer la gestion de l'eau

Parts des transferts budgétaires et des recettes tirées de la tarification de l'eau, moyenne annuelle 2011-15

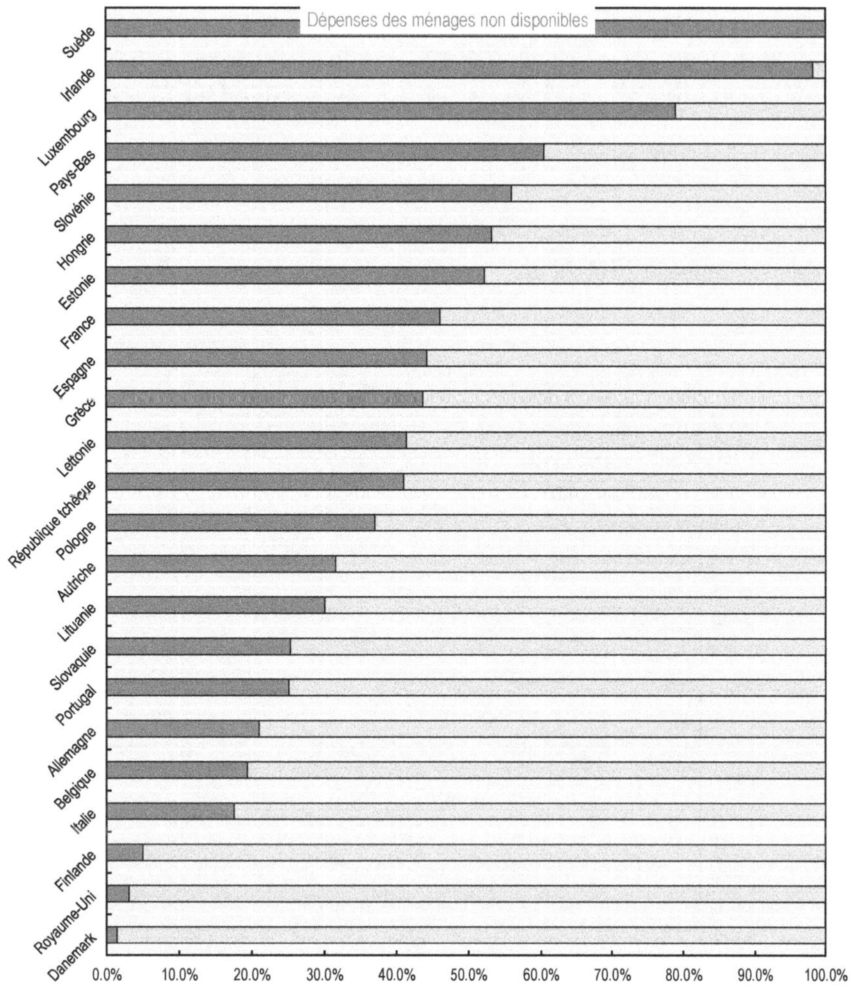


Note : Les données relatives aux dépenses des ménages ne sont pas disponibles pour la Suède.
Source : (OCDE, 2020[1]) ; d'après EUROSTAT (Dépenses des administrations publiques par fonction, Dépense de consommation finale de services de protection de l'environnement par secteur institutionnel, Dépense de consommation des ménages par fonction de consommation, Dépense de consommation moyenne par ménage selon le niveau détaillé de la COICOP).

Certains Adhérents comme le **Danemark** utilisent presque exclusivement les recettes tirées de la tarification de l'eau pour financer les dépenses d'investissement et de fonctionnement des services d'approvisionnement en eau et d'assainissement. D'autres, comme la **Finlande**, l'**Italie** et la **France** s'appuient à la fois sur des sources publiques et privées, quoique majoritairement sur les recettes provenant de la facturation des services aux ménages. La situation est tout autre en **Irlande**, qui utilise presque exclusivement des transferts de l'État. S'agissant en revanche de l'**Estonie**, de la **Slovénie** et de la **Grèce**, la répartition entre les sources de financement publiques et privées y est plus équilibrée (OCDE, 2020[1]).

En plus des transferts budgétaires, plusieurs pays prélèvent des taxes sur les acteurs qui jouissent d'une sécurité accrue de l'eau (notamment les sociétés d'aménagement du territoire et les promoteurs immobiliers) ou qui génèrent des coûts et des externalités (par exemple, les propriétaires de vastes surfaces comme les routes ou les parcs de stationnement) (OCDE, 2015[5]). Des redevances ou des taxes sur la pollution et les prélèvements ont été mises en place dans un certain nombre d'Adhérents pour recouvrer les coûts et internaliser les externalités négatives (voir le chapitre 8). Les recettes qui en proviennent sont généralement affectées aux dépenses liées à l'eau.

En Europe, les transferts émanant de l'UE représentent une importante source de financement pour plusieurs États membres (Graphique 7.7), et s'élèvent en moyenne à 13 % des sommes totales affectées aux services d'approvisionnement en eau et d'assainissement dans les pays membres de l'UE. Les États baltes (**Estonie, Lettonie, Lituanie**) et la **Grèce** ont particulièrement utilisé cette source de financement.

### Graphique 7.7. Part des transferts de l'UE dans le financement des services d'approvisionnement en eau et d'assainissement

En pourcentage, moyenne annuelle 2011-2015

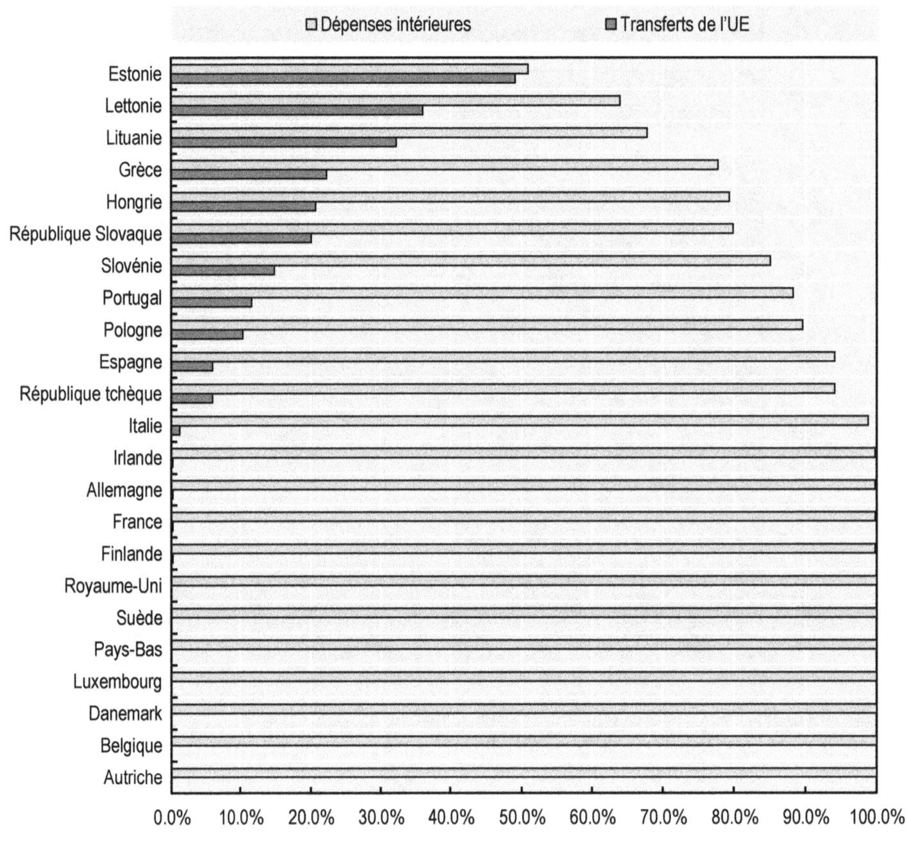


Note : On suppose que les transferts de l'UE sont toujours injectés dans le budget national de chaque État membre, et donc qu'ils ne s'ajoutent pas aux transferts budgétaires présentés dans les graphiques précédents.

Source : (OCDE, 2020[1]) ; d'après EUROSTAT (pour les dépenses passées), Direction générale de la politique régionale et urbaine de la Commission européenne (Portail des données ouvertes, Fonds structurels et d'investissement européens).

À l'extérieur de l'Europe, les transferts internationaux prennent la forme d'une aide au développement. Si ces transferts sont moins importants pour la plupart des Adhérents, ils continuent de représenter une part non négligeable du financement de la gestion de l'eau dans certains d'entre eux. Au **Cabo Verde**, par exemple, l'aide officielle au développement représente 85 % de la production nationale d'eau. Le Japon est l'un des donateurs ayant contribué au renforcement des systèmes d'approvisionnement en eau et des stations de désalinisation du pays (OCDE, 2019[22]).

Pour combler les manques éventuels en matière de financement, la Recommandation encourage les Adhérents à « exploiter les nouvelles sources de financement, lorsqu'il y a lieu et en accord avec les objectifs d'action ». Des sources financières privées (prêts, actions et obligations) sont ainsi utilisées – en particulier pour financer les investissements dans l'approvisionnement en eau et l'assainissement – avant d'être remboursées à l'aide d'une combinaison des 3Ts évoqués plus haut.

Le recours à un financement mixte peut jouer un rôle capital pour mobiliser des fonds privés et renforcer les dispositifs utilisés actuellement pour financer les investissements liés à l'eau. L'OCDE définit le financement mixte comme l'utilisation stratégique du financement à l'appui du développement pour mobiliser des financements additionnels en vue de la réalisation des ODD (objectifs de développement durable) dans les pays en développement. Le principe et l'éventail d'instruments qui s'y rapportent peuvent également s'appliquer aux économies avancées et émergentes (OCDE, 2019[22]). Le financement mixte peut procurer de la valeur en allouant des fonds non utilisés au profit du développement durable dans les pays en développement et au profit de secteurs présentant de gros besoins en matière d'investissement pour atteindre les ODD. Un récent examen des expériences du financement mixte qui ont été menées dans le secteur de l'eau montre que ces modèles sont certes en train de se développer, mais qu'ils ne sont pas encore très répandus. Le succès de ce mode de financement dépend de la capacité à mobiliser l'investissement privé au niveau local : l'utilisation du financement mixte dans le secteur de l'eau oblige à adapter les investissements au contexte local et accroît les avantages qui en résultent. En général, le financement mixte devrait viser à renforcer les marchés de capitaux locaux en œuvrant en collaboration avec les bailleurs de fonds locaux et en les mobilisant, comme le soulignent les Principes du CAD de l'OCDE relatifs au financement mixte (OCDE, 2019[22]).

Pour adapter efficacement les modèles de financement mixte aux investissements liés à l'eau, il est nécessaire de bien comprendre les modèles économiques et les chaînes de valeur qui les sous-tendent. Ce mode de financement peut être utilisé à différents niveaux, par exemple celui de l'approvisionnement en eau ou du traitement, de l'utilisateur final en aval, ou de l'investisseur. Il doit, pour être efficace, prendre en compte les modèles économiques appliqués et les flux de recettes correspondants, ainsi que les points de vue des différentes parties prenantes (OCDE, 2019[22]).

Le même raisonnement est valable lorsque des fonds publics et des instruments de gestion des risques sont utilisés dans les économies avancées et émergentes pour attirer des bailleurs de fonds privés. C'est ce qui se passe notamment avec la politique de cohésion de l'Union européenne, ou plus généralement avec les financements publics. Les **États-Unis** possèdent une vaste expérience des modèles de financement du secteur de l'eau : ils ont notamment utilisé des fonds publics de roulement et, plus récemment, un mécanisme de prêt pour financer les infrastructures de l'eau de grande ampleur dans le cadre de la loi sur l'innovation et le financement des infrastructures de l'eau (Water Infrastructure Financing and Innovation Act, ou WIFIA). La **France** a quant à elle recours à des dispositifs de cofinancement pour ses services d'approvisionnement en eau potable et d'assainissement, ses infrastructures de protection contre les inondations et ses solutions fondées sur la nature : des institutions financières nationales comme la Caisse des dépôts et consignations s'associent avec les autorités locales et les agences de l'eau. Il convient de noter que dans certains pays (par exemple le **Mexique**), de tels dispositifs ne sont pas autorisés par les réglementations fiscales.

## Références


Éditions OCDE, Paris, G. et H. Le Boëdec (2019), « Navigating pathways to reform water policies in agriculture », *Documents de l'OCDE sur l'alimentation, l'agriculture et les pêcheries*, n° 128, Éditions OCDE, Paris, https://dx.doi.org/10.1787/906cea2b-en. [13]

Gruère, G., C. Ashley et J. Cadilhon (2018), « Reforming water policies in agriculture: Lessons from past reforms », *Documents de l'OCDE sur l'alimentation, l'agriculture et les pêcheries*, n° 113, Éditions OCDE, Paris, https://dx.doi.org/10.1787/1826beee-en. [6]

Henderson, B. et J. Lankoski (2019), « Evaluating the environmental impact of agricultural policies », *OECD Food, Agriculture and Fisheries Papers*, n° 130, OECD Publishing, Paris, https://dx.doi.org/10.1787/add0f27c-en. [12]

OCDE (2020), *Financing Water Supply, Sanitation and Flood Protection: Challenges in EU Member States and Policy Options*, Études de l'OCDE sur l'eau, Éditions OCDE, Paris, https://dx.doi.org/10.1787/6893cdac-en. [1]

OCDE (2020), « Nature-based solutions for adapting to water-related climate risks », *OECD Environment Policy Papers*, n° 21, Éditions OCDE, Paris, https://dx.doi.org/10.1787/2257873d-en. [18]

OCDE (2019), *Making Blended Finance Work for Water and Sanitation: Unlocking Commercial Finance for SDG 6*, Études de l'OCDE sur l'eau, Éditions OCDE, Paris, https://dx.doi.org/10.1787/5efc8950-en. [22]

OCDE (2019), *OECD Environmental Performance Reviews: Australia 2019*, Examens environnementaux de l'OCDE, Éditions OCDE, Paris, https://doi.org/10.1787/9789264310452-en. [20]

OCDE (2019), *OECD Survey on the Implementation of the Recommendation on Water.* [10]

OCDE (2019), *Pharmaceutical Residues in Freshwater: Hazards and Policy Responses*, Études de l'OCDE sur l'eau, Éditions OCDE, Paris, https://dx.doi.org/10.1787/c936f42d-en. [4]

OCDE (2018), *Financing water: Investing in sustainable growth*, Éditions OCDE, https://doi.org/10.1787/bf67ec4e-en. [17]

OCDE (2018), *Managing the Water-Energy-Land-Food Nexus in Korea: Policies and Governance Options*, Études de l'OCDE sur l'eau, Éditions OCDE, Paris, https://dx.doi.org/10.1787/9789264306523-en. [9]

OCDE (2018), *Mieux prévenir les inondations de la Seine en Île-de-France : Progrès réalisés et enjeux pour l'avenir*, Éditions OCDE, Paris, https://dx.doi.org/10.1787/9789264290082-fr. [8]

OCDE (2017), *Water Charges in Brazil: The Ways Forward*, Études de l'OCDE sur l'eau, Éditions OCDE, Paris, https://dx.doi.org/10.1787/9789264285712-en. [11]

OCDE (2015), *The Governance of Water Regulators*, Études de l'OCDE sur l'eau, Éditions OCDE, Paris, https://dx.doi.org/10.1787/9789264231092-en. [21]

OCDE (2015), *Water and Cities: Ensuring Sustainable Futures*, Études de l'OCDE sur l'eau, Éditions OCDE, Paris, https://dx.doi.org/10.1787/9789264230149-en. [5]

OCDE (2014), *Water Governance in the Netherlands: Fit for the Future?*, Études de l'OCDE sur l'eau, Éditions OCDE, Paris, https://dx.doi.org/10.1787/9789264102637-en. [7]

OCDE (2012), *Qualité de l'eau et agriculture: Un défi pour les politiques publiques*, Études de l'OCDE sur l'eau, Éditions OCDE, Paris, https://dx.doi.org/10.1787/9789264121119-fr. [14]

OCDE (2012), *Qualité de l'eau et agriculture: Un défi pour les politiques publiques*, Études de l'OCDE sur l'eau, Éditions OCDE, Paris, https://dx.doi.org/10.1787/9789264121119-fr. [16]

OCDE (2009), *Strategic Financial Planning for Water Supply and Sanitation: A report from the OECD Task Team on Sustainable Financing to Ensure Affordable Access to Water Supply and Sanitation*, Éditions OCDE, https://www.oecd.org/env/resources/43949580.pdf. [15]

OCDE (s.d.), *Directives pour financer la gestion de la ressource en eau : La perspective de l'OCDE*, Études de l'OCDE sur l'eau, Éditions OCDE, Paris, https://dx.doi.org/10.1787/g2g20ba6-fr. [3]

OCDE, FAO, IIASA (2020), *Towards a G20 Action Plan on Water. Background note to the G20 Saudi Presidency*. [19]

OECD (2019), *Innovation, Agricultural Productivity and Sustainability in Japan*, OECD Food and Agricultural Reviews, OECD Publishing, Paris, https://dx.doi.org/10.1787/92b8dff7-en. [2]

## Notes

[1] https://www.water.org.uk/wp-content/uploads/2018/11/WaterUK-WRLTPF_Final-Report_FINAL-PUBLISHED-min.pdf

# 8 Mettre en place des instruments de tarification pour gérer les ressources en eau et les services

Ce chapitre décrit l'expérience des Adhérents en ce qui concerne la mise en place d'instruments de tarification pour gérer les ressources en eau et les services dans le respect de la Recommandation du Conseil de l'OCDE sur l'eau. Il examine la façon dont ces pays fixent des redevances pour prélèvement qui reflètent la rareté de l'eau, des redevances pour la pollution de l'eau afin d'inciter à prévenir la pollution, ainsi que des tarifs qui permettent de couvrir les coûts d'exploitation, d'entretien et de rénovation. Il fournit des exemples des instruments de tarification permettant de rendre compte des effets redistributifs et des usages prioritaires de l'eau. Ce chapitre présente également les actions entreprises pour supprimer progressivement les politiques qui biaisent les prix et les subventions générales. Enfin, il décrit les efforts déployés par certains pays pour prendre en considération les coûts de transaction dans la conception des instruments de tarification.

Les Adhérents à la Recommandation sont encouragés à « mettre en place des instruments de tarification, lorsque cela est approprié et applicable, en les associant à d'autres instruments (par exemple, réglementaires ou volontaires, ou d'autres instruments économiques), pour gérer les ressources en eau (en particulier la conservation de l'eau), réduire progressivement les externalités négatives (telles que la surexploitation ou la pollution) et améliorer la viabilité financière des infrastructures et des services de l'eau. Les instruments de tarification devraient refléter les conditions économiques et sociales de chaque pays. » La Recommandation suggère en outre que les Adhérents mettant en place de tels instruments tiennent compte d'un certain nombre d'aspects.

Les instruments économiques décrits ci-après sont souvent associés à d'autres (réglementaires, volontaires ou de sensibilisation) permettant de gérer la quantité de l'eau (comme les régimes d'allocation de l'eau, cf. la section 3) et sa qualité (comme des normes pour les effluents, cf. la section 4).

L'agriculture et ses spécificités sont citées tout au long de cette section car c'est un domaine dans lequel les politiques des Adhérents y sont moins alignées que d'autres avec ce qui est préconisé dans la Recommandation, malgré l'importance du secteur au regard de l'utilisation et de la pollution de l'eau. Ce décalage pouvant être dû à la volonté de ne pas utiliser des instruments de tarification, les indices moyens d'alignement avec la section 8 de la Recommandation ont été calculés en 2009 et 2019 (voir le Graphique 8.1).

### Graphique 8.1. Alignement moyen des politiques agricoles et de l'eau avec la section 8 de la Recommandation du Conseil sur l'eau

Évolution de 2009 à 2019. Les indices vont de 0 à 1. Plus la valeur est élevée, et plus la politique est alignée.

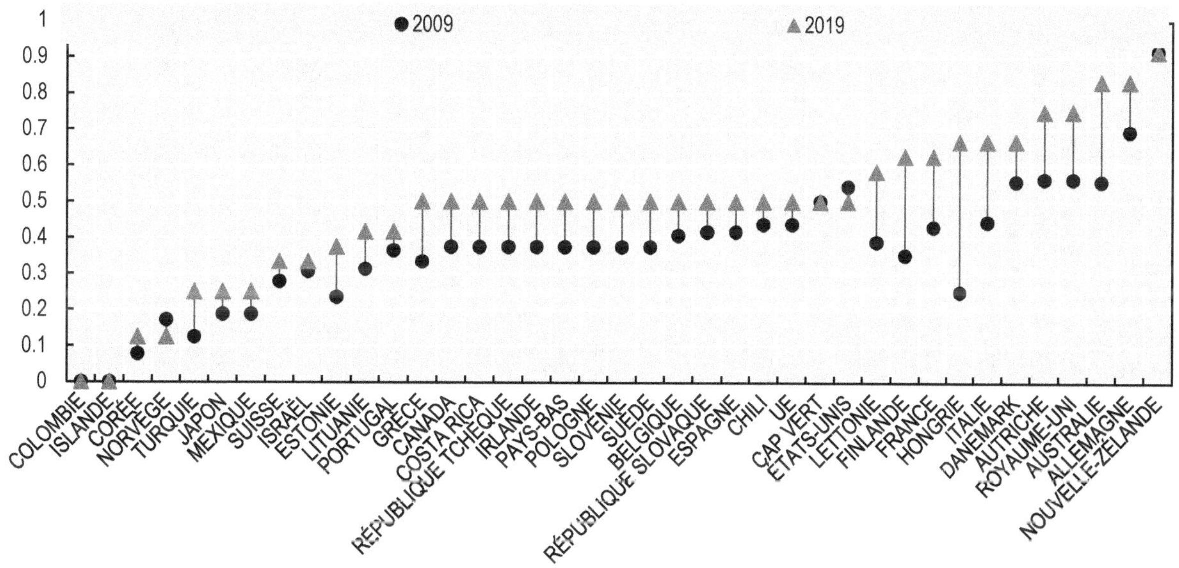


Note : L'indice a été ajusté en tenant compte de la volonté éventuelle des pays de ne pas utiliser des instruments de tarification.
Source : (Gruère, Shigemitsu et Crawford, 2020[1])

## 8.1. Fixer des redevances pour prélèvement qui reflètent la rareté de l'eau

Les Adhérents à la Recommandation qui envisagent de mettre en place des instruments de tarification auraient intérêt à « fixer des redevances pour prélèvement pour les eaux de surface et les eaux souterraines qui reflètent la rareté de l'eau (c'est-à-dire le coût environnemental et le coût de la ressource) et qui couvrent les coûts administratifs de gestion du système ».

L'enquête 2019 de l'OCDE relative à la mise en œuvre de la Recommandation montre que des redevances pour prélèvement des eaux souterraines sont en place dans 74 % des répondants, et dans 74 % également pour le prélèvement des eaux de surface. S'agissant des eaux souterraines, les redevances s'appliquent souvent aux industries (59 % des répondants), et un peu moins (44 % des répondants) aux particuliers. Pour ce qui est des eaux de surface, les redevances pour prélèvement concernent majoritairement la production d'énergie (63 % des répondants) (Tableau 8.1). Dans le secteur de l'agriculture, 17 Adhérents sur 38 ont indiqué qu'ils utilisent des instruments de tarification pour gérer la demande d'eau, ce qui représente un taux peu élevé, quoiqu'en forte augmentation depuis 2009. Des études plus approfondies doivent être réalisées pour déterminer si les redevances pour prélèvement sont conçues pour évaluer le coût d'opportunité de l'eau (moyen d'action sur l'eau) ou pour générer des recettes (instrument de financement).

## Tableau 8.1. Application de redevances pour le prélèvement des eaux souterraines et de surface

| | Eaux souterraines | | | | | Eaux de surface | | | |
|---|---|---|---|---|---|---|---|---|---|
| | Agriculture | Usages domestiques | Industrie | Production d'énergie | Autre | Agriculture | Industrie | Production d'énergie | Autre |
| Autriche | Néant | Néant | Néant | Néant | Néant | Néant | Néant | Néant | Néant |
| Canada | | | • | | | | • | | |
| Chili | Néant | Néant | Néant | Néant | Néant | Néant | Néant | Néant | Néant |
| République tchèque | • | • | • | • | | • | • | • | |
| Estonie | | • | • | • | | • | • | • | |
| Finlande | Néant | Néant | Néant | Néant | Néant | Néant | Néant | Néant | Néant |
| France | • | • | • | • | | • | • | • | • |
| Hongrie | • | | • | • | • | • | • | • | • |
| Irlande | Néant | Néant | Néant | Néant | Néant | Néant | Néant | Néant | Néant |
| Israël | • | | | | | | • | | |
| Italie | • | • | • | • | • | • | • | • | • |
| Japon | | | | | • | Néant | Néant | Néant | Néant |
| Corée | | | • | | | • | • | • | • |
| Lettonie | • | • | • | | | • | • | • | |
| Lituanie | • | • | • | • | • | • | • | • | |
| Luxembourg | • | • | • | • | • | • | • | • | • |
| Mexique | | • | • | • | • | | • | • | • |
| Pays-Bas | • | | • | | • | | | | |
| Norvège | Néant | Néant | Néant | Néant | Néant | | | • | |
| Portugal | • | • | • | | | • | • | • | • |
| République slovaque | • | | • | • | • | • | • | • | • |
| Espagne | • | • | • | • | | • | • | • | |
| Suède | Néant | Néant | Néant | Néant | Néant | Néant | Néant | Néant | Néant |
| Turquie | • | | | | | • | • | • | |
| Royaume-Uni | • | • | • | • | | • | • | • | |
| États-Unis | Néant | Néant | Néant | Néant | Néant | | | | • |
| Costa Rica | • | • | • | | • | • | • | • | |

Note : Ce tableau a été élaboré à partir des réponses à la section du questionnaire intitulée *« Part 2 – Financing for water management »* (Partie II : Financement de la gestion de l'eau). La mention « Néant » s'applique aux pays qui ont répondu Non à la question « Votre pays a-t-il mis en place des redevances pour le prélèvement des eaux souterraines/de surface ? ».
Source : Auteurs, d'après l'enquête 2019 relative à la mise en œuvre de la Recommandation du Conseil de l'OCDE sur l'eau.

Parmi les répondants, seuls trois Adhérents (**Autriche**, **Chili** et **Suède**) n'ont mis en place aucune redevance pour le prélèvement à la fois des eaux souterraines et des eaux de surface. En **Autriche** et en **Suède**, cela peut s'expliquer par le fait que ce sont des pays riches en eau. Quant au **Chili**, il utilise amplement les instruments du marché pour affecter l'eau là où les besoins sont les plus importants.

La plupart des redevances pour prélèvement sont calculées d'après le volume d'eau prélevée, l'utilisateur payant un prix au mètre cube ou composé de deux parties (un montant fixe et un montant volumétrique au-delà d'un certain niveau). Dans certains cas, la redevance est fixée à l'hectare pour les prélèvements agricoles, au mégawattheure pour la production d'énergie ou à une somme symbolique dans le cadre d'un dispositif d'autorisation de prélèvement (voir la section « Régimes d'allocation de l'eau »), comme c'est le cas au **Royaume-Uni** (Gruère, Shigemitsu et Crawford, 2020[1]). Les redevances pour prélèvement d'eau sont généralement gérées au niveau infranational : par exemple par les régions en **Belgique**, les provinces au **Canada**, les États fédérés (*Länder*) en **Allemagne**, les agences des bassins hydrographiques en **France** (avec un prix plafonné par la loi sur l'ensemble du territoire) et les quatre administrations décentralisées au **Royaume-Uni** (OCDE, 2017[2]).

Les redevances pour prélèvement peuvent par ailleurs être adaptées en fonction des fluctuations – géographiques et dans le temps – de la rareté de l'eau. En **France**, le seuil en deçà duquel les usagers sont exonérés de redevances de prélèvement dépend de plusieurs éléments : l'agence de l'eau concernée, le type de ressource et la rareté de l'eau (OCDE, 2017[2]). Au **Portugal**, un coefficient de rareté fixé par les pouvoirs publics pour les différents bassins versants est utilisé ; il reflète l'évolution dans le temps et dans l'espace de la rareté de l'eau pendant une année (OCDE, 2015[3]). Les variations spatiales et temporelles peuvent être particulièrement importantes dans le secteur agricole. Elles sont utilisées d'une manière ou d'une autre par 30 % des Adhérents ayant répondu à l'enquête sur les politiques de l'eau et de l'agriculture. En **Grèce**, par exemple, les tarifs de l'eau ne sont pas les mêmes partout ; en **Hongrie**, des multiplicateurs de pression sont appliqués pour majorer les tarifs pratiqués par les agences de gestion des eaux souterraines qui font face à des risques liés à l'eau.[1]

Cela dit, de nombreux pays n'adaptent pas les redevances pour prélèvement en fonction du niveau de disponibilité de l'eau. L'enquête sur l'allocation des ressources en eau réalisée par l'OCDE en 2015 a montré que ces redevances ne tenaient généralement pas compte de la rareté ou du coût d'opportunité de l'eau. Les coûts de la raréfaction de l'eau sont alors pris en charge par la collectivité au sens large, et non par ceux qui consomment plus d'eau dans les périodes ou les régions où cette ressource se fait rare. Pendant les périodes de grave pénurie, les instruments de tarification sont généralement complétés par des instruments réglementaires qui restreignent certains usages. C'est le cas en **France** ou au **Japon**, où les usages secondaires de l'eau sont limités pendant les périodes de sécheresse (par exemple : interdiction de laver les voitures, d'arroser ou de remplir les piscines privées).

Graphique 8.2. Prise en compte de la rareté de l'eau dans les redevances de prélèvement

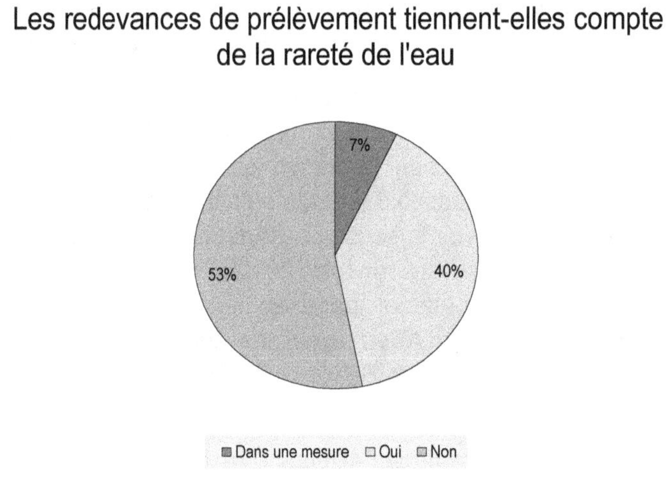


Source : D'après les profils pays de 27 pays membres et partenaires clés de l'OCDE disponibles à l'adresse http://www.oecd.org/fr/publications/water-resources-allocation-9789264229631-en.htm

Le niveau des redevances est généralement différent selon qu'il s'agit d'eaux souterraines ou d'eaux de surface. Certains Adhérents, États fédérés ou agences de l'eau appliquent la même redevance pour les eaux de toutes provenances ; c'est le cas en **France** de l'Agence de l'eau Seine-Normandie, et en **Allemagne** de 13 *Länder* sur 16 (Gruère, Shigemitsu et Crawford, 2020[1]). Certaines zones aquifères ou fluviales font l'objet d'une tarification particulière (par exemple, les zones de distribution d'eau potable en **France** ou certaines zones aquifères dans la région des Flandres en **Belgique** et en **Estonie**). Il est fréquent que les redevances soient plus élevées pour les eaux souterraines que pour les eaux de surface (une exception est la **République tchèque**) (OCDE, 2017[4]).

Les Adhérents appliquent généralement un tarif différencié selon le type d'usage (agriculture, usages domestiques, industrie et production d'énergie), mais cela reflète imparfaitement la pression exercée sur la ressource. Pour citer un exemple, l'eau utilisée pour refroidir les centrales thermiques retourne généralement d'où elle vient (mais à une température plus élevée). Le secteur agricole bénéficie généralement de tarifs plus faibles ou d'exonérations ; c'est le cas aussi pour la consommation d'eau potable, par exemple dans les Flandres (Belgique) (OCDE, 2017[4]).

L'objectif des redevances de prélèvement n'est pas toujours énoncé explicitement. On sait toutefois que dans le Bade-Wurtemberg, en **Allemagne**, ainsi qu'au **Brésil**, leur but est d'inciter les usagers à économiser l'eau. En **Belgique**, en **France**, en **Hongrie** et aux **Pays-Bas**, les redevances sont utilisées pour protéger l'environnement. Dans certains cas, les objectifs poursuivis sont très précis, comme par exemple aux **Pays-Bas** où les fonds recueillis servent à financer la recherche sur la raréfaction des eaux souterraines.

## 8.2. Fixer des redevances pour la pollution de l'eau afin d'inciter à prévenir la pollution

Les Adhérents à la Recommandation qui envisagent de mettre en place des instruments de tarification auraient intérêt à « fixer des redevances pour la pollution des eaux de surface et des eaux souterraines, ou des redevances sur les rejets d'effluents, à un niveau suffisant pour avoir un effet incitatif significatif sur la prévention et la maîtrise de la pollution ».

Sur les 26 Adhérents ayant répondu à l'enquête 2019 de l'OCDE relative à la mise en œuvre de la Recommandation, 15 ont mis en place une redevance sur les rejets d'effluents (Tableau 8.2). Cette redevance est calculée soit sur la base du volume des effluents, du dépassement d'un certain seuil, ou de la teneur en polluants des effluents (par exemple la demande chimique en oxygène, les matières en suspension, les matières nutritives, les métaux lourds et les substances chimiques persistantes). En **Colombie**, les redevances sont établies d'après les matières en suspension totale et la demande biochimique en oxygène (OCDE, 2019[5]). Aux **Pays-Bas**, la forte taxation des émissions dans les années 70 a permis de réduire radicalement le total des émissions organiques ainsi que celles d'origine industrielle. Une lourde taxation des émissions a également été mise en place en **Allemagne**, en **République tchèque** (eaux souterraines et de surface) et en **Slovénie** dans le but d'encourager les changements de comportements et de réduire la pollution de l'eau (OCDE, 2017[6]).

Des redevances sur les rejets d'effluents sont en place dans la plupart des **États membres de l'UE** (par exemple en Estonie, en France, en Italie, aux Pays-Bas et en Espagne). Il en existe aussi ailleurs sous des formes différentes. L'**Australie** taxe la présence de certains polluants dans certains bassins versants, ainsi que la pollution terrestre par le rejet d'eaux usées dans la zone de la Grande barrière de corail. (OCDE, 2019[5]). En **Israël**, une redevance est imposée aux usines polluantes afin de s'assurer que les effluents sont de qualité suffisante pour pouvoir être réutilisés à des fins d'irrigation. Seuls quelques pays (principalement des membres de l'UE) taxent la pollution de l'eau par l'agriculture.

Les redevances pour la pollution diffuse de l'eau par les activités agricoles ont tendance à s'appuyer sur des valeurs approximatives (par exemple la surface cultivée ou le nombre d'animaux) ou à taxer les produits responsables de cette pollution (comme les engrais et autres produits chimiques utilisés dans l'agriculture). Une douzaine d'Adhérents majorent le coût d'utilisation des pesticides en y appliquant une taxe, un droit ou une redevance (**Australie**, Territoire de la capitale australienne et Nouvelle-Galles du Sud[2] ; **Danemark, Finlande, France, Italie, Mexique, Norvège** et **Suède**) (Tableau 8.2). Aux **États-Unis**, la Floride taxe les importations de polluants, dont les pesticides. D'un autre côté, les Flandres, en **Belgique**, versent des subventions pour réduire l'utilisation de pesticides et d'engrais dans les cultures de plantes d'ornement (OCDE, 2019[5]).

## Tableau 8.2. Exemples des redevances pour pollution mises en place dans une sélection d'Adhérents à la Recommandation

Exemples

| Pays | Entité appliquant la redevance | Type de redevance | Spécificités | Base d'application |
|---|---|---|---|---|
| Australie | État fédéré | Rejets d'effluents | Volume de/teneur en polluants (certains types) | Quantité évaluable (kg) |
| Canada | Province | Émissions polluantes | Volume de/teneur en polluants | Par litre ou par tonne |
| Danemark | | Émissions diffuses | Répulsifs chimiques contre les insectes et les mammifères | Taxe sur le prix au détail |
| France | | Émissions diffuses | Pesticides | Au kg |
| | | Rejets d'effluents | Ménages | Par m³ |
| Pays-Bas | | Pollution des eaux de surface | DBO, DCO et métaux lourds. S'adresse aux gros pollueurs. | Par unité de produit polluant |
| Suède | Municipalité | Rejets d'eaux usées | Eaux usées et eau potable | Varie selon les municipalités ; imputation de la totalité des coûts. |
| | | Émissions diffuses | Pesticides | Par kg entier de substance active |

Source : (OCDE, 2017[7]) d'après la base de données de l'OCDE sur les instruments d'action au service de l'environnement (consultée le 20/03/2016)

Il arrive que ce soit les bénéficiaires situés en aval qui paient pour contrôler, préserver ou restaurer les espaces naturels situés en amont (par exemple pour gérer les risques d'inondations), car ce sont eux qui jouissent des actions menées par d'autres pour réduire la consommation d'eau ou la pollution (autrement dit, ils paient pour des services écosystémiques). Les utilisateurs/pollueurs de l'eau et des sols situés en amont perçoivent alors une rétribution pour préserver l'environnement et éviter les pratiques dommageables. En Corée, par exemple, les usagers se trouvant en aval de quatre cours d'eau rétribuent ceux qui se trouvent en amont pour les efforts qu'ils accomplissent au regard des prélèvements et des usages de l'eau (OCDE, 2017[4]).

## 8.3. Fixer des tarifs qui permettent de couvrir les coûts d'exploitation, d'entretien et de rénovation

Les Adhérents à la Recommandation qui envisagent de mettre en place des instruments de tarification pourraient, « pour les services de l'eau et tous les autres usages, fixer des tarifs ou des redevances qui permettent de couvrir les coûts d'exploitation, d'entretien et de rénovation des infrastructures et une part croissante des coûts d'investissement, lorsque c'est possible ».

Le principe du « recouvrement total des coûts » qui est inscrit à l'article 9 de la directive-cadre de l'UE sur l'eau prévoit la mise en place d'une tarification permettant de recouvrer les coûts de l'approvisionnement en eau et de l'assainissement, y compris les coûts d'exploitation et d'investissement, le coût de la ressource et les coûts environnementaux associés à l'utilisation du service (OCDE, 2010[8]). Plus récemment, le recouvrement durable des coûts a été considéré comme une méthode commode et équitable permettant de combiner des redevances payées par les usagers et des transferts publics – ce qui suppose que les tarifs soient abordables pour toutes les catégories d'usagers, et que les transferts soient prévisibles afin que la compagnie des eaux puisse compter sur eux pour réaliser des investissements (OCDE, 2010[8]).

Le recouvrement des coûts est particulièrement faible dans le secteur de l'agriculture, les exploitants qui irriguent ne payant généralement pas les coûts associés à l'eau qu'ils prélèvent. Bien que des progrès aient été accomplis depuis 2009, seuls 9 pays sur les 39 ayant répondu à l'enquête enregistrent un recouvrement total des coûts – à la fois d'exploitation, d'entretien et d'investissement –liés à l'irrigation, la plupart d'entre eux ayant de faibles surfaces irriguées (Tableau 8.3). En **Allemagne**, les coûts d'exploitation, d'entretien et d'investissement associés aux prélèvements d'eau sont supportés entièrement par les exploitants et chaque land fixe ses propres redevances, dont certaines intègrent une partie des coûts de la ressource et des coûts environnementaux. Dans la plupart des cas, les Adhérents ne recouvrent qu'une partie des coûts d'exploitation, d'entretien et/ou d'investissement. Au **Mexique**, par exemple, le recouvrement des coûts est faible dans l'agriculture, et il n'est que partiel pour les coûts d'exploitation, d'entretien et d'investissement liés à l'irrigation. Il est encore moins courant pour les eaux souterraines, même si la situation diffère des eaux de surface dans la mesure où les coûts sont souvent supportés par les utilisateurs de puits individuels.

### Tableau 8.3. Recouvrement des coûts liés à l'eau dans l'agriculture

2019

| | | Recouvrement des coûts d'exploitation et d'entretien | |
|---|---|---|---|
| | | Inférieur à 100 % | 100% |
| Recouvrement des coûts d'investissement | Inférieur à 100 % | Chili, Corée, Mexique, Norvège, Portugal, Espagne, Suisse | Costa Rica, France[3], Italie, Japon, États-Unis |
| | 100% | Australie, Turquie | Autriche, Danemark, Estonie, Finlande, Allemagne, Israël, Nouvelle-Zélande, Suède, Royaume-Uni |

Note : Le recouvrement des coûts n'a pas été évalué en Lituanie. Le Cap-Vert ne délivre pas de permis d'utilisation des eaux de surface. Aucune réponse n'a été fournie par la Belgique, la Colombie, l'Islande, la Lettonie et la République tchèque. L'UE exige, en vertu de sa directive-cadre sur l'eau, un recouvrement total des coûts.
Source : (Gruère, Shigemitsu et Crawford, 2020[1])

La structure et le niveau des tarifs et des redevances, qui permettent d'assurer la fourniture des services de l'eau aux ménages et aux entreprises, varient d'un Adhérent à l'autre et au sein de chacun d'eux. Ces tarifs et redevances se composent généralement d'une part fixe – qui couvre les frais de raccordement aux réseaux publics d'approvisionnement en eau et/ou d'assainissement – et une part variable (si un compteur est installé), qui correspond au volume d'eau fourni. Chaque système de tarification a un impact différent sur la société (Leflaive et Hjort, 2020[9]). En **Australie**, le prix de l'eau payé par les usagers inclut les frais de fourniture du service et le volume consommé, mais aussi les dépenses liées à la gestion de la ressource. Il varie selon le contexte géographique, le fait que les services soient fournis en zone urbaine (l'eau est traitée) ou rurale (l'eau n'est pas traitée), ainsi que l'adhésion ou non aux principes de la tarification économique.

Le taux de recouvrement des coûts varie d'un Adhérent à l'autre, sachant que l'on ne dispose toujours pas d'une vue globale de la façon dont les coûts de fourniture des services sont recouvrés par les tarifs et les redevances. En effet, de nombreux Adhérents membres de l'OCDE ne sont pas très transparents quant aux coûts (par exemple le report des opérations d'entretien ou de remplacement) ou aux subventions qui ont été versées pour combler l'écart entre les coûts et les recettes, ce qui rend l'estimation du recouvrement des coûts difficile (OCDE, 2009[10]). En **Nouvelle-Zélande**, la tarification de l'eau tient compte des coûts de l'administration consentie, de la collecte d'informations ainsi que du suivi/de la supervision.

Un petit nombre d'Adhérents réussissent à recouvrer une part croissante des coûts d'investissement dans l'infrastructure, en plus des coûts d'exploitation et d'entretien. C'est le cas de l'**Autriche**, du **Danemark**, de la **Finlande**, de la **Nouvelle-Zélande**, de la **Suède** et du **Royaume-Uni**

Lorsque les coûts liés à l'infrastructure de l'eau ne sont pas compensés par les recettes tirées des tarifs et des redevances, les Adhérents comblent l'écart en versant des subventions. C'est le cas en **Espagne**, où les nouvelles stations d'épuration sont partiellement subventionnées par l'EU et le gouvernement central. En **France**, les recettes tirées de la tarification de l'eau servent à financer les investissements dans les services liés à l'eau (plus particulièrement les stations d'épuration) au niveau des bassins.

## 8.4. Rendre compte des effets redistributifs et des usages prioritaires de l'eau

Les Adhérents à la Recommandation qui envisagent de mettre en place des instruments de tarification auraient intérêt à « rendre compte des effets redistributifs et des usages prioritaires de l'eau, en s'appuyant sur des études de la capacité à supporter le coût, l'équité pour les catégories vulnérables et des évaluations de l'impact sur la compétitivité, s'il y a lieu, en tenant compte du droit à une eau potable saine et à des services d'assainissement ».

Selon l'enquête 2019 de l'OCDE sur la mise en œuvre de la Recommandation, 89 % des répondants ont pris des mesures pour assurer l'accessibilité financière de l'eau et des services d'assainissement pour les ménages à faible revenu (Graphique 8.3). Ces mesures sont diverses, mais la plus courante semble être l'application de tarifs peu élevés (Graphique 8.4).

Graphique 8.3. Adoption par les Adhérents de mesures pour assurer l'accessibilité financière de l'eau et des services d'assainissement pour les ménages à faible revenu

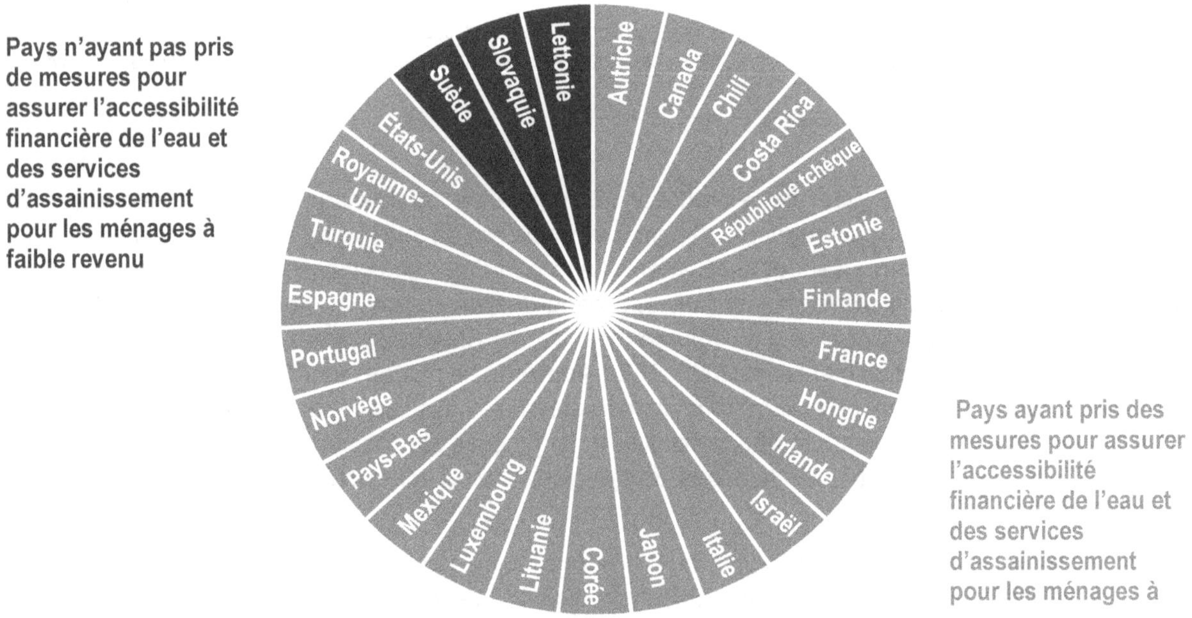


Note : Réponses à la question : « Votre pays a-t-il pris des mesures pour assurer l'accessibilité financière de l'eau et des services d'assainissement pour les ménages à faible revenu ? ».
Source : Enquête de 2019 relative à la mise en œuvre de la Recommandation du Conseil de l'OCDE sur l'eau ; 27 réponses reçues, dont 26 de la part d'Adhérents.

Graphique 8.4. Mesures prises pour assurer l'accessibilité financière

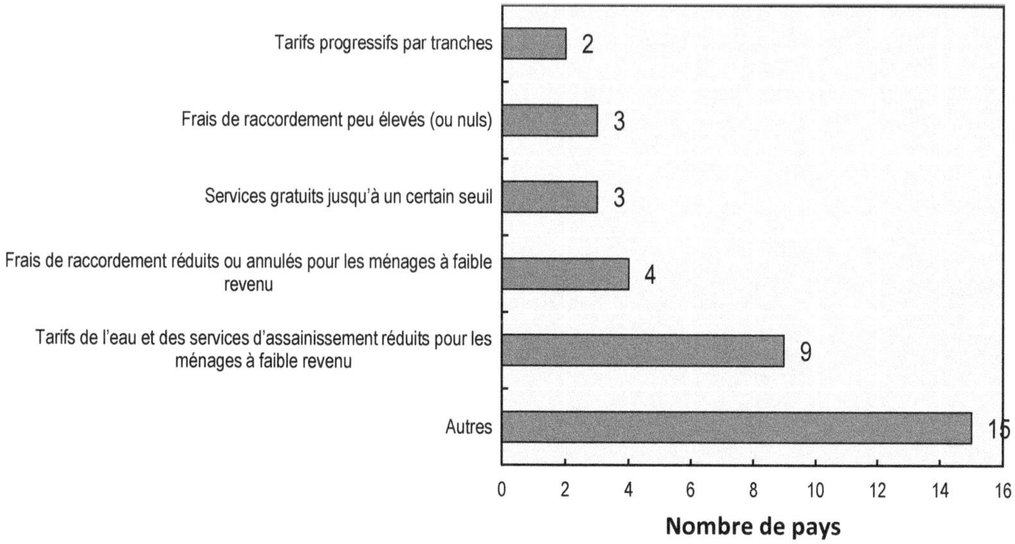


Note : Réponses à la question : « Quelles mesures sont prises en faveur des ménages à faible revenu ? ». La réponse « Autres » englobe les dispositifs des compagnies des eaux, les solutions proposées aux niveaux local et municipal et les aides du système de protection sociale. Des réponses multiples étaient admises. Les réponses de la Lettonie, de la République slovaque et de la Suède ne sont pas prises en compte.
Source : Enquête de 2019 relative à la mise en œuvre de la Recommandation du Conseil de l'OCDE sur l'eau ; 27 réponses reçues, dont 26 de la part d'Adhérents.

Au **Chili**, des subventions ciblées – intégralement financées par le gouvernement central et gérées par les municipalités – bénéficient aux ménages à faible revenu, pour qui la facture de l'eau et des services d'assainissement représente plus de 5 % du revenu mensuel. Ces subventions financent entre 25 % et 85 % de la consommation de base de ces ménages liée à l'eau (jusqu'à une certaine limite). En 2011, 15 % des clients de la compagnie des eaux bénéficiaient de ces subventions, dont le montant s'élevait à 80 millions USD (Leflaive et Hjort, 2020[9]). Dans certaines villes de **France** (desservies par exemple par le Syndicat des eaux d'Île-de-France), des réductions, des bons d'achat ou des transferts forfaitaires sont consentis pour aider les usagers éligibles au programme Aide Eau Solidaire à payer leurs factures d'eau (Leflaive et Hjort, 2020[9]). En **Australie**, des programmes d'aide financière ont été mis en place par les compagnies des eaux à l'intention des clients résidentiels ; ils comprennent des possibilités de paiement flexibles, l'absence de restriction de l'approvisionnement en eau et le report des arriérés de paiement.

Une étude sur l'accessibilité financière de l'eau (Graphique 8.5) montre qu'une grande majorité des usagers pourraient se permettre de payer plus cher pour l'approvisionnement en eau et les services d'assainissement. Cela laisse entendre qu'une tarification de l'eau peu élevée (ou pas suffisante pour couvrir les coûts d'exploitation, d'entretien et de rénovation) bénéficie à des gens qui n'ont en fait pas besoin d'une telle aide, et qu'elle porte éventuellement préjudice aux populations défavorisées (qui sont plus exposées au risque de baisse de la qualité de service).

## Graphique 8.5. Dépenses d'eau et d'assainissement par rapport au revenu disponible des ménages

En pourcentage, moyenne 2011-2015

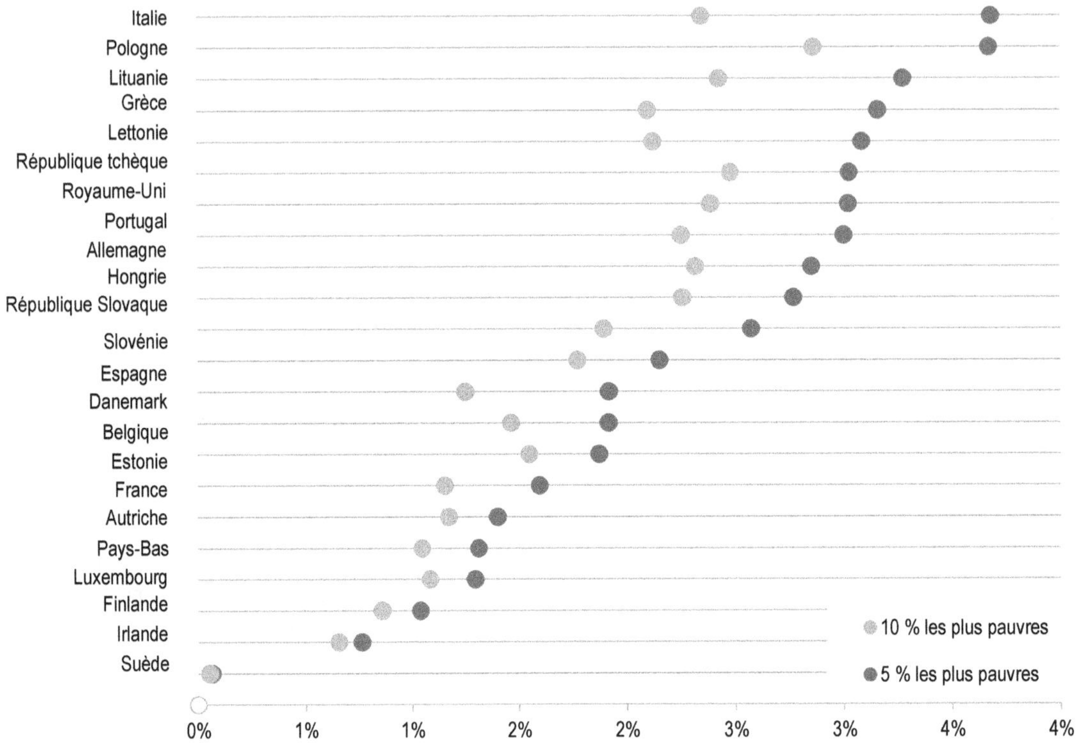


Note : Pas de données sur les dépenses des ménages en Suède.
Source : (OCDE, 2020[11]) ; d'après EUROSTAT (données sur les dépenses et les revenus des ménages).

Au **Portugal**, l'autorité de régulation économique des services d'approvisionnement en eau et d'assainissement a réalisé une étude pour mettre en évidence les zones géographiques où sont concentrés les groupes de population qui, dans le cadre du projet de réforme de la tarification, se situeraient au-dessus du seuil d'accessibilité financière (Leflaive et Hjort, 2020[9]). Les résultats montrent qu'environ 10.5 % des ménages ne répondent pas aux critères de l'accessibilité financière, et qu'ils vivent en majorité dans 60 des 309 municipalités du nord du pays et de la vallée du Tage. La réforme de la tarification propose des solutions flexibles dans plusieurs municipalités.

### Encadré 8.1. L'expérience du Danemark concernant l'élasticité-prix de la demande d'eau

Le Danemark a une longue expérience de la mesure de la consommation d'eau et de la tarification à l'usager des services d'approvisionnement et d'assainissement. Depuis 1992, les tarifs appliqués pour ces services dans les villes danoises sont établis de façon à couvrir intégralement les coûts économiques et environnementaux. Entre 1993 et 2004, le prix de l'eau a bondi de 54 %, ce qui a entraîné une baisse de la demande dans les zones urbaines de 155 à 125 litres par personne et par jour. En 2015, la consommation moyenne par habitant était de seulement 106 litres par jour.

Aujourd'hui, un ménage danois consacre en moyenne 1.6 % de son revenu annuel aux services d'approvisionnement en eau et d'assainissement. Sur la facture d'eau payée par les usagers, environ 50 % reviennent aux entreprises chargées de l'assainissement, 30 % à l'État et près de 20 % aux entités de gestion de l'eau potable.

Au Danemark, un principe de base très important en ce qui concerne le financement des services de l'eau est que la politique de l'eau et la politique sociale sont deux choses distinctes. Il n'existe donc pas de tarif social, et l'accessibilité financière des services d'approvisionnement et d'assainissement est assurée grâce à l'aide au revenu de la politique sociale.

Source : (Leflaive et Hjort, 2020[9])

## 8.5. Supprimer progressivement les politiques qui biaisent les prix et les subventions générales

Les Adhérents à la Recommandation qui envisagent de mettre en place des instruments de tarification auraient intérêt à « supprimer progressivement les politiques qui biaisent les prix et les subventions générales qui influent sur la disponibilité de la ressource, sa qualité et la demande dont elle fait l'objet, dans la mesure du possible, en tenant compte des priorités et des politiques publiques plus générales ».

Un large éventail de mesures et de subventions permettent de financer l'approvisionnement en eau et la gestion de cette ressource. Leurs impacts sur la demande d'eau et la disponibilité de la ressource doivent être évalués car certains peuvent parfois être préjudiciables à la disponibilité, la qualité et la demande de l'eau (Tableau 8.4).

### Tableau 8.4. Exemples de subventions allouées aux services de l'eau et à la gestion de la ressource

| Mécanisme de transfert | Exemple |
|---|---|
| Transferts directs de fonds | Aides à l'investissement pour les compagnies des eaux et d'assainissement. |
| Manque à gagner fiscal | Redevances pour la pollution environnementale ne couvrant pas les coûts de la pollution ; réductions spéciales ou exonérations. |
| Manque à gagner sur la redevance d'usage | Tarifs de l'approvisionnement en eau et de l'assainissement ne couvrant pas les coûts des services ; absence de redevances de prélèvement ; tarifs de l'électricité réduits pour les systèmes d'irrigation. |
| Transfert des risques à l'État | Indemnisation des ménages et des entreprises par l'État pour les dégâts matériels causés par des catastrophes liées à l'eau. |
| Transferts indirects | Système de péréquation pour les services d'approvisionnement en eau et d'assainissement (tarifs différenciés pour les industries et les ménages). |
| Avantage économique résultant de l'inégalité de la réglementation ou de la politique publique | Réglementations ou redevances différentes pour les industries rejetant des polluants dans les réseaux d'assainissement ou directement dans des étendues d'eau. |

Note : La liste n'est pas exhaustive.
Source : d'après (Groupe d'étude du PAE, 2013[12]).

Les politiques sectorielles peuvent jouer un rôle important en influençant les usages de l'eau. C'est le cas dans l'agriculture, un secteur qui continue de bénéficier d'un haut niveau de soutien dans les pays adhérents : en 2016-18, le soutien aux producteurs représentait pas moins de 18.5 % des recettes agricoles brutes, ou 235 milliards USD par an (OCDE, 2019[13]). Certaines formes de soutien à l'agriculture qui encouragent l'utilisation d'intrants ou la production en faisant fi des restrictions environnementales ou du manque de ressources – directement ou indirectement à l'aide de mesures qui font grimper les prix – peuvent avoir des impacts sur l'environnement, en particulier sur la qualité et la quantité de l'eau (Henderson et Lankoski, 2019[14]) (DeBoe, 2020[15]) (Gruère et Le Boëdec, 2019[16]) (OCDE, 2020[17]).

Ces formes de soutien sont notamment les paiements au titre de l'utilisation d'intrants (comme les engrais) non assortie de contraintes, mais aussi les subventions qui encourageant la culture de certains produits et, plus important encore, toutes sortes de mesures qui génèrent un prix à la production plus élevé que nécessaire pour certains produits. Le soutien à certains types de production encourage les agriculteurs à continuer à produire sans tenir compte de la situation du secteur de l'eau ni des impacts environnementaux. Comme le montre le Graphique 8.6, même si ce type de soutien – présenté comme susceptible de créer le plus de distorsions – a été réduit massivement au cours des vingt dernières années, il continue de représenter une large part des formes de soutien à l'agriculture dans un certain nombre d'Adhérents de l'OCDE. Dans le même temps, le soutien direct des pouvoirs publics à l'irrigation (Graphique 8.7) – qui peut ou non être préjudiciable au secteur de l'eau – diminue sensiblement dans les pays adhérents (Gruère et Le Boëdec, 2019[16]).

### Graphique 8.6. Soutien à l'agriculture par rapport aux recettes agricoles brutes

Par pays, en pourcentage des recettes agricoles brutes, 2017-19

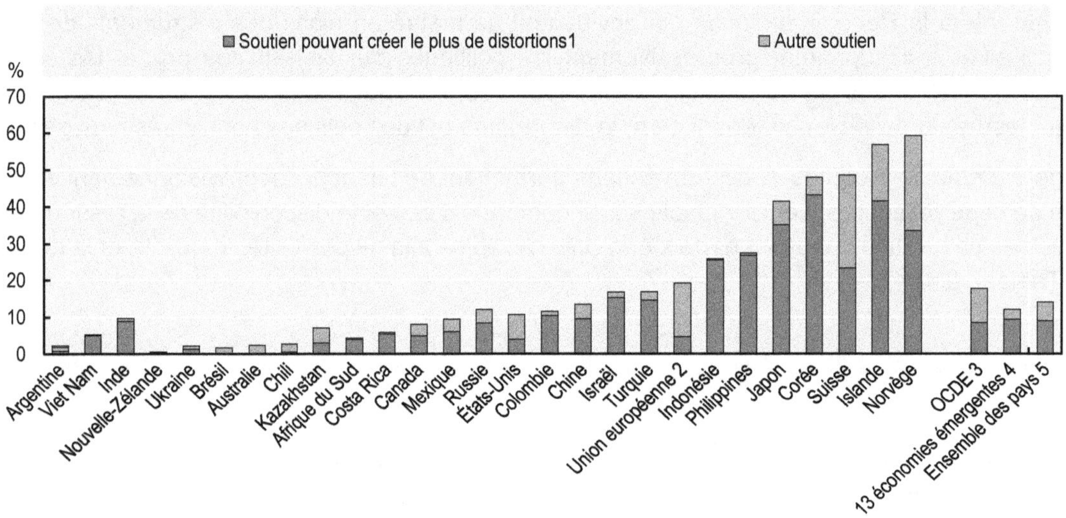


Note : Les pays sont classés en fonction de l'ESP en %. Le soutien des prix du marché négatif n'est pas pris en compte. 1) Soutien des prix du marché positif, paiements au titre de la production et de l'utilisation d'intrants variables non assortie de contraintes. 2) UE28. 3) Le total de l'OCDE n'inclut pas les États membres de l'UE n'appartenant pas à l'OCDE. 4) Les 13 économies émergentes sont : Afrique du Sud, Argentine, Brésil, Chine, Colombie (aujourd'hui membre de l'OCDE), Costa Rica, Fédération de Russie, Inde, Indonésie, Kazakhstan, Philippines, Ukraine et Viet Nam. 5) Le total des pays inclut l'ensemble des pays de l'OCDE, les États membres de l'UE n'appartenant pas à l'OCDE et les économies émergentes.

Source : OCDE (2020), « Estimations du soutien aux producteurs et consommateurs », Statistiques agricoles de l'OCDE (base de données), https://doi.org/10.1787/agr-data-fr in (OCDE, 2020[17]).

Graphique 8.7. Estimations du soutien aux producteurs lié à l'irrigation (1986-2016)

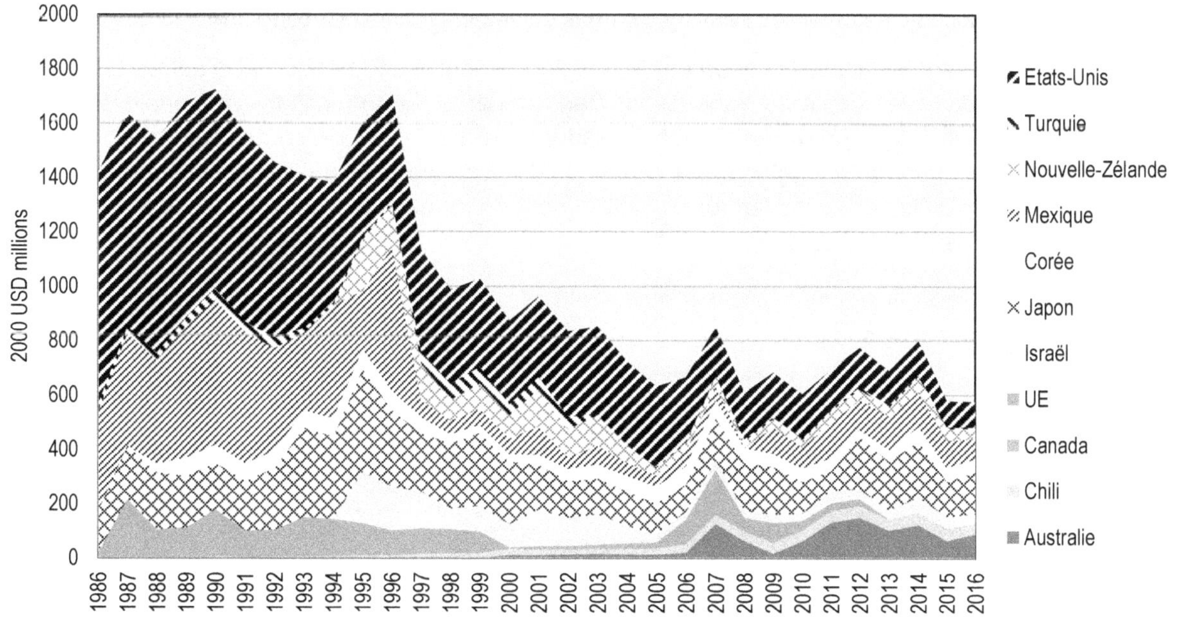


Note : Les pays où il n'y a pas de soutien à l'irrigation ne sont pas pris en compte.
Source : OCDE (2020), « Estimations du soutien aux producteurs et consommateurs », Statistiques agricoles de l'OCDE (base de données), https://doi.org/10.1787/agr-data-fr.

## 8.6. Prendre en compte les coûts de transaction

Les Adhérents à la Recommandation qui envisagent de mettre en place des instruments de tarification auraient intérêt à « prendre en considération les coûts de transaction, y compris les coûts administratifs, dans la conception des instruments de tarification et des dispositifs de gestion des recettes ».

Les différents instruments de tarification des services de gestion de l'eau génèrent tout un éventail de coûts de transaction pour estimer, mettre en œuvre, gérer et percevoir les sommes en question. Ces coûts peuvent être disproportionnés par rapport à l'avantage attendu de l'instrument.

Cet aspect est clairement mis en évidence dans les analyses coûts-avantages de la mesure de la consommation des ménages en fonction des tarifs de l'eau. (Reynaud et al., 2016[18]) (Reynaud et al., 2016) constatent que si les ménages sont généralement sensibles aux prix, l'élasticité-prix de l'eau est dans la plupart des cas relativement faible. Par conséquent, si les tarifs de l'eau n'enregistrent pas de forte hausse, la mesure de la consommation des ménages n'a généralement pas d'incidence sur les usages ou les factures d'eau. Les compteurs d'eau peuvent alors être utilisés pour détecter des fuites, et leur installation peut se faire au niveau d'un pâté de maisons ou d'un quartier. La mise en place d'un compteur dans chaque logement, pour instaurer un mode de tarification complexe, peut s'avérer excessivement coûteux au vu de la faible incidence sur la consommation (Leflaive et Hjort, 2020[9]). Ce type de considération a donné lieu à des débats animés en **Irlande** lorsque la compagnie des eaux, Irish Water, a tenté d'installer un compteur d'eau dans chaque logement dans le cadre d'une réforme de la stratégie de financement des services d'approvisionnement en eau et d'assainissement.

Des débats similaires ont lieu en ce qui concerne la recherche de solutions aux problèmes d'accessibilité financière. Les solutions les plus appropriées sont généralement celles qui combinent : la capacité à cibler les ménages qui ont le plus besoin d'aide ; des synergies avec les mesures axées sur la préservation de l'eau ; des coûts de transaction peu élevés, établis d'après les données et les programmes sociaux existants. Des analyses plus approfondies doivent être réalisées pour déterminer dans quelle mesure les Adhérents tiennent compte (ou pas) des coûts de transaction lorsqu'ils conçoivent des systèmes de tarification et des dispositifs connexes pour résoudre les questions d'accessibilité financière.

Les données provenant de nouvelles sources, le développement du numérique et d'autres technologies peuvent aider à réduire les coûts de transaction. Dans le cadre de son initiative nationale sur l'eau (« National Water Initiative »), l'**Australie** cherche à réduire au maximum les coûts de transaction sur les activités liées à l'eau, notamment grâce à des échanges d'informations de qualité sur le marché ainsi qu'à des dispositifs compatibles entre les territoires, notamment en termes de droits d'accès, d'enregistrement et de réglementations (OCDE, 2019[19]).

## Références


DeBoe, G. (2020), « Impacts of agricultural policies on productivity and sustainability performance in agriculture: A literature review », *Documents de l'OCDE sur l'alimentation, l'agriculture et les pêcheries*, n° 141, Éditions OCDE, https://dx.doi.org/10.1787/6bc916e7-en. [15]

Groupe d'étude du PAE (2013), *Improving the Use of Economic Instruments for Water Resource Management in Kyrgyzstan: The Case of Lake Issyk-Kul Basin*, Éditions OCDE, https://www.oecd.org/env/outreach/2013_Kyrgyz%20report%20on%20Eis%20for%20WRM%20Eng%20Web.pdf. [12]

Gruère, G. et H. Le Boëdec (2019), « Navigating pathways to reform water policies in agriculture », *Documents de l'OCDE sur l'alimentation, l'agriculture et les pêcheries*, n° 128, Éditions OCDE, Paris, https://dx.doi.org/10.1787/906cea2b-en. [16]

Gruère, G., M. Shigemitsu et S. Crawford (2020), « Agriculture and water policy changes: Stocktaking and alignment with OECD and G20 recommendations », *Documents de l'OCDE sur l'alimentation, l'agriculture et les pêcheries*, n° 144, Éditions OCDE, Paris, https://dx.doi.org/10.1787/f35e64af-en. [1]

Henderson, B. et J. Lankoski (2019), *The environmental impacts of agriculture policies*, Documents de l'OCDE sur l'alimentation, l'agriculture et les pêcheries, n°130, Éditions OCDE, Paris, https://doi.org/10.1787/add0f27c-en. [14]

Leflaive, X. et M. Hjort (2020), « Addressing the social consequences of tariffs for water supply and sanitation », *Documents de travail de l'OCDE sur l'environnement*, n° 166, Éditions OCDE, Paris, https://dx.doi.org/10.1787/afede7d6-en. [9]

OCDE (2020), *Financing Water Supply, Sanitation and Flood Protection: Challenges in EU Member States and Policy Options*, Études de l'OCDE sur l'eau, Éditions OCDE, Paris, https://dx.doi.org/10.1787/6893cdac-en. [11]

OCDE (2020), *Politiques agricoles : suivi et évaluation 2020 (version abrégée)*, Éditions OCDE, Paris, https://dx.doi.org/10.1787/10578a8d-fr. [17]

OCDE (2019), « Base de données de l'OCDE sur les instruments utilisés pour la politique de l'environnement (PINE) », *Statistiques de l'OCDE (base de données)*, http://oe.cd/pine (consulté le 9 October 2019). [5]

OCDE (2019), *OECD Environmental Performance Reviews: Australia 2019*, Examens environnementaux de l'OCDE, Éditions OCDE, Paris, https://doi.org/10.1787/9789264310452-en [19]

OCDE (2019), *Politiques agricoles : suivi et évaluation 2019*, Éditions OCDE, Paris, https://dx.doi.org/10.1787/f8360614-fr. [13]

OCDE (2017), *Diffuse Pollution, Degraded Waters: Emerging Policy Solutions*, Études de l'OCDE sur l'eau, Éditions OCDE, Paris, https://dx.doi.org/10.1787/9789264269064-en. [7]

OCDE (2017), *Enhancing Water Use Efficiency in Korea: Policy Issues and Recommendations*, Études de l'OCDE sur l'eau, Éditions OCDE, Paris, https://dx.doi.org/10.1787/9789264281707-en. [4]

OCDE (2017), *Enhancing Water Use Efficiency in Korea: Policy Issues and Recommendations*, Études de l'OCDE sur l'eau, Éditions OCDE, Paris, https://dx.doi.org/10.1787/9789264281707-en. [6]

OCDE (2017), *Water Charges in Brazil: The Ways Forward*, Études OCDE sur l'eau, Éditions OCDE, Paris, https://dx.doi.org/10.1787/9789264285712-en. [2]

OCDE (2015), *Water Resources Allocation: Sharing Risks and Opportunities*, Études de l'OCDE sur l'eau, Éditions OCDE, Paris, https://dx.doi.org/10.1787/9789264229631-en. [3]

OCDE (2010), *Le prix de l'eau et des services d'eau potable et d'assainissement*, Études de l'OCDE sur l'eau, Éditions OCDE, Paris, https://dx.doi.org/10.1787/9789264083622-fr. [8]

OCDE (2009), *Strategic Financial Planning for Water Supply and Sanitation: A report from the OECD Task Team on Sustainable Financing to Ensure Affordable Access to Water Supply and Sanitation*, Éditions OCDE, https://www.oecd.org/env/resources/43949580.pdf. [10]

Reynaud, A. et al. (2016), *Review on International Best Practices on Charges for Water Management*, Toulouse School of Economics. [18]

## Notes

[1] Enquête de 2019 de l'OCDE sur les réformes des politiques agricole et de l'eau (Gruère, Shigemitsu et Crawford, 2020[1]).

[2] Territoire de la capitale australienne : Sont concernés les rejets dans l'eau de pesticides et de polychlorobiphényles (PCB) par les stations d'épuration (plus de 10 000 ml par an) + Nouvelle-Galles du Sud : Sont concernés les rejets dans l'eau de pesticides et de PCB.

[3] En France, le recouvrement des coûts de l'eau à usage agricole – y compris les coûts environnementaux (départements et territoires d'outre-mer inclus) – est estimé à plus de 60 %. Ce faible taux s'explique surtout par le fait que les coûts estimés des dégâts environnementaux sont supportés par d'autres usagers de l'eau ou ne sont pas recouvrés du tout. Si l'on ne tient pas compte des coûts environnementaux, le taux monte à 90 % (ce résultat inclut le coût des services collectifs, les coûts privés et les transferts financiers entre les différentes catégories d'utilisateurs). Cette estimation, qui date de 2019, est la première à avoir été réalisée au niveau des bassins et au niveau national.

www.ingramcontent.com/pod-product-compliance
Lightning Source LLC
LaVergne TN
LVHW080657011026
849160LV00014B/1459

* 9 7 8 9 2 6 4 9 4 2 3 3 2 *